Frank Bornhöft
Norbert Faulhaber

Lean Six Sigma erfolgreich implementieren

Frankfurt School Verlag

Bibliografische Information Der Deutschen Nationalbibliothek
Die Deutsche Nationalbibliothek verzeichnet diese Publikation in der
Deutschen Nationalbibliografie; detaillierte bibliografische
Daten sind im Internet über http://dnb.ddb.de abrufbar.

Bibliographic information published by Die Deutsche Nationalbibliothek
Die Deutsche Nationalbibliothek lists this publication in the Deutsche
Nationalbibliografie; detailed bibliographic data are available
in the Internet at http://dnb.ddb.de.

Besuchen Sie uns im Internet:
http://www.frankfurt-school-verlag.de

1. Auflage 2007
© 2007 Frankfurt School Verlag GmbH, Sonnemannstraße 9-11,
60314 Frankfurt am Main

Das Werk einschließlich aller seiner Teile ist urheberrechtlich geschützt. Jede Verwertung außerhalb der engen Grenzen des Urheberrechtsgesetzes ist ohne Zustimmung des Verlags unzulässig und strafbar. Das gilt insbesondere für Vervielfältigungen, Mikroverfilmungen und die Einspeicherung und Verarbeitung in elektronischen Systemen.

Printed in Germany
ISBN 978-3-937519-60-9

„In 85% der Fälle, in denen Kundenanforderungen NICHT erfüllt werden, liegen die Fehlerursachen in den Prozessen und Systemen begründet... aber weniger in den Mitarbeitern selbst.

Die Rolle des Managements muss es daher sein, die Prozesse zu verändern – anstatt dem einzelnen Mitarbeiter zu unterstellen, seine Sache nicht gut genug zu machen."

Edwards W. Deming

„The lack of initial Six Sigma emphasis in the non-manufacturing areas was a mistake that cost Motorola at least $ 5 billion over a four year period."

Bob Galvin, former CEO of Motorola

Inhaltsverzeichnis

Vorwort IX
1 Einleitung 1
2 Lean Six Sigma-Definition 6
3 Six Sigma-Historie 14
4 Six Sigma-Rollen 19
    4.1 Sponsor 20
    4.2 Projekt Champion 20
    4.3 Programm Leiter 21
    4.4 Master Black Belt 22
    4.5 Black Belt 23
    4.6 Green Belt 24
    4.7 Prozess-Verantwortlicher/Process Owner 25
    4.8 Yellow Belt/Teammitglieder 27
    4.9 Six Sigma-Controller/Financial Analyst 28
5 Six Sigma-Grundlagen und -Methodik 29
    5.1 Die Six Sigma-Methodik DMAIC im Detail 34
        5.1.1 Beispiel GE Capital 34
        5.1.2 Beispiel IBM GBS (Global Business Services) 35
        5.1.3 Beispiel Xchanging/european transaction bank (etb) 36
    5.2 Prozesse optimieren (DMAIC-Methodik) 37
        5.2.1 Define (Definieren) 38
        5.2.2 Measure (Messen) 43
        5.2.3 Analyse (Analysieren) 49
        5.2.4 Improve (Verbessern) 52
        5.2.5 Control (Steuern) 62
    5.3 Prozesse und Produkte neu entwickeln (DFSS) 65
6 Six Sigma-Qualifizierung 68
    6.1 Executive Champion-Training 68
    6.2 Projekt Champion-Training 69
    6.3 Black Belt-Ausbildung 69
    6.4 Master Black Belt-Ausbildung 71
    6.5 Green Belt-Ausbildung 72

		6.6	Awareness-Training	75
		6.7	Definition der notwendigen Anzahl Black Belts/Green Belts....................	75
		6.8	Coaching-Aufwand...	77
		6.9	Warum ist „Soft Skill" (Change Management) so wichtig?	81
			6.9.1 Von der Arbeitsgruppe zum Team	83
			6.9.2 Vom Team zum Hochleistungsteam...	85
7	Six Sigma-Implementierung			89
	7.1	Phase 1: Entscheiden		91
	7.2	Phase 2: Vorbereiten...		93
	7.3	Phase 3: Starten...		97
	7.4	Phase 4: Ausrollen		101
	7.5	Verdeckter Six Sigma-Ansatz...		103
	7.6	Kritische Erfolgsfaktoren für die Einführung		104
		7.6.1	Senior Management-Unterstützung...	106
		7.6.2	Auswahl des richtigen Partners bei der Implementierung	107
		7.6.3	Definition und Auswahl der richtigen Six Sigma-Projekte	109
		7.6.4	Auswahl der besten Six Sigma (Black Belt)-Kandidaten..............	113
		7.6.5	Richtige Organisation der Six Sigma-Ressourcen........................	115
		7.6.6	Integration von Six Sigma in die Personalentwicklung................	117
	7.7	Tipps und Tricks für die Implementierung		123
		7.7.1	Erprobtes Vorgehensmodell	123
		7.7.2	Projektidentifikation und -auswahl...	124
		7.7.3	Projekt-Benefits und Härtegrade	129
		7.7.4	Projektlaufzeit	132
	7.8	Six Sigma-Programmentwicklung...		133
		7.8.1	Innenfokus..	133
		7.8.2	Fokussierung auf Kernprozesse...	134
		7.8.3	Einbeziehung von Lieferanten und Kunden	135
		7.8.4	Beim Kunden für den Kunden..	136
8	Beispiele erfolgreicher Six Sigma-Einführung			138
	8.1	Einführung bei einem Six Sigma-Pionier		142
	8.2	Six Sigma-Einführung in einem DAX-Konzern...		153
	8.3	Six Sigma-Einführung bei einer europäischen Transaktionsbank		154

9 Zusammenfassung.. 167

10 Anhang 169

    10.1 Six Sigma-Glossar.. 169
    10.2 Fragen und Antworten.. 177
    10.3 Ist Ihr Unternehmen bereit für Six Sigma?... 179
    10.4 Projektbeispiele (DMAIC und DFSS).. 181
    10.5 Hilfreiche Werkzeuge 184
        10.5.1 Projektfortschritts-Checkliste für DMAIC................................. 184
        10.5.2 Projektunterstützung mit IT (Unified Messaging) 185
        10.5.3 SigmaXL – Analysen mit MS Excel anstelle von MINITAB....... 186
        10.5.4 Programm-/Projekt-Management-Datenbank (i-nexus)............... 189
        10.5.5 Übungen und Simulationen... 191

11 Literaturempfehlungen... 199

    11.1 Hilfreiche Internetseiten 201
    11.2 Kurzbiographien der Autoren... 203

Vorwort

In den letzten Jahren sind zahlreiche Bücher zum Thema Six Sigma auf den Markt gekommen. Sie erklären die Geschichte, die Methode, die Rollen und die Werkzeuge. Mal mehr, mal weniger nahe an der Praxis.

Wenn es aber darum, geht ein Six Sigma-Programm in einem Unternehmen erfolgreich zu implementieren, so ist man nach wie vor weitgehend auf sich alleine gestellt. Dies gilt besonders für produktionsferne Unternehmen aus dem Finanz- und Dienstleistungsumfeld.

Nachdem Unternehmen wie General Electric, American Express, Citibank oder Xchanging gezeigt haben, dass sich die Six Sigma-Methodik ebenso erfolgreich in der Finanzbranche und in anderen serviceorientierten Unternehmen einsetzen lässt wie in der Fertigungsindustrie, stellt sich für viele die Frage: „Wie implementiere ich die Methodik erfolgreich in meinem eigenen Dienstleistungsunternehmen?".

Die Einführung von Six Sigma ist einem komplexen Projekt mit vielen Stolpersteinen gleichzusetzen. Um die beste Six Sigma-Einführungsstrategie für das eigene Unternehmen zu finden, ist die Berücksichtigung der jeweiligen Ausgangssituation erfolgskritisch.

Das vorliegende Buch gibt anhand erfolgreicher Beispiele aus der Praxis („Best Practices") Hinweise, Tipps und Anleitungen, wie sie diese Problemfelder umschiffen und Six Sigma auch in Ihrem Unternehmen erfolgreich implementieren können. Es wurde sowohl für Six Sigma-Einsteiger, Entscheider als auch für Six Sigma-Experten geschrieben.

Sie erhalten praktische Erfahrungen aus erster Hand. Die Autoren waren zumeist direkt oder mindestens indirekt in die Fallbeispiele involviert. Auf eine umfangreiche Literaturliste oder häufige Verweise auf andere Literatur wurde bewusst verzichtet.

x

1　Einleitung

Jedes erfolgreiche Unternehmen muss sich täglich dem harten Wettbewerb stellen. Kunden werden anspruchsvoller, Konkurrenten stärker und Ihre Margen stehen zunehmend unter Druck.

Sie suchen nach neuen Wegen, um die Wettbewerbsfähigkeit Ihres Unternehmens zu verbessern: das heißt Kosten zu reduzieren, Lieferzeiten zu verkürzen, zusätzlichen Umsatz zu generieren oder die Kundenzufriedenheit zu verbessern. Denn Sie wissen, dass zufriedene oder besser noch begeisterte Kunden die Basis für ein dauerhaft erfolgreiches Geschäft sind.

Aber wie bringt man ein kundenorientiertes Denken und Handeln in ein Unternehmen? Wie erreicht man dass die Mitarbeiter in Prozessen und nicht mehr in Organigrammen denken? Wie kann man schrittweise ein Unternehmen für die Zukunft fit machen und dabei im mittleren Management ein neues Denken verankern? Wie findet man die optimale Problemlösung und nicht nur die erstbeste?

Dazu ist es notwendig, dass eine Problemursache wirklich verstanden wird. Dieses erreicht man am besten durch einen „wissenschaftlichen Problemlösungsansatz". Man definiert das Problem, misst es, und analysiert anschließend die verschiedenen Einflussfaktoren. Am Ende der Analyse erhält man eine Liste mit den wichtigen, den weniger wichtigen und den unwichtigen Einflussfaktoren. Dies ist die ideale Basis für die anschließende Entwicklung von Optimierungsmaßnahmen.

Wenn Sie sich für diesen Ansatz interessieren, dann interessieren Sie sich auch für Six Sigma. Denn Six Sigma beinhaltet diesen „wissenschaftlichen Ansatz" zur Problemlösung, einen erprobten und aufeinander abgestimmten Werkzeugkasten, eine Management-Philosophie zur kontinuierlichen Verbesserung und vieles andere mehr, um Ihrem Unternehmen heute und morgen das entscheidende Stück Vorsprung vor dem Wettbewerb zu sichern.

Six Sigma beginnt immer mit dem Kunden und dessen Anforderungen. Wie lassen sich Kundenanforderungen zu einen vollständig, aber zugleich profitabel erfüllen? Wenn Sie sich diese Frage stellen, dann finden Sie in Six Sigma die Werkzeuge mit Methoden auf dem Weg zur höchsten Kundenzufriedenheit und Loyalität, zu beherrschten, effizienten Prozessen und zum profitablen Wachstum Ihres Unternehmens.

In diesem Buch finden Sie zahlreiche praxiserprobte Antworten auf die Frage: „Wie implementiere ich Six Sigma?". Die Autoren wünschen Ihnen viel Spaß beim Lesen und insbesondere viel Erfolg beim Umsetzen und Anwenden von Six Sigma im eigenen Unternehmen.

Goldgrube Produktivität

Anders als im produzierenden Gewerbe arbeitet man in Finanz- und Serviceunternehmen mit einem „immateriellen" Gut. Themen wie „Reduzierung von Lagerkosten, Minimierung von Rüstzeiten, Reduzierung von Rohmaterialkosten oder Optimierung/Streckung von Instandhaltungsprozessen stehen hier nicht im unmittelbaren Fokus. Dafür steht zumeist ein anderes Thema im Mittelpunkt: die Personalkosten.

Arbeitsproduktivitätsstudien von Proudfood Consulting im Jahre 2004 haben für Deutschland ein Produktivitätsniveau von 64% gemessen. Damit werden mehr als ein Drittel der geleisteten Jahresarbeitsstunden nicht produktiv genutzt d.h. verschwendet. Ein Produktivitätsniveau von 85% wird als realistisch erreichbares Ziel angesehen. Dies gilt es, durch den Einsatz von geeigneten Methoden zu realisieren. Viele Produktivitätsexperten und auch die Autoren sind sich einig darin, dass Lean Six Sigma die derzeit wirkungsvollste Methode dafür ist.

	Geleistete Arbeitsstunden	Produktivitätsniveau (%)	verschwendete Arbeitsstunden (100%)	Verlorene Tage (100%)	Verlorene Tage 85%
Australien	1,766	63	653	93	56
Österreich	1,519	60	607	87	54
Frankreich	1,483	60	593	84	53
Deutschland	1,441	64	519	74	43
Ungarn	1,777	59	728	104	66
Spanien	1,806	61	704	101	62
UK	1,644	63	608	87	52
US	1,865	64	671	96	56

Abbildung 1: Verlorene Arbeitstage, (Quelle: Internationale Arbeitsproduktivitätsstudie Proudfood Consulting September 2004)

Die folgende Tabelle zeigt die von Proudfood Consulting ermittelten Hauptursachen für die Produktivitätsverluste auf:

	2001	2002	2003	2004
Mangelnde Planung und Steuerung	43%	43%	41%	40%
Mangelnde Führung und Aufsicht	22%	23%	26%	32%
Mangelnde Kommunikation	7%	7%	6%	9%
Mangelnde Arbeitsmoral	14%	12%	11%	8%
Mangelnde Qualifikation	6%	7%	9%	8%
IT-Probleme	8%	8%	7%	4%

Abbildung 2: Sechs Hauptursachen für Produktivitätsverluste, (Quelle: Internationale Arbeitsproduktivitätsstudie Proudfood Consulting September 2004)

Der Einsatz von Six Sigma, gekoppelt mit Lean Management und Change Management (Soft Sigma), bezieht sich auf diese Ursachen (besonders die Top-3-Ursachen), da es sich hier eindeutig um prozessbezogene Ursachen handelt.

Die durch Lean Six Sigma-Projekte erreichbaren Produktivitätsgewinne können auf unterschiedliche Weise „gehoben" werden. Je nach Strategie des Unternehmens werden durch Prozessverbesserungen ‚befreite' personelle Ressourcen in Unternehmensbereichen eingesetzt, in denen sie zusätzlichen Umsatz generieren, es werden weniger Neueinstellungen vorgenommen oder die Anzahl freier/fester Mitarbeitern wird reduziert.

Es ist keine leichte Aufgabe für die Lean Six Sigma-Experten, in Projekten Teammitglieder dazu motivieren zu müssen, Prozesse zu optimieren, die einen direkten Einfluss auf deren heutige Tätigkeit haben. Die Fähigkeit, mit den Ängsten der Mitarbeiter in Veränderungsprojekten umgehen zu können, ist kritisch für den Projekterfolg und daher auch ein wesentlicher Teil der Six Sigma-Projektleiter in Finanz- und Serviceunternehmen.

$$Q = E * A$$

Qualität (Ergebnis) = Effektivität (Six Sigma) * Akzeptanz (Soft Skill)

Six Sigma in Deutschland

Nach den Pionierleistungen in den USA findet Six Sigma inzwischen mehr und mehr Anhänger in Europa. In Deutschland sind sowohl Produktions- als auch Serviceunternehmen dabei Six Sigma einzuführen. Auf einer Six Sigma-Konferenz der Bankakademie in Frankfurt im Februar 2005 stellte Professor Matthias Schmieder (Fachhochschule Köln) vor über 170 Zuhörern aus der Finanzwelt das Ergebnis seiner empirischen Untersuchung vor.

Ein Ergebnis war, dass sich die Anwender in Deutschland zwischen 2002 und 2004 bereits verdoppelt haben und dieser Trend auch weiter anzuhalten scheint. Six Sigma wird dabei von den anwendenden Unternehmen als eines der wichtigsten operativen Instrumente zur Bewältigung der Herausforderungen angesehen.

Ein Großteil der befragten Unternehmen kommen aus Branchen, die Six Sigma bereits seit längerer Zeit einsetzen (der Automobilbranche und der Elektrotechnik). 41% der befragten Unternehmen setzen Six Sigma seit mehr als 3 Jahren im Unternehmen ein und können sich somit ein gutes Bild über den Nutzen der Methodik machen.

Zweidrittel der Befragten gaben eine durchschnittliche Projektdauer zwischen 90 Tagen und 6 Monaten an. Der Schwerpunkt der Projekte lag auf der Produktion, gefolgt von Logistik und Verwaltung.

Interessant ist, dass es für 57% der Unternehmen wichtig oder sehr wichtig ist, dass auch deren Lieferanten Six Sigma einführen. Haben sie sich schon einmal gefragt, welche Ihrer Kunden Six Sigma einsetzen? Oder welche Ihrer Wettbewerber?

Die Hauptziele der Six Sigma-Projekte liegen in den Bereichen Kostenreduzierung, Qualitätssteigerung und Steigerung der Kundenzufriedenheit. Die Mitarbeiter haben auf die Six Sigma-Einführung überwiegend positiv reagiert.

Ein wichtiges Fazit lässt sich aus der Antwort auf die Frage ziehen: „Wie schätzen Sie die Zukunftsaussichten von Six Sigma in Ihrem Unternehmen ein?" 75% der befragten Unternehmen glauben, dass Six Sigma an Bedeutung gewinnt.

Dies deckt sich mit dem Beobachtungen der IBM Strategieberatung, die seit 2006 ein stark steigendes Interesse an Lean Six Sigma feststellt, besonders durch deutsche Unternehmen. Neben der Finanzbranche (Banken, Versicherungen) und Telekommunikation sind dabei besonders die großen Deutschen Automobilunternehmen zu nennen.

Um besser verstehen zu können, was sich hinter Six Sigma verbirgt, werden im nächsten Kapitel zunächst die wichtigsten Grundbegriffe erläutert.

2 Lean Six Sigma-Definition

„Lean Six Sigma" ist ein Konzept zur Verbesserung finanzieller Ergebnisse bei gleichzeitiger Erhöhung von Kundenzufriedenheit und Qualtität. Es basiert auf dem Verständnis der tatsächlichen Kundenanforderung, einer disziplinierten Anwendung von Daten und Fakten sowie der konsequenten Verbesserung sowie Neuentwicklung von Geschäftsprozessen sowie Produkten und Services (auf der Grundlage von Kundenanforderungen).

Dabei setzt sich Lean Six Sigma aus zwei Konzepten zusammen, die im Folgenden kurz beschrieben werden: Lean Management und Six Sigma.

Lean Management

Lean Management ist eine Form der Unternehmensführung japanischen Ursprungs. Der Begriff „Lean" (bedeutet ‚schlank') lehnt sich an den Gedanken, dass Verschwendungen jeglicher Art zu reduzieren oder gar zu eliminieren sind. Dabei stehen verschieden Werkzeuge und Konzepte zu Auswahl, um die Prozesse „wertvoller und schlanker" zu gestalten, mit dem Ziel die Effizenz zu steigern und dem Kunden Leistungen zu bieten, die er wirklich möchte, in der richtigen Qualität und zum niedrigstmöglichen Preis.

Als **Verschwendung (waste)** werden dabei Unternehmensaktivitäten definiert, die nicht direkt zur Wertschöpfung beitragen, wie z.B. fehlerhafte Prozessergebnisse, Überproduktion, Transport, Stillstands- und Wartezeiten, Lagerung, überflüssige Bewegungsabläufe im Arbeitsablauf und natürlich auch überflüssige Arbeitsabläufe selbst („Sieben Arten der Verschwendung"). Dies gilt es zu vermeiden oder zumindest auf ein Minimum zu reduzieren. Die Wertschöpfung einer Aktivität wird dabei aus der Sicht des Kunden beurteilt.

So lassen sich Aufwand, Fehleranfälligkeit und insbesondere der Zeitbedarf von Prozessen zum Teil drastisch reduzieren. Idealerweise erreicht ein Unternehmen durch den Einsatz von Lean Six Sigma die vorgegebenen Ziele (Kundenvorgabe) mit einem minimalen Einsatz von Personal, Zeit und Investitionen.

Lean Management ist ein sehr umfassender Ansatz der darauf abzielt, alle Abläufe in einem Unternehmen (sowohl im operativen als auch im administrativen Bereich) auf ihren Beitrag zur Wertschöpfung zu untersuchen, gegebenenfalls zu optimieren und zu standardisieren. Methodisch wird dies durch einen kontinuierlichen Verbesserungsprozess (KVP) erreicht, d.h. alle Prozesse, auch solche, die als ideal eingestuft werden, unterliegen der regelmäßigen Überprüfung auf Optimierungspotenzial. Dies macht Sinn, da die Anforderungen an Prozesse, Produkte oder Prozessergebnisse einem stetigen Wandel unterliegen; was heute innovativ und ideal erscheint, genügt morgen vielleicht noch gerade den Grundanforderungen.

Grundsätzlich basiert Lean Management dabei auf **zehn Prinzipien**:

- Ausrichtung aller Tätigkeiten auf den Kunden
- Konzentration auf die eigenen Stärken
- Optimierung von Geschäftsprozessen
- Ständige Qualitätsverbesserung (Kontinuierlicher Verbesserungsprozess, Six Sigma)
- Interne Kundenorientierung als Leitprinzip
- Eigenverantwortung, Empowerment (Mitwirkungsmöglichkeit) und Teamarbeit
- Dezentrale, kundenorientierte Strukturen
- Führen ist Service am Mitarbeiter
- Offene Information und Feedback-Prozesse
- Einstellungs- und Kulturwandel im Unternehmen.

Dies sind auch die Grundpfeiler des **Toyota Produktionssystems (TPS)**, das nach wie vor weltweit als Benchmark für hocheffiziente Produktion bei höchster Qualität gilt und nach dessen Vorbild viele Unternehmen (u.a. Porsche, Nissan, Honeywell…) ihre Produktionsprozesse überdenken.

Six Sigma

Six Sigma ist eine Methodik und ein Management-Ansatz, der Prozesse systematisch analysiert, standardisiert und verbessert bzw. neu entwickelt mit dem Ziel, die Fehlerrate zu reduzieren und die Variation zu verringern. Dadurch werden Kosten gesenkt und die Prozess-Effizienz sowie die kundenorientierte Qualität gesteigert. Six Sigma ist dabei keine Wunderwaffe für sofortige Erfolge, sondern vereint vielmehr eine strukturierte, ergebnisorientierte Herangehensweise mit einer Fülle an wirkungsvoll kombinierten Werkzeugen und Techniken mit dem Ziel, eine nachhaltige Verbesserung zu erreichen und so die Wettbewerbsfähigkeit der Unternehmen zu erhöhen.

Sigma (σ) bezeichnet dabei in der Statistik die **Standardabweichung**, d.h. die Streuung einer Ergebnismessung um den Mittelwert μ einer Normalverteilung.

Durch den Vergleich dieser realen Ergebnisstreuung mit dem vorgegebenen Toleranzbereich eines Zielwertes, d.h. durch den Vergleich von Ist und Soll, ergibt sich mit dem resultierenden Sigma-Wert ein Maß für die Prozessfähigkeit, das damit für vergleichende Qualitätsbeurteilungen von Prozessen herangezogen werden kann.

Der Wert six sigma (6σ) bezeichnet eine Prozessleistung, bei der in 1.000.000 Ergebnissen nur 3,4 Abweichungen (3,4 ppm = parts per million) vom Zielbereich erwartet werden oder anders herum, 99,99966% der Ergebnisse keine Abweichung zeigen. Bei einem solchen Prozess liegen 6 Standardabweichungen zwischen dem Mittelwert der Ergebnisse und der nächstliegenden Spezifikationsgrenze. Erfüllt ein Prozess diese Anforderung, gilt er statistisch als fehlerfrei (**6σ-Qualität**), wobei als Fehler alles zählt, was nicht den Kundenanforderungen entspricht.

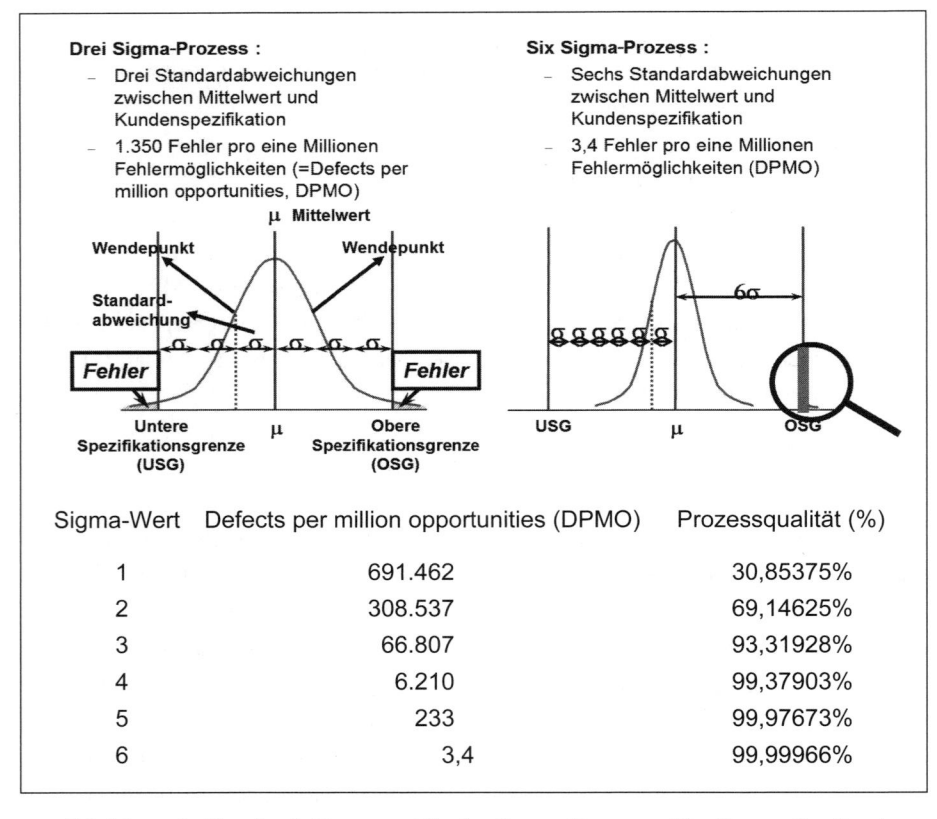

Sigma-Wert	Defects per million opportunities (DPMO)	Prozessqualität (%)
1	691.462	30,85375%
2	308.537	69,14625%
3	66.807	93,31928%
4	6.210	99,37903%
5	233	99,97673%
6	3,4	99,99966%

Abbildung 3: Vergleich Drei- und Sechs-Sigma-Prozess, (Six Sigma-Qualität), (Quelle: IBM, 2006)

Nun könnte man meinen, eine Prozessqualität von 99% (3,8σ-Prozess) wäre durchaus ausreichend und alles darüber hinaus mit ungerechtfertigtem Aufwand verbunden. Für viele Prozesse mag dies auch zutreffen, es gibt allerdings auch Prozesse, von denen eine deutlich höhere Qualität einfach erwartet wird, zum Beispiel in sicherheitsrelevanten Prozessen.

Prozess		4 Sigma (99,3790%)	6 Sigma (99,9997%)
(Unsichere) Landungen Anzahl von Beinahe-Unfällen auf europäischen Großflughäfen		6 pro Tag	1 pro Jahr
Verlorenes Gepäck Anzahl an verlorenen Gepäckstücken weltweit		25.000 pro Monat	6 pro Monat
Systemverfügbarkeit System-Probleme, die über eine garantierte 98% Verfügbarkeit hinausgehen		9 Minuten pro Tag	2 Minuten pro Jahr
Schecktransaktionen Fehlerhafte Transaktionen bei US-Banken		140.000 pro Stunde	75 pro Stunde

Abbildung 4: „Ist 99% Qualität genug?" – Bedeutung von Six Sigma Qualität, (Quelle: IBM, 2006)

Bei Flugzeuglandungen auf europäischen Großflughäfen würde eine Qualität von 99,379% (4σ-Prozess) sechs Beinahe-Abstürze oder -Unfälle pro Tag bedeuten. Glücklicherweise ist dieser Prozess in der Realität deutlich besser. Als 6σ-Prozess würde lediglich ein Beinahe-Unfall pro Jahr erwartet werden. Bei der Gepäckbeförderung sieht es allerdings etwas anders aus, als 4σ-Prozess würden weltweit 25.000 verlorene Gepäckstücke pro Monat erwartet werden, was nach subjektivem Empfinden durchaus zutreffend sein kann. Für Kunden ist diese 99% Qualität inakzeptabel. Als 6σ-Prozess wären es lediglich sechs verlorene Gepäckstücke pro Monat weltweit, eine drastische und für Kunden deutlich bemerkbare Reduktion.

Dabei ist es nicht ungewöhnlich, dass im Dienstleistungssektor z.B. ein Qualitätsniveau von 99% immer noch mit Fehlerkosten von bis zu 25% der Gesamtkosten im Unternehmen behaftet sein kann, denn Fehler in Prozessen bilden keine Wertschöpfung sondern stellen eine Blindleistung dar; der anfallende Aufwand und die Kosten können keinem Wert gegenübergestellt werden. Dazu kommen Kosten für die Fehlerbeseitigung, die oftmals manuell mit erhöhtem Aufwand getätigt werden muss, und ggf. Kosten durch negative Folgemaßnahmen (z.B. Garantieleistungen) oder indirekte Fehlerfolgekosten wie unzufriedene Kunden, Imageverlust, etc. und die damit verbundenen Umsatz- und Gewinneinbußen. Die meisten Industrie-Unternehmen arbeiten im Bereich von 3 bis 4 Sigma. Übersetzt man nun diese Werte in Kosten, so operieren diese Unternehmen mit Qualitätskosten im Bereich von 15% bis 30% des Umsatzes.

Firmen, deren Prozesse einen höheren Sigma-Wert aufweisen (also weniger Fehler; vom Kunden her betrachtet), erhöhen also nicht nur die Kundenzufriedenheit sondern gleichzeitig auch die Rentabilität.

Die Philosophie von Six Sigma besteht darin, die „**Stimme des Kunden**" zielgerichtet in die „**Sprache des Prozesses**" zu übersetzen und dadurch Produkte und Dienstleistungen mit hoher Qualität zu erzeugen. Es wird die Wirtschaftlichkeit mit der Kundenzufriedenheit verbunden.

Zusätzlich zu klassischen Methoden, die eher auf rationalen Überlegungen basieren, setzt Six Sigma dabei aber auch betont auf statistische Werkzeuge, die durch Verwendung entsprechender Software-Programme (z.B. **MINITAB oder SigmaXL**) tiefe Einsichten in die Prozesse ermöglichen. Bei diesem mathematischen Ansatz wird davon ausgegangen, dass jeder Prozess als mathematische Funktion beschrieben werden kann:

$$y=f(x)+\varepsilon \text{ oder } y=f(x1, x2,...xn)+\varepsilon$$

Hierbei ist y das Prozessergebnis, x die Prozesseingangsgröße(n) und f die Funktion, welche den mathematischen Zusammenhang beschreibt und damit den Einfluss der Eingangsgrößen auf das Prozessergebnis. ε steht für die nicht durch die Funktion erklärbare Reststreuung.

```
┌─────────────────────────────────────────────────────────────────┐
│                                                                 │
│    ┌───────────────────────┐         ┌───────────────────────┐  │
│    │  Praktisches Problem  │  ━━▶    │ Statistisches Problem │  │
│    └───────────────────────┘         └───────────────────────┘  │
│                                                                 │
│              ┌───────────────────────┐                          │
│              │  y = f(x₁, x₂, ..., xₖ)│            ┃             │
│              └───────────────────────┘            ▼             │
│                                                                 │
│    ┌───────────────────────┐         ┌───────────────────────┐  │
│    │  Praktische Lösung    │  ◀━━    │  Statistische Lösung  │  │
│    └───────────────────────┘         └───────────────────────┘  │
│                                                                 │
└─────────────────────────────────────────────────────────────────┘
```

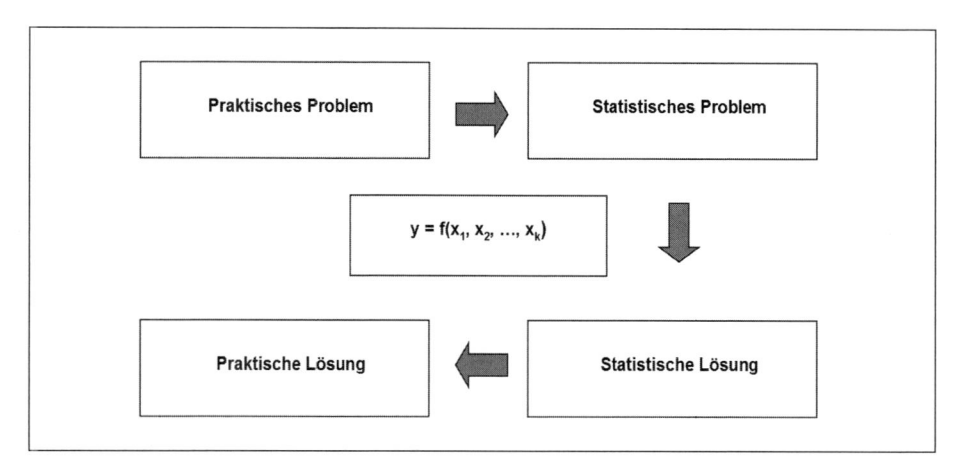

Abbildung 5: Prozessoptimierung mittels statistischer Methoden,
(Quelle: IBM, 2006)

In aller Regel kommt es bei Prozessen zu nicht gewollter Varianz in den Prozessergebnissen und oft auch zu unerwünschten Mittelwerten, die vom Zielwert abweichen. Six Sigma ermittelt durch eine Vielzahl von statistischen Werkzeugen die Ursachen für die unerwünschte Varianz und Mittelwertlage. Daraus resultiert ein Verständnis für den Prozess, das es ermöglicht, mit Hilfe der Veränderung der Eingangsgrößen vorherzusagen, welches Prozessergebnis erzielt wird. Durch Varianz-Messungen können Einflussfaktoren, auch in komplexen und wenig transparenten Prozessen, klar identifiziert und dann sehr gezielt manipuliert werden. Somit eröffnen sich neue Wege für effektive und effiziente Lösungen zur Prozessoptimierung, die sehr oft zu enormen Wertschöpfungszuwächsen führen.

Entscheidend hierbei ist, dass die Analyse und Lösungsentwicklung auf Daten und Fakten beruht und sich nicht wie bei anderen Optimierungsprojekten auf die subjektive Wahrnehmung der Beteiligten beschränkt. Schon so manch sicher geglaubte Problemursache entpuppte sich nach eingehender Analyse im Rahmen von Projekten als nebensächlich. Das Kernproblem (und dementsprechend auch die Lösung) ist oft an anderer Stelle zu suchen als zunächst vermutet.

Die wesentliche Six Sigma-Methodik zur Optimierung von Prozessen folgt einem Problemlösungsansatz, der **DMAIC** genannt wird (**D**efine, **M**easure, **A**nalyze, **I**mprove, **C**ontrol). Sie bietet einen chronologischen Leitfaden zu Auswahl und Einsatz von Werkzeugen und gliedert Prozessverbesserungsprojekte in fünf Phasen:

Define: Klare Definition des Problembereiches und des Projektzieles, des Projektumfangs, der zu messenden Metriken, des Projektteams, der Zeitplanung und der nötigen Unterstützung.

Measure: Messung/Feststellung des Status Quo, des Ist-Zustandes eines Prozesses mit den relevanten Kenngrößen, Analyse der Kundenanforderungen, Identifikation kritischer Einflussfaktoren und potenzieller Zusammenhänge mit relevanten Prozessergebnissen, Sicherstellung der Eignung der entsprechenden Messsysteme.

Analyze: Daten- und Prozessanalyse zur Ermittlung der wesentlichen Ursachen für das Problem. Konkrete Analyse des Verbesserungspotenzials, Identifikation von optimalen Prozesseinstellungen, Risikoabschätzung und Kosten/Nutzen-Analyse der identifizierten potenziellen Optimierungsmöglichkeiten und Priorisierung, Erstellung eines Verbesserungskonzeptes.

Improve: Umsetzung des Verbesserungskonzeptes gemeinsam mit den operativen Prozessverantwortlichen, Standardisierung und Dokumentation der optimierten Abläufe.

Control: Kontrolle des Projekterfolges anhand der definierten Metriken mittels Kontrollplänen (statistische Prozesskontrolle, SPC), Sicherstellung der Nachhaltigkeit der Prozessoptimierung.

Die **Six Sigma-DMAIC-Toolbox** bietet für jede dieser Projektphasen die passenden Werkzeuge.

	Define	Measure	Analyze	Improve	Control
	Opportunity Identification	Data Gathering	Process Analysis	Solution Identification	Implement & Sustain
	• Funnel • Resources • Proj Charter/Contract • Timing	• Output Signal • Improvement Goal	• Understand process capability • ID potential Xs • Verify criticality	• Root cause – fixes • Process Optimization	• Confirmed Improvement • Sustained Improvement • Dashboards/metrics • Op Mech
Lean	Lean Tools	Lean Tools	Lean Tools	Lean Tools	Lean Tools
	• Value Steam Map • Lean Assessment Tool (VA-VE-NVA)	• Process Cycle Efficiency • Process sizing	• Spaghetti Charts • Observation Matrix • Takt Time Bar Chart • 7 Types of Waste • Flow Analysis/Queuing Theory • Constraint identification • Time trap analysis • Analytical Batch Sizing	• TPM • 5S • Line Balancing/ Single piece flow • Process flow improvement • Replenishment pull • Setup reduction • Generic pull/Kanban • Kaizen • Poka-Yoke • Future State Map • Organization design • Standard WIP • Target Sheet	• Big Y ... Physical or Visual Change • Mistake proofing/Poka Yoke ... physical Change
	6s Tools	6s Tools	6s Tools		6s Tools
Six Sigma	• Project Selection Tools • Financial Analysis • Project Charter • Multi-Generational Plan • Stakeholder Analysis • SIPOC Map • High-level Process Map • VOC Tools • Process Drill-Down Tree • Pareto List • QFD • RACI-Charts	• Operational Definitions • Data Collection Plan • Pareto Chart • Histogram • Box Blot • Statistical Sampling • Measurement System analysis • Control/Run Charts • Process Capability • QFD • FMEA	• Fishbone Diagram • Descriptive Stats • Graphical Analysis • Sampling • Normality Plots • Hypothesis Testing • FMEA • Benchmarking • C-E Diagram • Run Charts • Correlation/ Regression • ANOVA	6s Tools • Hypothesis Tests • Regression • Pugh Matrix • Run Charts • Design of Experiments • Simulation & Piloting • FMEA • To-Be Process Map	• Control Charts/SPC • FMEA/Risk Mgmt. • Quality Plan • Training plan • Communication plan • Project replication plan • Plan-Do-Check-Act cycle

Abbildung 6: Lean und Six Sigma-Toolbox, (Quelle: IBM, 2006)

Neben der DMAIC-Methodik, die zur Verbesserung von bestehenden Prozessen eingesetzt wird, gibt es noch eine zweite, sehr wirkungsvolle Methodik, die im Falle von neuen Produkten und Prozessen, also im Prozessdesign, Anwendung findet. Diese Methodik wird DFSS (**Design for Six Sigma**) genannt, die bei General Electric auch unter **DMADV** (Define, Measure, Analyse, Design, Verify) zum Einsatz kommt.

Kernpunkt von Six Sigma ist die konsequente Durchführung von Prozessverbesserungs- und Designprojekten durch speziell ausgebildete Six Sigma Experten (so genannte **Black Belts** und **Green Belts**). Diese Gürtelträger sind Mitarbeiter im Unternehmen, die in auf die jeweilige Rolle bezogenen, standardisierten Schulungen trainiert und gecoacht wurden. Die Rollenbezeichnungen orientieren sich dabei an japanischen Kampfsportarten. Je nach Ausbildungsgrad wird bei Six Sigma ein entsprechender Gürtel als Titel vergeben. Dadurch soll der hohe Anspruch an Präzision und Professionalität dieser Ausbildung und der darauf aufbauenden Projektarbeit deutlich werden.

3 Six Sigma-Historie

Die Idee zu Six Sigma entstand nicht, wie in den meisten Büchern zu lesen ist, bei Motorola in den 1980er Jahren, sondern bereits in den 1970er Jahren, und zwar im japanischen Schiffsbau. Es wurde einige Jahre später auch in der japanischen Elektronik- und Konsumgüterindustrie angewendet.

Im Jahre 1974 übernimmt MATSUSHITA die verlustträchtige Quasar, einen Fernsehgerätehersteller, von Motorola. Zu diesem Zeitpunkt produziert Quasar 150-180 Fehler auf 100 TV-Geräte. Mit Hilfe einer Prozessoptimierungsmethode, die man als Vorläufer der Six Sigma-Methode (D)MAIC bezeichnen könnte, verringert sich die Fehlerrate auf nur noch 3 Fehler pro 100 Geräte. Über diese Erfolge berichtet Quasar 1980 der ASQC (American Society for Quality Control).

Im Jahre 1984 besucht Bill Smith/Motorola, der auch als „Erfinder von Six Sigma" bezeichnet wird, Quasar und empfiehlt Robert W. Galvin, dem damaligen CEO von Motorola, diese Methode zur Anwendung im eigenen Unternehmen. Motorola gibt der Methode im Jahre 1986 den Namen „Six Sigma" und führt diese mit großem Erfolg – zunächst in der Produktion - ein und gewinnt dadurch im Jahre 1988 den Malcolm Baldridge Award (höchster Qualitäts-Preis in den USA). Erst 5 Jahre später erkennt Motorola den Wert von Six Sigma in den administrativen Bereichen und erweitert das Produktions-Six Sigma auch auf die indirekten Bereiche im Unternehmen.

Zusammen mit Firmen wie IBM, Texas Instruments und Xerox erweiterte Motorola das Six Sigma-Konzept Ende der 1980er Jahre um die Idee der Six Sigma-Experten, die sich fortan „Black Belts" nennen.

Im Jahre 1992 führt die Allied Signal Inc. (1999 mit Honeywell fusioniert) Six Sigma ein. Der damalige CEO von Allied Signal – ein früherer hoher Manager von General Electric (GE) - macht Mitte der neunziger Jahre seinen ehemaligen Boss und Freund Jack Welch (CEO General Electric) auf Six Sigma aufmerksam.

Jack Welch ist fasziniert von dieser Methode und beschließt 1996, Six Sigma im eigenen Konzern weltweit einzuführen. Er macht sich selbst zum obersten Sponsor von Six Sigma. GE entwickelt das frühe Six Sigma wesentlich weiter und überträgt es auch auf die Service-Bereiche von GE (GE Capital), die zum damaligen Zeitpunkt bereits mehr als 30% des Gesamtunternehmens ausmachten. GE baut systematisch und mit umfangreicher Unterstützung von Consultants die Erkenntnisse aus früheren Produktivitäts- und Veränderungsprogrammen in Six Sigma ein und definiert sowohl weitere Rollen wie den Master Black Belt als auch die Methodiken (D)MAIC, DMADV und DFSS. Jack Welch versteht es wie kein anderer, das Thema Six Sigma sowohl unternehmensintern als auch nach außen (an der Börse) zu kommunizieren und macht es damit weit über die Grenzen der USA bekannt. Durch die geschickte Verknüpfung von Produktivität, Kundenzufriedenheit, Messbarkeit und Wachstum wirkt Six Sigma – inzwischen als strategische Initiative positioniert und gelebt - wie ein Katalysator auf den Aktienkurs von General Electric.

Aufgrund der herausragenden Ergebnisse, die General Electric mit Six Sigma erzielt und des positiven Echos bei Finanzanalysten folgen immer mehr Firmen dem Beispiel der Six Sigma-Pioniere, zum Beispiel Honeywell im Jahr 1999 und Ford im Jahre 2000. Dennoch konzentriert sich die Anwendung von Six Sigma zu diesem Zeitpunkt schwerpunktmäßig noch auf die USA und vielfach auch noch auf die produzierenden Bereiche der anwendenden Unternehmen.

Die Verbreitung nimmt rasch zu. Ab dem Jahr 2000 werden in den USA brachenbezogene Konferenzen zum Thema Six Sigma angeboten. Insbesondere die Dienstleistungsunternehmen in Europa gönnen sich noch ein paar Jahre Six Sigma-Dornröschenschlaf und steigen erst Jahre später auf den Six Sigma-Zug auf, obwohl die erste Konferenz bereits im Jahre 1998 in London zu diesem Thema stattgefunden hatte.

Das folgende Bild zeigt die Entwicklung von Six Sigma über die verschiedenen Branchen hinweg. Die Wurzel lag im Hoch-Technologie-Bereich sowie der Produktion. Gerade in den letzten Jahren wird die Methodik aber auch verstärkt bei Banken, Versicherungen, in der Telekommunikation und auch im IT-Service sowie in der Softwareentwicklung eingesetzt.

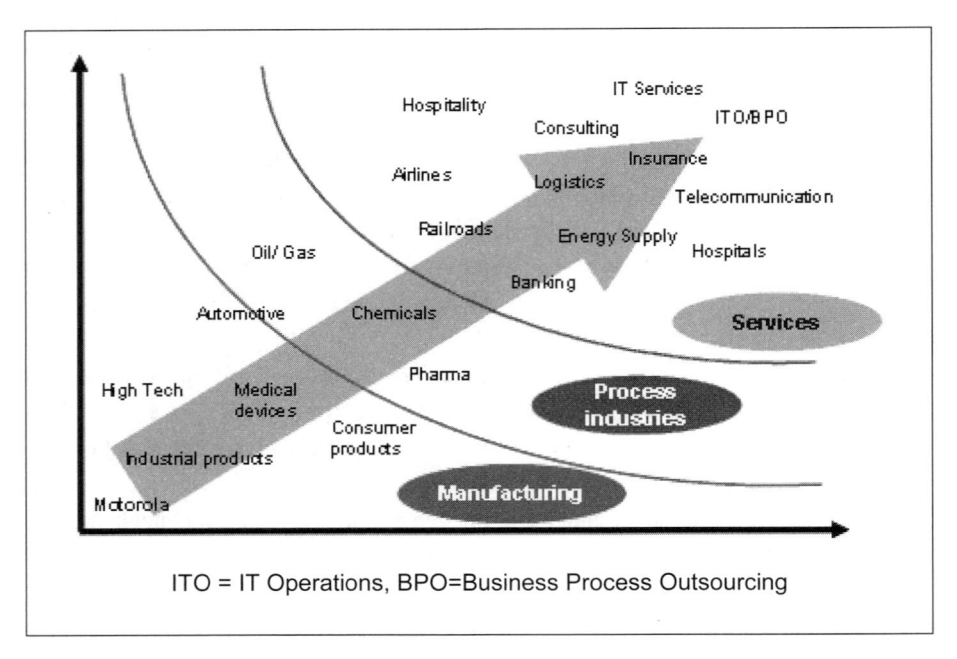

Abbildung 7: Six Sigma in unterschiedlichen Branchen, (Quelle: IBM, 1997)

1986	1991/92	1993/94	1995/96	1997/98	1999/00	2001/02	2003/04	2005/06
Motorola	DEC	ABB	General Electric	Citibank	AIG	Amazon	ALCAN	Allianz
IBM	Allied Signal	Kodak	Aeroquip	Compaq	AMEX	Bank of America	ABN Amro	Arvato
		TI	Vickers	Dow Chemical	JP Morgan	BP	British Telecom	Colt Telecom
				DuPond	Ford Motor	Borusan	Dräger Safety	Credit Suisse
				John Deere	Honeywell	Deutsche Bahn	HDW	Dresdner Bank
				NEC	Johnson Control	Deutsche Bank	ING-DIBA	Deutsche Post
				Siemens	Johnson & Johnson	Caterpillar	Mitsubishi Polyester	DyStar
				Sony	Ericsson	ITT Industries	XEROX	etb-Xchanging
				Toshiba	Samsung	Telefonica	Orange	Generali
				Whirlpool	Philips	3 M	Freudenberg	Scottish Power
				Seagate	LG Group	Service Master	Infraserv	MLP
				Norgen-Herion		Celanese/Ticona	Stadtwerke Dü	O2
						Aventis	Leica	Oetker
						Bosch	Linde	Vodafone
						Siemens	Jacobs Eng.	T-Mobile
						Contitrade	Lilly	T-Systems
						Air Canada	Shell	Unisys
						Sprint...	NY Hospital...	DBV/Winterthur

Abbildung 8: Chronologische Entwicklung von Six Sigma, (Quellen: IBM, Prof. Dr. Töpfer „Six Sigma Projektmanagement für Null Fehler Qualität in der Automobilindustrie"; K.Lieber/J.Moormann „Six Sigma: neue Chancen zur Produktivitätssteigerung"; Six Sigma Conferences (IQPC); World Wide Web)

Das folgende Bild zeigt den Erfolg bei General Electric innerhalb der ersten sechs Jahre nach Einführung von Six Sigma. Bereits im ersten Jahr ist es bei GE das erklärte Ziel, die Implementierungskosten durch die Projektergebnisse (Einsparungen...) zu decken. Spätestens ab dem zweiten Jahr soll ein Kosten-Nutzen-Verhältnis von 1:2 und besser angestrebt werden.

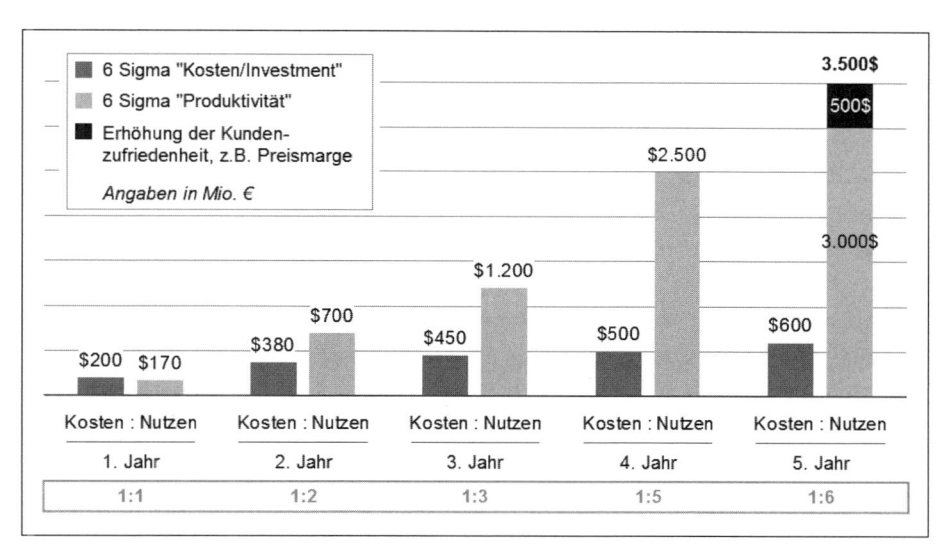

Abbildung 9: Beispiel General Electric, (Quelle: GE, 2000)

Im Vergleich dazu zeigt das Ergebnis einer Umfrage der Firma i-solutions aus dem Jahre 2001 bei 42 weltweit tätigen Unternehmen, dass 3 Jahre nach dem Six Sigma-Programmstart etwa 40% der Unternehmen ihre Investition noch nicht zurückerhielten. Die Hauptursache dafür liegt in einem unzureichenden Implementierungsansatz von Six Sigma in diesen Unternehmen.

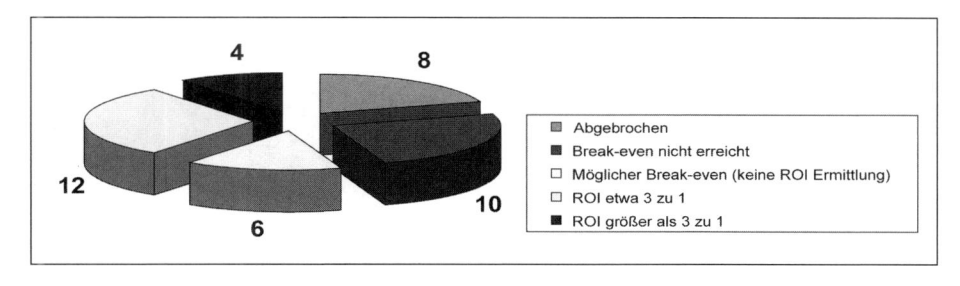

Abbildung 10: ROI aus Six Sigma-Programm, 3 Jahre nach Einführung

„Six Sigma ist die wichtigste Initiative und das schwierigste Ziel, das General Electric sich jemals gesetzt hat. Es wird unsere Firma für immer verändern".

Six Sigma is the most important initiative and the most difficult ‚stretch goal' GE has ever undertaken. It will change our company forever"

J.F. Welch, Mai 1996

„Wir sind dabei das Paradigma von 'Produkte reparieren' zu 'Prozesse reparieren/entwickeln' zu verschieben, so das diese nichts anderes als Perfektion (oder nahe daran) produzieren."

We are going to shift the paradigm from fixing products to fixing and developing processes, so that they produce nothing but perfection or close to it !!"

J.F. Welch, ehemaliger CEO von General Electric

4 Six Sigma-Rollen

Wenn Sie sich das erste Mal mit Six Sigma beschäftigen, dann fallen Ihnen sicherlich die vielen neuen Begriffe für die Rollen innerhalb eines Six Sigma-Programms auf. Da wird von Grün-Gürteln (Green Belts), Schwarz-Gürteln (Black Belts) sowie Meister-Schwarz-Gürteln (Master Black Belts) gesprochen. Manche Unternehmen sind kreativ und erfinden dazu noch Weiß- und Gelb-Gürtel. Zusätzlich gibt es noch Champions, Sponsoren, Six Sigma Controller und Programmleiter.

In diesem Kapitel erfahren Sie, was sich hinter den einzelnen Rollen verbirgt und wie sich diese voneinander unterscheiden.

Sponsor	Champion	Programm Leiter	Controller
• Bereichs-/ Vorstand bzw. Geschäftsleitung • Stellt die erforderlichen Programm Ressourcen zur Verfügung • Verfolgt den Programmfortschritt	• Auftraggeber eines Lean Sigma Projektes (Projektsponsor) • Mitglied der Geschäfts-/ Bereichsleitung • Stellt die erforderlichen Ressourcen zur Verfügung • Verfolgt den Projektfortschritt	• Operative Führung des Programms und Leitung des Programm Office • Unterstützung der Projekte durch Lean Sigma Expertise, Programm- und Veränderungsmanagement	• Beurteilt Lean Sigma Projekte finanziell • Betreut aus Controlling-Sicht Projektdefinition und -durchführung
			Process Owner • Verantwortet Prozess • Übernimmt den verbesserten Prozess • Teammitglied

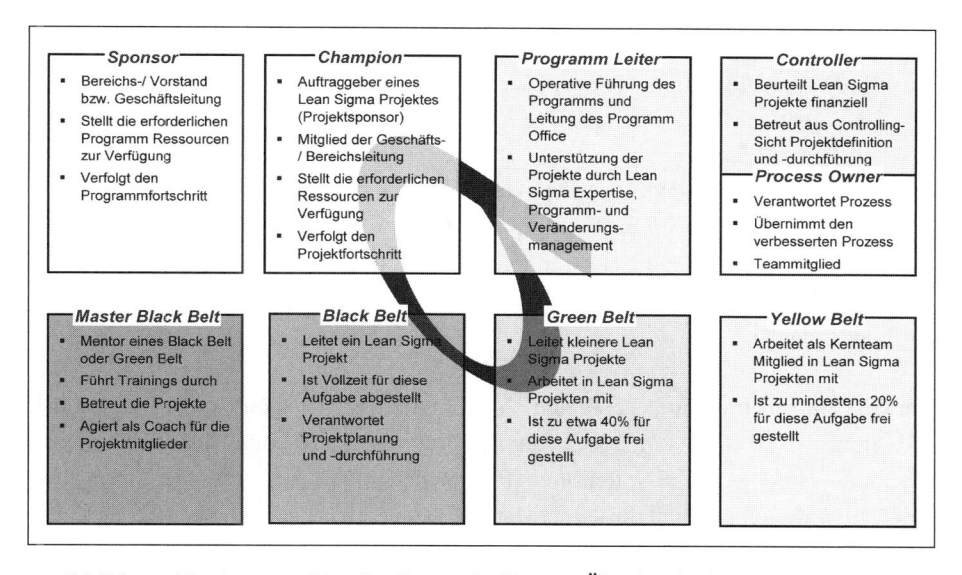

Master Black Belt	Black Belt	Green Belt	Yellow Belt
• Mentor eines Black Belt oder Green Belt • Führt Trainings durch • Betreut die Projekte • Agiert als Coach für die Projektmitglieder	• Leitet ein Lean Sigma Projekt • Ist Vollzeit für diese Aufgabe abgestellt • Verantwortet Projektplanung und -durchführung	• Leitet kleinere Lean Sigma Projekte • Arbeitet in Lean Sigma Projekten mit • Ist zu etwa 40% für diese Aufgabe frei gestellt	• Arbeitet als Kernteam Mitglied in Lean Sigma Projekten mit • Ist zu mindestens 20% für diese Aufgabe frei gestellt

Abbildung 11: Ausgewählte Six Sigma-Rollen im Überblick. (Quelle: IBM 2007)

Der Lenkungskreis setzt sich aus dem Senior Management (Vorstand/Geschäftsführung) zusammen, dem Six Sigma-Programm Leiter und ggf. den Master Black Belts. Es tagt in der Regel monatlich und entscheidet über strategische Themen wie Programmschwerpunkte, Budget, Ressourcen, Projektauswahl, Projektabschluss und Zertifizierungen. In einigen Unternehmen wird dieser Lenkungskreis nach dem Vorbild von GE Capital auch heute noch „Business Quality Council" genannt.

4.1 Sponsor

In vielen Unternehmen wird der „Projekt Champion" (siehe Rollenbeschreibung „Projekt Champion") auch als „(Projekt) Sponsor" bezeichnet.

Das führt häufig zu Verständnisschwierigkeiten mit der Rolle des „(Program) Sponsors", einem Vorstand oder Geschäftsführer, der die Einführung von Six Sigma zu einem seiner persönlichen Top-Themen macht und die Implementierung im Unternehmen aktiv unterstützt und vorantreibt (Budget, Ressourcen bereitstellen, Ziele für das Management mit dem Six Sigma-Programm verbinden, internes Marketing auf internen/externen Veranstaltungen, regelmäßiger „Jour Fixe" mit Six Sigma-Programmverantwortlichen...).

Der Six Sigma-Programm Sponsor ist Teil des Lenkungskreises und idealerweise personalverantwortlich für den Six Sigma-Programm Manager.

Gerade über das geschickte Setzten von Zielen für das mittlere Management kann der Sponsor den Erfolg eines Six Sigma-Programms wesentlich erhöhen. Erfolgreiche Beispiele dafür sind die notwendige Six Sigma-Zertifizierung für Beförderungen, die Bereitstellung von Ressourcen und die Beteiligung an Projekten (z. B. als Auftraggeber).

Bei General Electric war Jack Welch als CEO der oberste Sponsor des Programms. Er legte fest, dass bereits im ersten Jahr des Programms 40% des Manager-Bonus an Six Sigma-Ziele geknüpft waren und sicherte sich so die Aufmerksamkeit und Unterstützung des oberen und mittleren Managements.

4.2 Projekt Champion

„Champions take their company´s vision, missions, goals and metrics and translate them into individual unit tasks".

Projekt Champions sind die Auftraggeber für Six Sigma-Projekte. Sie stellen die notwendigen (personellen) Ressourcen zur Verfügung und helfen, Widerstände aus dem Weg zu räumen. Der Projekt Champion ist verantwortlich dafür, dass die Verbesserungsteams an den richtigen Projektthemen arbeiten (Zielverantwortung).

Aus diesem Grund sollten Champions mindestens Bereichs- oder Abteilungsleiter, bei bereichsübergreifenden und strategischen Projekten auch Geschäftsführer oder Vorstände, sein. So werden kurze Entscheidungswege während des Projektes sichergestellt und es gibt im Idealfall nur einen Ansprechpartner, wenn es zu Interessenkonflikten zwischen Tagesgeschäft und Projektarbeit kommt (z.B. bei der Bereitstellung von personellen Ressourcen).

„Champions must remove any roadblocks to the program's success. Champions are involved in selecting projects and identify Black and Green Belt candidates. They set improvement targets, provide resources, and review the projects on a regular basis so that they can transfer knowledge gains throughout the organization."

American Society of Quality

4.3 Programm Leiter

„**Leader** Senior-level executive who is responsible for implementing Six Sigma within the business."

Bei dem Six Sigma-Programm Leiter handelt es sich um eine Führungskraft, die die Implementierung des Six Sigma-Programms im Unternehmen leitet. Der Programm Leiter ist der Motor einer erfolgreichen Implementierung von Six Sigma.

Er sorgt dafür, dass

- die Six Sigma-Projekte auf die Unternehmensziele ausgerichtet sind und bleiben
- der Fortschritt der Projekte in regelmäßigen Abständen sichergestellt und transparent ist
- ein einheitliches Projekt-/Programm-Reporting aufgebaut wird
- ein guter Kontakt zum Management (Vorstand, Geschäftsführung, Bereichsleitung) existiert
- die richtigen Projekte in Zusammenarbeit mit Geschäftsführung, CEO oder Sponsor ausgewählt werden
- die geeigneten Coaches (Master Black Belts) ausgewählt werden
- die interne Six Sigma-Kompetenz aufgebaut und ausgebaut wird
- der Wissenstransfer im Unternehmen unterstützt und gefördert wird
- die gewonnenen Erkenntnisse in die Weiterentwicklung des Six Sigma-Programms im Unternehmen einfließen
- Six Sigma in die Ziele und Personalentwicklung des Unternehmens einfließt

und - last but not least -

- das Six Sigma-Programm als Ganzes wirtschaftlich erfolgreich ist

> **Tipp:**
> Ein Programm Leiter muss kein Master/Black Belt sein. Allerdings fördert vorhandene Six Sigma-Kompetenz die Akzeptanz im Unternehmen und im eigenen Team. Außerdem können MBB- und Programm Manager-Aufgaben kombiniert werden (Kostenersparnis). Bei kleineren Unternehmen sollte ein Geschäftsführer die Rolle des Programm Managers übernehmen.

4.4 Master Black Belt

„Master Black Belts are the technical leaders of Six Sigma."

Ein Master Black Belt (MBB) ist ein Six Sigma-Experte, der in erster Linie für das Coaching und Training der Black Belts verantwortlich ist. Er sollte sowohl DMAIC- als auch DFSS- sowie tiefgehende statistische Kenntnisse haben. Zudem sollte er ein sehr guter Projektmanager mit Erfahrung im Veränderungs-Management sein und sich sicher auf der Senior Management-Ebene bewegen können.

Die Weiterentwicklung der genutzten Six Sigma-Methoden und Werkzeuge sowie die Weitergabe von Wissen sind seine weiteren Aufgaben. Durch den zielgerichteten Einsatz von MBBs lässt sich die Lernkurve für die Black Belts deutlich verkürzen und Wissen effizienter in der Organisation verteilen.

Manche Unternehmen machen Master Black Belts direkt für alle Veränderungsprojekte eines bestimmten Kerngeschäftsprozesses verantwortlich oder für ein größeres Projektportfolio zu einem komplexen Thema und nutzen damit die MBBs als Multiplikatoren von Wissen im Unternehmen.

Ein Master Black Belt steht üblicherweise für etwa drei Jahre zu 100% seiner Zeit dem Six Sigma-Programm zur Verfügung (incl. der Ausbildungszeiten) und wechselt anschließend in eine anspruchsvolle Management-Funktion in die Linie.

„They (Master Black Belts) serve as the instructors for both Black and Green Belts and also provide ongoing coaching and support to project teams to assure the application of statistics. A built-in part of the long-term Six Sigma infrastructure Master Black Belts create most of the key elements, such as metrics, enterprise maps and training. In addition, they provide strategic and operational assistance to Champions and Top Management in the formulation and deployment of the Six Sigma program."

American Society of Quality

4.5 Black Belt

„Black Belts are the backbone of Six Sigma deployment and continuous improvements."

Ein Black Belt (BB) ist verantwortlich für die methodische Leitung von Six Sigma-Projekten (Durchführungsverantwortung). Er sorgt dafür, dass das Verbesserungsteam das mit dem Champion im Projektauftrag vereinbarte Ziel erreicht. Er leitet das Team durch die einzelnen Phasen des DMAIC/DFSS und wählt die für die jeweilige Aufgabe am besten geeigneten Werkzeuge aus. Seine Rolle ist die methodische Kompetenzergänzung in einem Team von Fachexperten (siehe Teammitglieder).

Er ist ein guter Projektleiter mit Durchsetzungsfähigkeit und der Fähigkeit, Teams zu bilden und zu entwickeln (Soft Sigma Kompetenz). Ein Black Belt ist in der Lage, in jedem Umfeld, Fachbereich und Themengebiet Six Sigma-Projekte durchzuführen, ohne gleichzeitig Fachexperte in diesem Gebiet zu sein.

Ein Black Belt steht üblicherweise 100% seiner Zeit für mindestens 2 Jahre dem Six Sigma-Programm als Projektleiter zur Verfügung (inkl. der Ausbildungszeiten) und wechselt anschließend in eine anspruchsvolle Linienfunktion als Fachexperte oder mit Führungsverantwortung.

„They (Black Belts) build teams and attack problems by managing projects and then driving the teams for solutions that work, resulting in delivery of buttom-line results. As Executive Leaders and the Champions work through deployment and resolve issues concerned with the recognize and define phases of Six Sigma, Black Belts work through each project using the principles measure, analyze, improve and control."

American Society of Quality

4.6 Green Belt

„Green Belts provide internal team support to Black Belts."

Bei Green Belts handelt es sich um Mitarbeiter, die entweder
- Unterstützung bei der Durchführung von Six Sigma-Projekten leisten (z.B. Teilprojekte leiten) oder
- eigenständig (kleinere) Six Sigma-Projekte leiten.

Green Belts sind mit grundlegenden Instrumentarien vertraut; sie stehen Teilzeit (mindestens 20%, also einen Tag pro Woche) den Projekten zur Verfügung. Häufig leiten Sie Projekte aus ihrem eigenen Arbeitsumfeld (Fachbereich).

„While they are not trained to the same depth of knowledge as Black Belts, they are able to assist in data collection, computer data input, analysis of data using the software and preparation of reports for management. They can also manage and facilitate the team activities in the absence of the Black Belt. Green Belts are part-time workers on a team. Many become Black Belts over time as they build a personal base of experience that boosts them into a more technical role."

American Society of Quality

Vorteil der Green Belt-Rolle: Mitarbeiter können mit der Six Sigma-Methodik vertraut gemacht werden, ohne sie aus der Linienorganisation herauszuziehen. Eine negative Auswirkung auf das „Tagesgeschäft" wird somit verhindert. Der Green Belt hat die Möglichkeit, sich schrittweise mit der Methodik vertraut zu machen, bevor er/sie eventuell den „großen" Schritt zum Black Belt macht.

Manager sind häufig nicht bereit, ihre besten Kandidaten als Black Belt zu 100% für Six Sigma freizustellen. Bei einer Green Belt-Ausbildung hingegen behalten sie die Personalverantwortung für ihre Mitarbeiter und können sie weiterhin in ihrem Fachbereich im Tagesgeschäft einsetzen.

Risiko der Green Belt-Rolle: Green Belts fühlen sich häufig nicht als Teil des „Six Sigma Teams". Dies lässt sich mit dem geringeren Zeiteinsatz (20%) für das Six Sigma-Projekt im Vergleich zum Tagesgeschäft (80%) begründen.

Einerseits muss ihr „Tagesgeschäft" in Bezug auf die vereinbarten Ziele funktionieren, andererseits muss das Six Sigma-Projekt vorangetrieben werden (diesbezüglich werden selten Ziele vereinbart). Als „Diener zweier Herren" können Green Belts schnell die Motivation verlieren. Hier ist der betreuende Black Belt oder Master Black Belt verantwortlich, früh genug einzugreifen und den Green Belt zu unterstützen.

Das Nebeneinander von Linienaufgabe und Projektaufgaben führt häufig zu einer Überlastung von Green Belts, wenn die Projektaufgaben „on top" gemacht werden müssen. Die Vorgesetzten der Green Belts müssen daher besondere Sorgfalt walten lassen und Green Belts von dem entsprechenden Prozentsatz an Tagesgeschäft freistellen (zeitliche Freiräume schaffen), damit der GB seiner Projektaufgabe auch innerhalb einer 100%-Gesamtauslastung nachkommen kann. Eine klare Vereinbarung im Vorfeld hilft allen Beteiligten und ist daher dringend zu empfehlen.

> **Tipp**:
> Die Auswahl von Green Belt-Kandidaten über das Senior Management stellt sicher, dass die richtigen Leistungsträger ausgewählt werden. Außerdem fördert dies die Akzeptanz und das Ansehen für die Rolle und Six Sigma im Unternehmen.

4.7 Prozess-Verantwortlicher/Process Owner

Führungskräfte, die im Tagesgeschäft die Verantwortung für einen Geschäftsprozess tragen, an dessen Verbesserung das Verbesserungsteam mit dem Black Belt arbeitet. Die Process Owner-Rolle ist demnach auch keine Rolle, die durch das Six Sigma-Projekt notwendig wird, sondern sie liegt im Tagesgeschäft begründet. Daher ist auch in vielen Unternehmen im Gegensatz zu den Belt-Rollen ist die Rolle des Process Owners schon definiert.

Zum Teil wird auch zwischen dem „Process Owner" (Gesamtverantwortung für einen Kunde-zu-Kunde- Geschäftsprozesse) und dem „Process Manager" (operative Verantwortung im Tagesgeschäft) unterschieden. In diesem Falle ist der Process Owner gleichzeitig auch der Projekt Champion, während der bzw. die Process Manager inhaltlich eng mit dem Six Sigma-Projektteam zusammen arbeiten und die nachhaltige Wirksamkeit der Projektergebnisse sicherstellen.

Process Owner sind einerseits mitverantwortlich für die Schaffung eines geeigneten Umfeldes, damit ein Six Sigma-Projekt erfolgreich durchgeführt werden kann. Andererseits stellen sie sicher, dass die erarbeiteten Lösungen im Tagesgeschäft umgesetzt und dauerhaft in der Organisation verankert werden.

Ein Process Owner wird vom Projektteam üblicherweise bereits in der Measure-Phase als auch in der Improve-Phase eines DMAIC-Projektes mit eingebunden. Er übernimmt zu Projektende die Projektergebnisse und betreibt selbstständig den optimierten Prozess weiter. Control Charts, Notfallplan und andere Werkzeuge helfen ihm dabei.

Besonders bei bereichsübergreifenden Prozessen ist die Funktion des Process Owners sehr wichtig. Er überwacht z.B. die Einhaltung von Leistungsvereinbarungen (SLA = Service Level Agreement). Ein SLA kann z.B. die maximale Reaktionszeit auf eine Anfrage sein. Dabei ist zu klären: Welche Kompetenzen benötigt der Process Owner und wo ist seine „Heimat"?

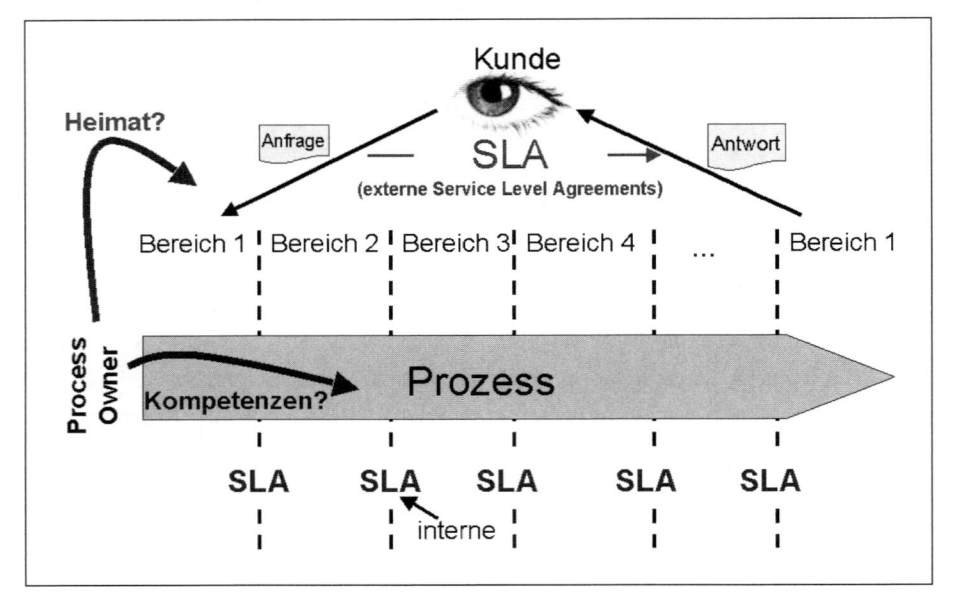

Abbildung 12: Funktion des Process Owners

4.8 Yellow Belt/Teammitglieder

In Six Sigma-Projekten übernehmen die Teammitglieder die Rolle der Fachexperten. Sie kennen den zu optimierenden Prozess, die Anforderungen der internen und externen Kunden und haben das notwendige Fachwissen, um Verbesserungen mit zu entwickeln. Die Teammitglieder tragen somit die Verantwortung für die Qualität der zu erarbeitenden Lösungen.

In Six Sigma-Projekten wird zwischen den Kernteam-Mitgliedern und temporären Teammitgliedern unterschieden. Mitglieder des Kernteams nehmen an allen Team-/Statusmeetings teil und begleiten das Projekt vom Kick-off bis zum Projektabschluss.

Temporäre Teammitglieder werden nur bei Bedarf kontaktiert und zu einzelnen Terminen eingeladen. Häufig sind auch externe Kunden oder Lieferanten Teil des temporären Teams.

In der Praxis haben sich Projektteams mit drei bis sechs Kernteam-Mitgliedern besonders bewährt. Die Qualität dieser „fachlichen" Experten ist entscheidend für das Ergebnis des Six Sigma-Projektes.

> **Tipp:**
> Um das Projekt in einer akzeptablen Zeit (häufig 3 bis 6 Monate) abschließen zu können, sollten Mitglieder des Kernteams einen Tag die Woche oder 20% ihrer Zeit in das Projekt investieren. Dazu gehören neben der Zeit für die Team-Meetings auch Zeiten für die „Hausaufgaben" dazwischen.
>
> Zu viele Projekte im gleichen Bereich und zur gleichen Zeit können zu einem Ressourcenengpass führen. Das sollte beim Programm-Management frühzeitig berücksichtigt werden. Oftmals konkurrieren mehrere gleichzeitig laufende Projekte in Bezug auf dieselben Ressourcen miteinander, unabhängig davon, ob sie mit oder ohne Six Sigma-Methodik durchgeführt werden. Eine gute Projektauswahl und ein starker Champion und Black Belt sorgen dafür, dass Six Sigma-Projekte dennoch innerhalb der vereinbarten Zeit zu den gewünschten Ergebnissen führen.

4.9 Six Sigma-Controller/Financial Analyst

Ein Controller innerhalb der Finanzorganisation eines Unternehmens hat die Aufgabe, die Six Sigma-Projektergebnisse als neutraler Dritter zu prüfen und zu bestätigen/freigeben („approval"). Der Six Sigma Controller wird häufig auch „Quality Financial Analyst" genannt. Vereinzelt wird der Controller auch als „Money Belt" bezeichnet, was aber unserer Meinung nach nicht ganz zutreffend ist, da die Projektteams rund um die Black Belts und Green Belts „das Geld einsammeln".

Bereits in der Define-Phase von Six Sigma-Projekten sollte der Controller mit eingebunden werden, um den Business Case, d.h. den erwarteten geldwerten Nutzen des Projektes zu berechnen. Üblicherweise arbeitet man hierbei mit Annahmen und berechnet auf Basis des Projektzieles, um wie viel Euro der beabsichtigte verbesserte Prozess gegenüber dem Ist-Prozess günstiger zu betreiben ist.

Zum Projektabschluss wird diese Rechnung auf Basis der tatsächlich umgesetzten Lösungen (abzüglich den Projekt- und Implementierungskosten) nochmals vorgenommen und ein annualisierter Benefit über 12 Monate berechnet. In vielen Projekten kann es hilfreich sein, nach der Analysephase die zu Projektbeginn getroffenen Annahmen noch mal zu verifizieren bzw. zu korrigieren.

Grundlage für diese Berechnung ist im Allgemeinen eine sogenannte „Benefit Guideline", die der Finanzbereich gemeinsam mit dem Six Sigma Programm Manager festschreibt und die sich möglichst an der im Unternehmen üblichen Berechnung von Business Cases orientieren sollte.

Die Rolle des Financial Analyst fördert die Akzeptanz für Six Sigma im Unternehmen, da durch diese Vorgehensweise dem möglichen Vorwurf, dass Projektbenefits „schön gerechnet" werden, proaktiv entgegen getreten wird.

> **Tipp**:
> Um das Verständnis für die Methodik innerhalb des Finanzbereichs zu fördern, sollte der Six Sigma-Controller zum Green Belt ausgebildet werden und mindestens ein eigenes Six Sigma-Projekt leiten.

5 Six Sigma-Grundlagen und -Methodik

Bei Six Sigma geht es darum, die Prozesse fehlerfrei im Hinblick auf die Kundenanforderungen laufen zu lassen.

Das folgende Bild verdeutlicht den Unterschied zwischen einem 4 Sigma- und einem 6 Sigma-Prozess. Untersuchungen haben gezeigt, dass die meisten Unternehmen sich in einem 3 Sigma (97% Qualität)-Niveau bewegen. Dienstleistungsprozesse liegen im Durchschnitt bei nur 2 Sigma (etwa 69% Qualität). Je nach Wettbewerbssituation und Kundenanforderung ist dies aber oft nicht gut genug.

Prozess		4 Sigma (99,3790%)	6 Sigma (99,9997%)
(Unsichere) Fluglandungen Anzahl der Beinahe-Abstürze auf den größten Flughäfen Europas		6 pro Tag	1 pro Jahr
Verlorenes Gepäck Anzahl der verlorenen Gepäckstücke weltweit	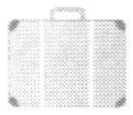	25.000 pro Monat	6 pro Monat
Systemverfügbarkeit Computerausfälle über den garantierten 98 Prozent		9 Minuten pro Tag	2 Minuten pro Jahr
Bankenscheckverkehr Fehlerhafte Transaktionen bei US-Banken		140.000 pro Stunde	75 pro Stunde

Abbildung 13: „Ist 99% Qualität genug?" – Die Bedeutung von Six Sigma-Qualität, (Quelle: IBM, 2006)

Die Six Sigma-Methodik basiert auf folgenden drei Bausteinen:

- Prozess-/Produktverbesserung (DMAIC)
- Prozess-/Produktentwicklung (DFSS)
- Prozess-Management

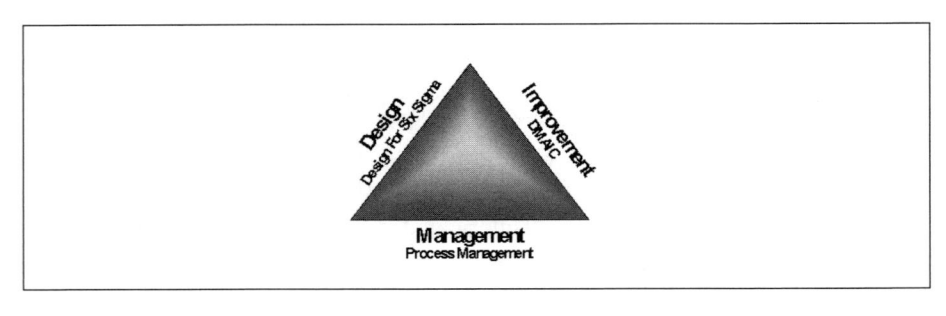

Abbildung 14: Die drei Six Sigma-Bausteine

Viele Unternehmen starten zuerst ausschließlich mit DMAIC-Projekten und sammeln Erfahrung mit der Six Sigma-Methodik. Parallel wird schrittweise der Gedanke des Prozess-Managements und die Rolle des „Process Owners" im Unternehmen verankert, Das macht zu einem frühen Zeitpunkt bereits Sinn, da die Verbesserungen aus den DMAIC-Projekten nach Projektabschluss wieder in das operative Tagesgeschäft, den Geschäftsprozess, übertragen werden müssen.

Nach etwa 1-3 Jahren Erfahrung mit Six Sigma werden in den meisten Unternehmen auch DFSS-Projekte durchgeführt, um neue Produkte und Services zu entwickeln und dadurch zusätzlichen Umsatz zu generieren. Während DMAIC-Projekte vom Umfang her in der Regel in 90-150 Tagen durchgeführt werden, sollte man für DFSS-Projekte etwa 6-9 Monate einplanen.

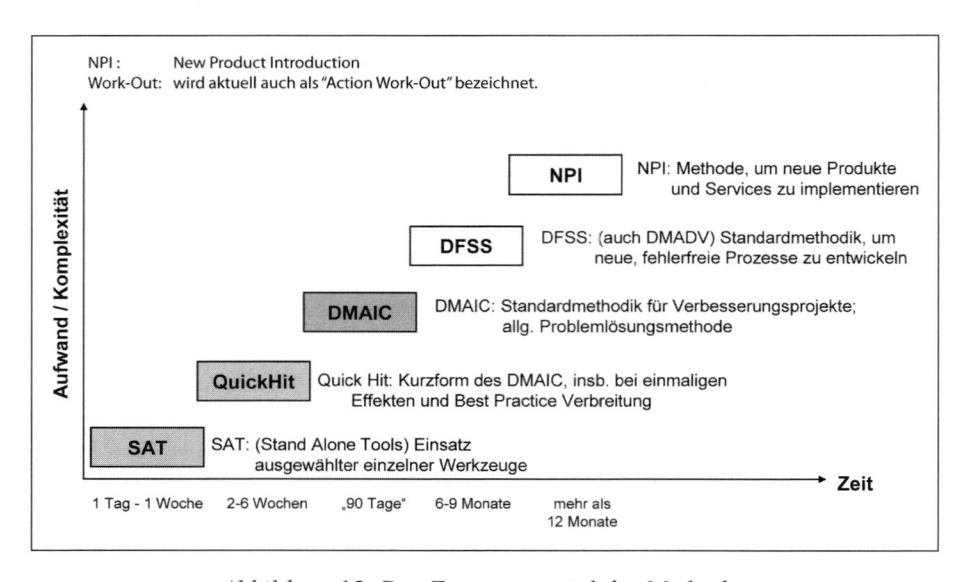

Abbildung 15: Das Zusammenspiel der Methoden

Für einfache Probleme sowie das Ausrollen von entwickelten Lösungen aus abgeschlossenen Six Sigma-Projekten bietet sich die sogenannte „Quick Hit" oder „Work-Out"-Methode an. Hierbei kommen ausgewählte Six Sigma-Tools zum Einsatz, um mit minimalem Aufwand Lösungen schnell zu entwickeln. Lösungsfindung und Umsetzung sind dabei in der Regel innerhalb von wenigen Wochen abgeschlossen. Auch Kaizen- und KVP-Workshops, die in vielen DIN ISO 9000ff. zertifizierten Unternehmen durchgeführt werden, fallen in diese Kategorie.

Viele klassische Six Sigma-Projekte beschränken sich ausschließlich auf die Reduzierung der Streuung (Varianz, Variation) im Prozess. Moderne „Lean Six Sigma"-Projekte hingegen haben gleichzeitig noch die Dimensionen „Komplexität" und „Kundenspezifikation" im Fokus.

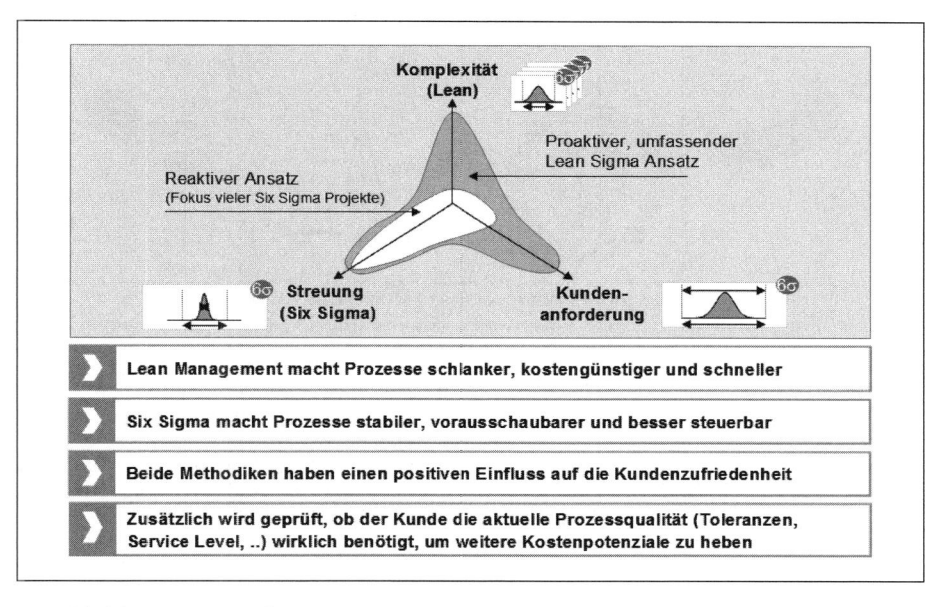

Abbildung 16: Die drei Dimensionen von Lean Six Sigma, (Quelle: IBM 2006)

Varianz: Die Streuung im Prozess wird gezielt durch den Einsatz von statistischen Methoden minimiert. Dies ist der Hauptfokus in klassischen Six Sigma-Projekten.

Komplexität: Durch den Einsatz von z.B. Lean-Werkzeugen werden „nicht-wertschöpfende" Aktivitäten aus Prozessen entfernt, Schnittstellen reduziert, die Anzahl von Bauteilen oder die beteiligten Personen minimiert. Eine Reduzierung der Fehlermöglichkeiten ergibt eine höhere Qualität, eine geringere Durchlaufzeit und geringere Kosten.

Kundenspezifikation: Die Prozesse werden so auf die Kundenanforderungen hin entwickelt bzw. verbessert, dass sie diese bei geringsten Kosten erfüllen. Dabei wird ebenfalls überprüft, ob der Kunde die aktuellen Service Level/Produktspezifikationen wirklich benötigt oder ob auch geringere Service Level/Spezifikationen für den Kunden akzeptabel wären (z.B. bei einem zum Teil weitergegebenen Kostenvorteil).

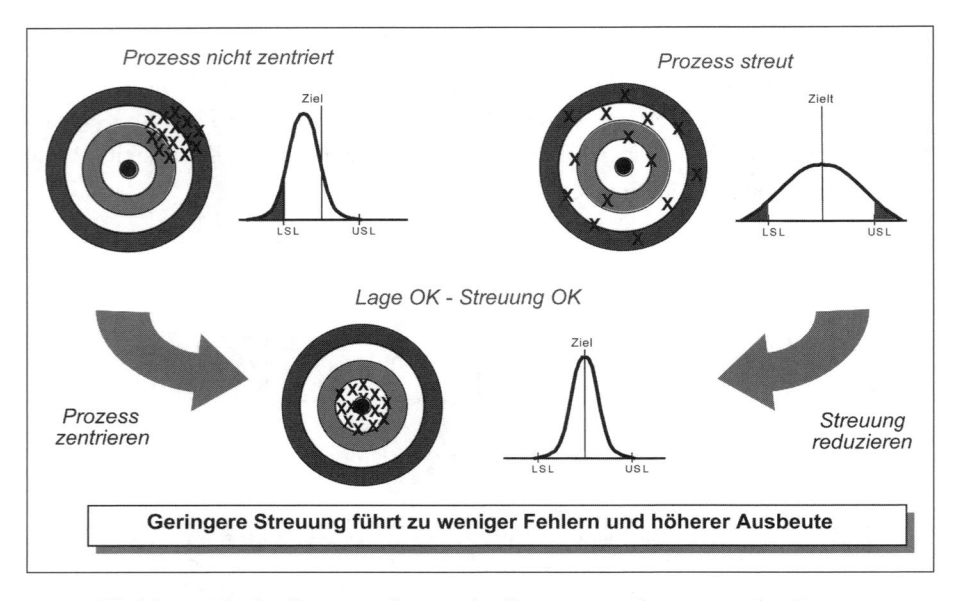

Abbildung 17: Six Sigma reduziert die Streuung und zentriert den Prozess

Warum ist Six Sigma im Vergleich zu vielen anderen Qualitäts-Programmen in Unternehmen so erfolgreich? Die wichtigsten Erfolgsfaktoren sind:

- Konsequente Ausrichtung auf Kundenanforderungen (von der Projektauswahl bis zum Projektabschluss)
- Praxiserprobter Methoden- & Werkzeugkasten
- Signifikante Six Sigma-Organisation zur Umsetzung und Unterstützung (Vollzeit-Projektleiter und Projektcoaches)
- Nachhaltige Management–Unterstützung (CEO; Projekt Champions)
- Systematischer Nachweis und Auswertung des Nutzens und der Profitabilität (Benefit-Kalkulation, Überprüfung und Bestätigung durch die Finanzorganisation im Unternehmen)

Darüber hinaus bietet Six Sigma weitere Vorteile:

- eine gemeinsame Vorgehensweise für Prozessverbesserungen im gesamten Unternehmen
- Unternehmensweit eine gemeinsame Sprache
- Konzentration auf messbare, greifbare Ergebnisse und Kundenzufriedenheit
- schnellere Bereitstellung von besseren Produkten/Services
- Entwicklung von übertragbaren Führungsqualitäten auf alle Ebenen des Unternehmens

Eine stringent angewendete Six Sigma-Methodik vermeidet die Fallen und Fehler, die in der Vergangenheit viele Verbesserungsprogramme scheitern ließen:

- Eingeschränkte Senior Management-Unterstützung
- Projektziele unklar oder nicht an den strategischen Unternehmenszielen ausgerichtet
- Projektumfang zu groß oder unklar
- Fehler in der Teambildung des Projekt-Teams
- Keine klaren Messung der Resultate sowie des Erfolgs
- Falsch oder unzureichend qualifizierte Projekt-Mitarbeiter

> **Tipp:**
> Die DEFINE-Phase in der Six Sigma-Methodik beschäftigt sich mit diesen Themen, um einen reibungslosen Verlauf des Projektes zu garantieren. Nehmen Sie sich die Zeit, um die Projekte optimal zu starten. Fehler in dieser frühen Phase können viel Zeit und Geld kosten oder zu einem Abbruch des Projektes führen.

5.1 Die Six Sigma-Methodik DMAIC im Detail

5.1.1 Beispiel GE Capital

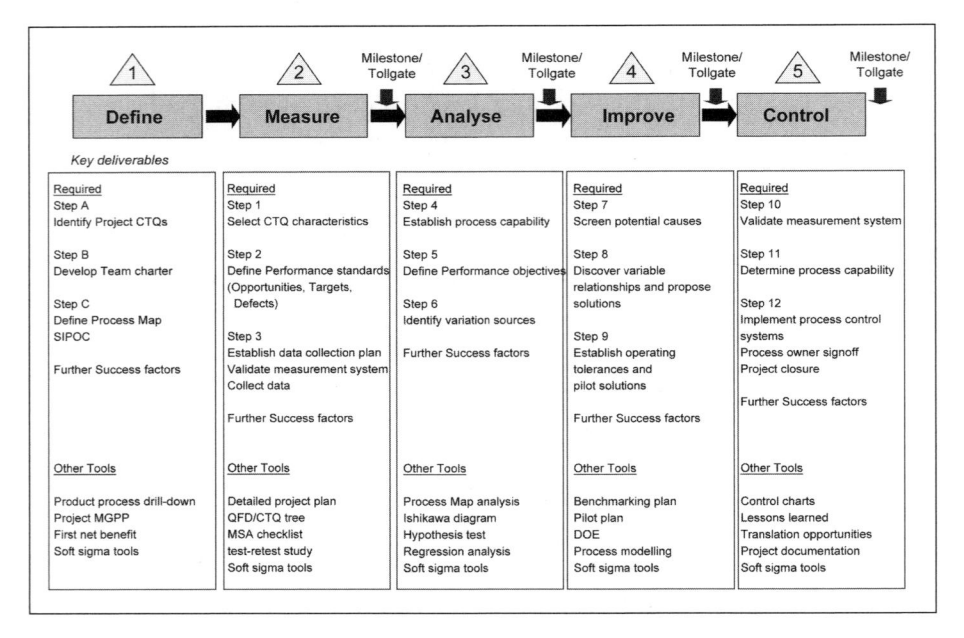

	1. Define	2. Measure	3. Analyse	4. Improve	5. Control
Key deliverables					
Required	Step A: Identify Project CTQs Step B: Develop Team charter Step C: Define Process Map SIPOC Further Success factors	Step 1: Select CTQ characteristics Step 2: Define Performance standards (Opportunities, Targets, Defects) Step 3: Establish data collection plan; Validate measurement system; Collect data Further Success factors	Step 4: Establish process capability Step 5: Define Performance objectives Step 6: Identify variation sources Further Success factors	Step 7: Screen potential causes Step 8: Discover variable relationships and propose solutions Step 9: Establish operating tolerances and pilot solutions Further Success factors	Step 10: Validate measurement system Step 11: Determine process capability Step 12: Implement process control systems; Process owner signoff; Project closure Further Success factors
Other Tools	Product process drill-down; Project MGPP; First net benefit; Soft sigma tools	Detailed project plan; QFD/CTQ tree; MSA checklist; test-retest study; Soft sigma tools	Process Map analysis; Ishikawa diagram; Hypothesis test; Regression analysis; Soft sigma tools	Benchmarking plan; Pilot plan; DOE; Process modelling; Soft sigma tools	Control charts; Lessons learned; Translation opportunities; Project documentation; Soft sigma tools

Abbildung 18: DMAIC am Beispiel von General Electric

Im Produktionsumfeld von GE kommt zur Prozessverbesserung die Methode „MAIC" zum Einsatz. Bei dieser „12 Schritt"-Methode (Measure-Analyse-Improve-Control) werden die Messdaten direkt an der Maschine bzw. Anlage entnommen, unzureichende Prozessperformance erkannt und die Daten unmittelbar statistisch aufbereitet.

Bei GE Capital wurde die „MAIC"-Methode um drei zusätzliche Schritte (A, B, C) der DEFINE-Phase ergänzt und dadurch zum „DMAIC" erweitert. Denn es hatte sich gezeigt, dass besonders bei transaktionalen Prozessen im Serviceumfeld eine saubere Problem- und Zieldefinition notwendig und wichtig für den Projekterfolg sind.

„Soft Skill" bzw. „Soft Sigma" heißt bei General Electric „CAP" (Change Acceleration Process) und umfasst die „weichen Werkzeuge" für eine erfolgreiche Projektdurchführung. In diesem ergänzenden „Werkzeugkasten" sind die notwendigen Change Management Werkzeuge enthalten, um insbesondere Dienstleistungsunternehmen erfolgreich durch Veränderungsprozesse zu führen.

5.1.2 Beispiel IBM GBS (Global Business Services)

Define Opportunities 1.0	Measure Performance 2.0	Analyze Opportunity 3.0	Improve Performance 4.0	Control Performance 5.0
Was ist wichtig?	Wie gut sind wir?	Was ist falsch?	Was muss getan werden?	Wie stellen wir die nachhaltige Verbesserung sicher?

Ergebnisse/ Deliverables

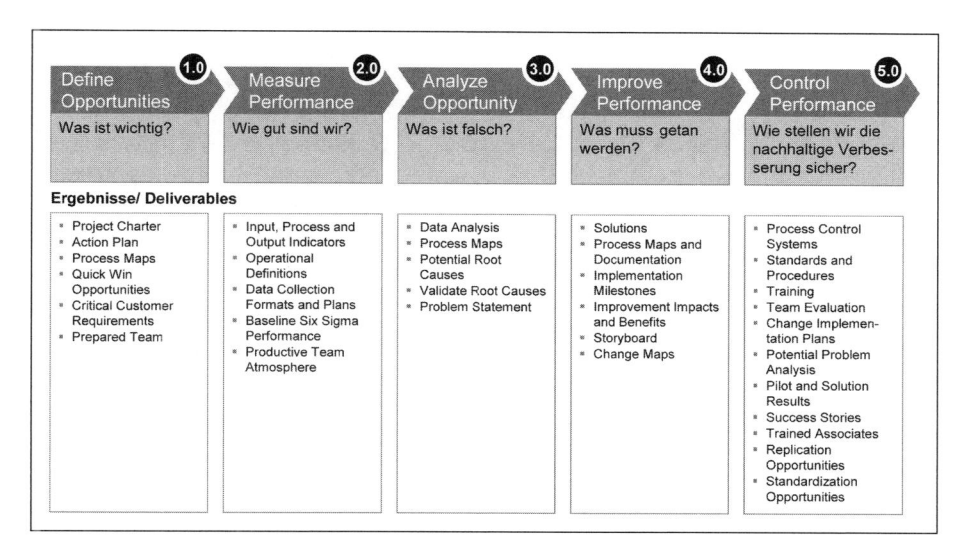

• Project Charter • Action Plan • Process Maps • Quick Win Opportunities • Critical Customer Requirements • Prepared Team	• Input, Process and Output Indicators • Operational Definitions • Data Collection Formats and Plans • Baseline Six Sigma Performance • Productive Team Atmosphere	• Data Analysis • Process Maps • Potential Root Causes • Validate Root Causes • Problem Statement	• Solutions • Process Maps and Documentation • Implementation Milestones • Improvement Impacts and Benefits • Storyboard • Change Maps	• Process Control Systems • Standards and Procedures • Training • Team Evaluation • Change Implementation Plans • Potential Problem Analysis • Pilot and Solution Results • Success Stories • Trained Associates • Replication Opportunities • Standardization Opportunities

Abbildung 19: DMAIC-Roadmap, (Quelle: IBM 2007)

Die Unternehmensberatung bei IBM zählt zu den Six Sigma-Pionieren und hat ebenfalls bereits vor einigen Jahren Six Sigma mit Lean Management zu Lean Sigma verschmolzen.

Ein Vergleich der IBM-Methodik mit der von General Electric zeigt die folgende Besonderheit:

Die Prozessfähigkeit wird am Ende der Measure-Phase ermittelt. Bei GE erfolgt dies am Anfang der Analyse-Phase.

Bis auf dieses Detail sind die Methoden vom Konzept her identisch. Die Stakeholder-Analyse beispielsweise ist bei allen Konzepten als wichtiger Bestandteil der Define-Phase enthalten.

5.1.3 Beispiel Xchanging/european transaction bank (etb)

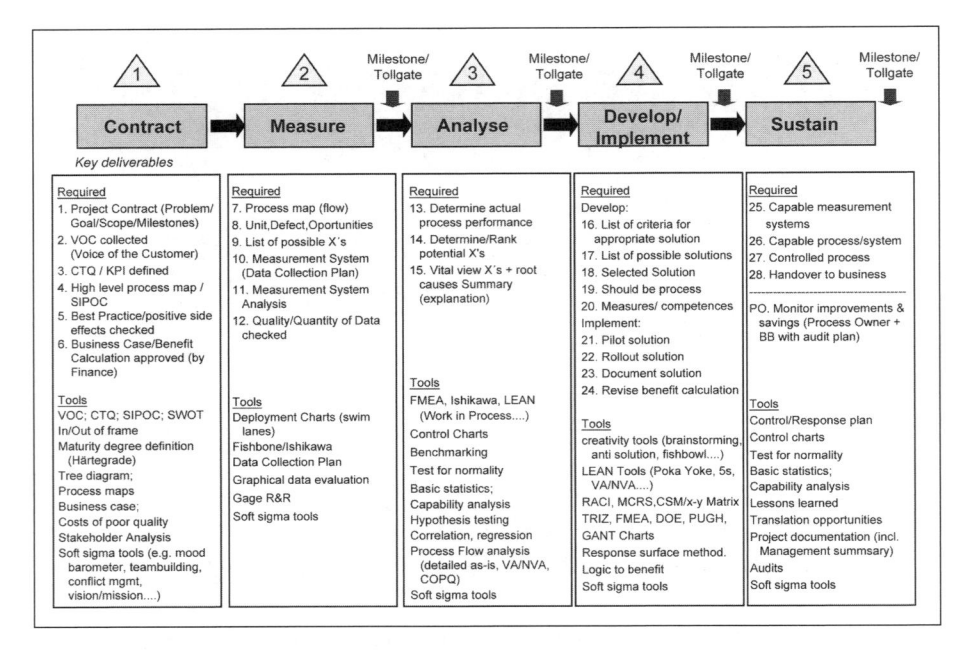

1 Contract	2 Measure	3 Analyse	4 Develop/Implement	5 Sustain
Key deliverables				
Required	**Required**	**Required**	**Required**	**Required**
1. Project Contract (Problem/Goal/Scope/Milestones)	7. Process map (flow)	13. Determine actual process performance	Develop:	25. Capable measurement systems
2. VOC collected (Voice of the Customer)	8. Unit, Defect, Opportunities	14. Determine/Rank potential X´s	16. List of criteria for appropriate solution	26. Capable process/system
3. CTQ / KPI defined	9. List of possible X´s	15. Vital view X´s + root causes Summary (explanation)	17. List of possible solutions	27. Controlled process
4. High level process map / SIPOC	10. Measurement System (Data Collection Plan)		18. Selected Solution	28. Handover to business
5. Best Practice/positive side effects checked	11. Measurement System Analysis		19. Should be process	
6. Business Case/Benefit Calculation approved (by Finance)	12. Quality/Quantity of Data checked		20. Measures/ competences Implement:	PO. Monitor improvements & savings (Process Owner + BB with audit plan)
			21. Pilot solution	
			22. Rollout solution	
			23. Document solution	
			24. Revise benefit calculation	
Tools	**Tools**	**Tools**	**Tools**	**Tools**
VOC; CTQ; SIPOC; SWOT	Deployment Charts (swim lanes)	FMEA, Ishikawa, LEAN (Work in Process....)	creativity tools (brainstorming, anti solution, fishbowl....)	Control/Response plan
In/Out of frame	Fishbone/Ishikawa	Control Charts	LEAN Tools (Poka Yoke, 5s, VA/NVA....)	Control charts
Maturity degree definition (Härtegrade)	Data Collection Plan	Benchmarking	RACI, MCRS,CSM/x-y Matrix	Test for normality
Tree diagram;	Graphical data evaluation	Test for normality	TRIZ, FMEA, DOE, PUGH, GANT Charts	Basic statistics;
Process maps	Gage R&R	Basic statistics;	Response surface method.	Capability analysis
Business case;	Soft sigma tools	Capability analysis	Logic to benefit	Lessons learned
Costs of poor quality		Hypothesis testing	Soft sigma tools	Translation opportunities
Stakeholder Analysis		Correlation, regression		Project documentation (incl. Management summsary)
Soft sigma tools (e.g. mood barometer, teambuilding, conflict mgmt, vision/mission....)		Process Flow analysis (detailed as-is, VA/NVA, COPQ)		Audits
		Soft sigma tools		Soft sigma tools

Abbildung 20: CMADIS-Cycle

Es gibt verschiedene Varianten der DMAIC-Methodik. Eine interessante Variante ist die des englischen Outsourcing-Unternehmens Xchanging.

Xchanging setzt dabei auf eine Weiterentwicklung der DMAIC-Methodik, den sogenannten CMADIS-Cycle. CMADIS steht für: Contract, Measure, Analyse, Develop, Implement und Sustain.

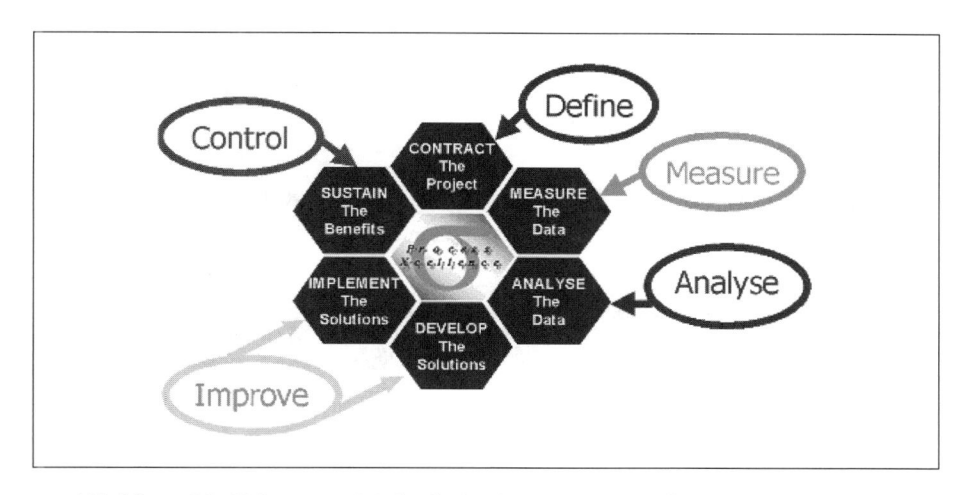

Abbildung 21: Xchanging-Methode für Six Sigma-Projekte CMADIS=DMAIC

Bei CMADIS handelt es sich um eine Kombination der DMAIC-Methodik mit Lean Management-Methoden. Außerdem wurde die IMPROVE-Phase in zwei separate Phasen aufgeteilt (DEVELOP und IMPLEMENT). Diese logische Trennung hat sich in der Praxis als sehr vorteilhaft erwiesen und hilft gerade bei der Steuerung von langen und komplexen Verbesserungsphasen

Das Besondere ist die Trennung der IMPROVE-Phase in die beiden Phasen DEVELOP und IMPLEMENT. Die Praxis zeigt, dass die IMPROVE-Phase allgemein am längsten dauert und eine logische Trennung zwischen der Entwicklung der Lösung und einer Einführung der Lösung sehr zu empfehlen ist, da in diesen beiden Phasen unterschiedliche Methodiken zum Einsatz kommen.

5.2 Prozesse optimieren (DMAIC-Methodik)

Ein Six Sigma-Projekt wird stets durch einen Auftraggeber (Projekt Sponsor oder Projekt Champion) initiiert. Dieser definiert die Problemstellung (Welcher Prozess soll verbessert werden?) sowie das messbare Ziel des Projektes – idealerweise zusammen mit einem (Master)Black Belt. Der Champion stellt die notwendigen Ressourcen (insbesondere personell) für das Projekt bereit, er lädt zum Projekt-Kick-off ein und vertritt während des Projektes die Interessen des Projektteams gegenüber der Organisation.

Ein Black Belt/Green Belt leitet das Projekt methodisch und der Master Black Belt unterstützt und coacht ihn dabei. Der Projektfortschritt wird in regelmäßigen Team- und Champion-Meetings überprüft.

Die folgende Übersicht stellt den Ablauf der beteiligten Rollen bei der Auswahl sowie der Durchführung von Six Sigma Projekten dar.

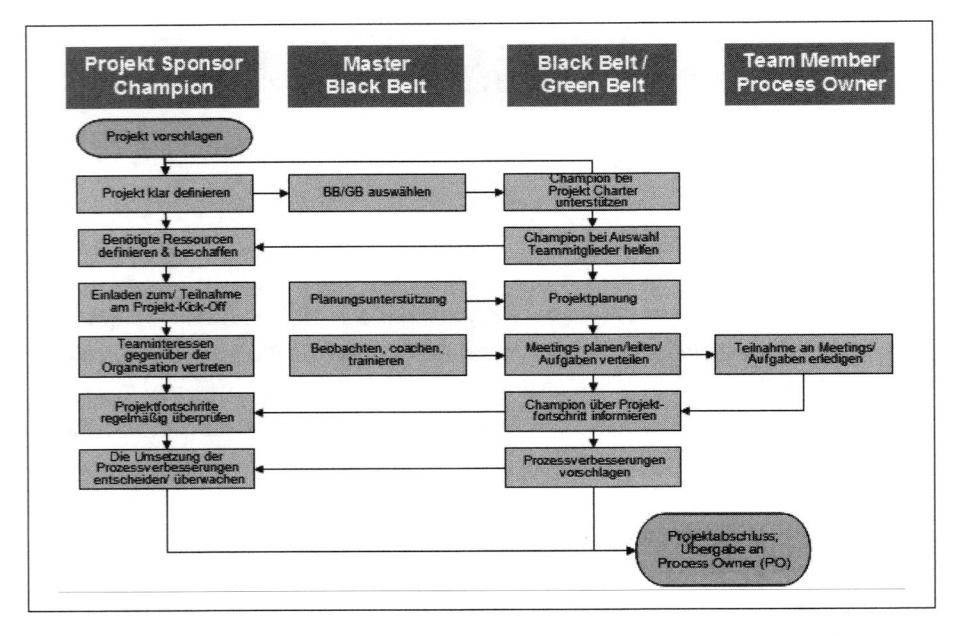

Abbildung 22: Rollenverteilung und Vorgehen im Six Sigma-Projekt

5.2.1 Define (Definieren)

Ein Projekt startet mit dem Sammeln der Kundenmeinung oder der sog. „Stimme des Kunden" (Voice of the Customer = VoC). Dabei werden je nach Projektziel sowohl die „externen Kunden" als auch die „internen Kunden", wie zum Beispiel das Management berücksichtigt.

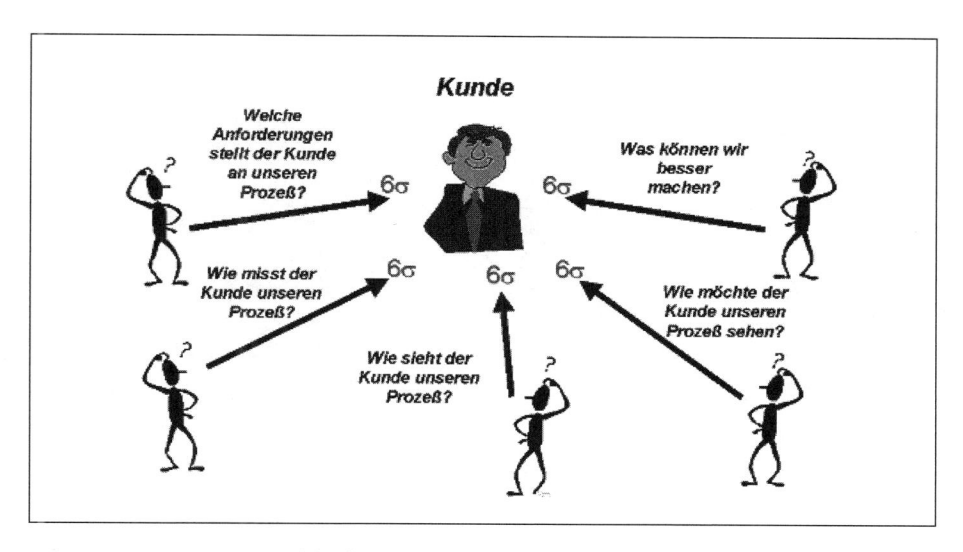

Abbildung 23: Fragen an den Kunden

Die Stimme des Kunden wird in die kritischen Erfolgsfaktoren (CTQs – Critical To Quality) übersetzt. Dies geschieht schrittweise über das Herausarbeiten der sogenannten Kernanforderungen. Sagt ein Kunde zum Beispiel: „Andauernd liefern Sie zu spät" wäre eine mögliche Kernanforderung die Termintreue. Diese in einen CTQ übersetzt könnte lauten: „Alle auf Lager verfügbaren Produkte werden zwischen 2 und 4 Tagen nach Bestelleingang beim Kunden in Deutschland angeliefert". Ein CTQ ist konkret, messbar und mit dem Kunden abgestimmt.

Die Stimme des Unternehmens bzw. des Managements (Voice of Business, VoB) ist ebenfalls zu berücksichtigen. Häufig geht es dem Management um die Effizienz der Leistungserstellung, also darum, die Kundenanforderungen möglichst ‚wirtschaftlich' zu erfüllen. Gemessen wird dieses zum Beispiel über den Arbeitseinsatz pro Produkt.

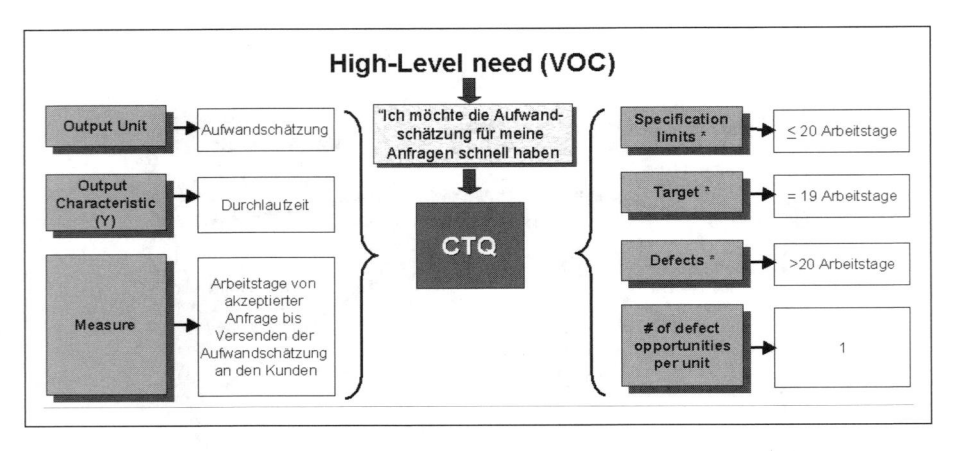

Abbildung 24: Beispiel für die Definition eines kritischen Erfolgsfaktors = CTQ

Ein weiteres wichtiges Werkzeug der DEFINE-Phase ist der „SIPOC". Es handelt sich dabei um eine „High-Level"-Prozessdarstellung des zu optimierenden Prozesses. Neben den 5-7 wesentlichen Prozessschritten werden auch der Lieferant und Input des ersten Prozessschrittes sowie der Kunde und Output des letzten Prozessschrittes erfasst. Es gibt noch eine erweiterte Form des SIPOC (SIPOC-R) in der zusätzlich die Anforderungen der Kunden als sechste Spalte dokumentiert werden. Der SIPOC hilft dem Projektteam dabei, ein einheitliches Verständnis von der anstehenden Aufgabe zu bekommen.

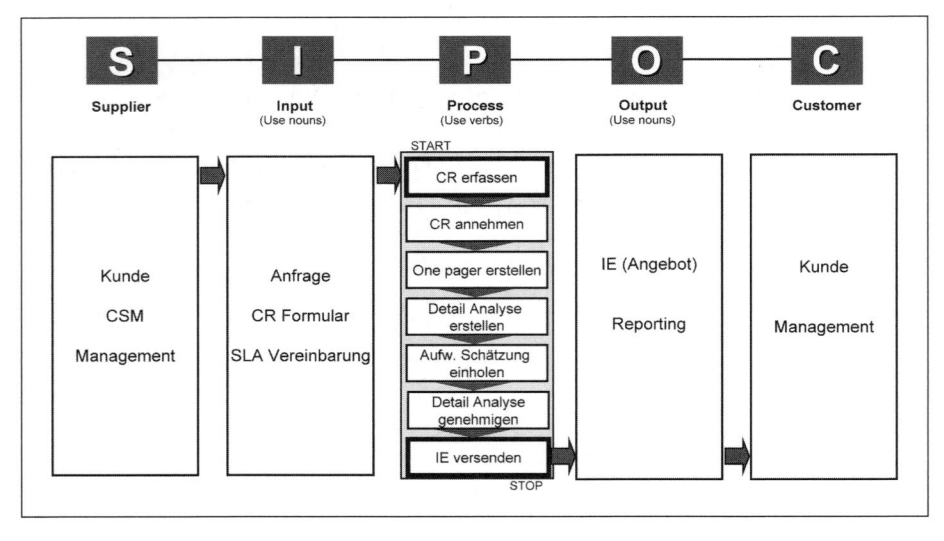

Abbildung 25: Grobprozessdarstellung im SIPOC-Format.
CR=Change Request, SLA = Service Level Agreement

Da man den SIPOC im Allgemeinen von rechts nach links ausfüllt, also mit dem Kunden beginnend, man in der westlichen Welt aber von links nach rechts schreibt, existiert auch eine gespiegelte Form des SIPOC, welche „COPIS" genannt wird.

Basierend auf den Kundenanforderungen (VoC) und dem zu untersuchenden Prozess (SIPOC) kann der Projektvertrag (Project Charter, Team Charter, Project Contract) definiert werden. Er enthält die Problembeschreibung, das Projektziel, den Projektrahmen, die Teammitglieder und einen Projektplan. Ein Beispiel finden Sie im Kapitel 7.6.5

Stakeholder-Analyse:

Für jedes Projekt empfiehlt es sich, in der DEFINE-Phase eine Analyse der vom Projekt betroffenen Gruppen oder Personen (Stakeholder) durchzuführen. Damit wird sichergestellt, dass die richtigen Mitglieder im Team sind und dass die Projektkommunikation von Anfang an auf die Schlüsselpersonen (Key Player) ausgerichtet ist. Aufbauend darauf lassen sich konkrete Maßnahmen für die positive Beeinflussung der Stakeholder definieren. Dieser Aufwand zahlt sich durch eine höhere Akzeptanz für die Lösungen in der IMPROVE-Phase bei der Einführung von Prozessoptimierungen aus.

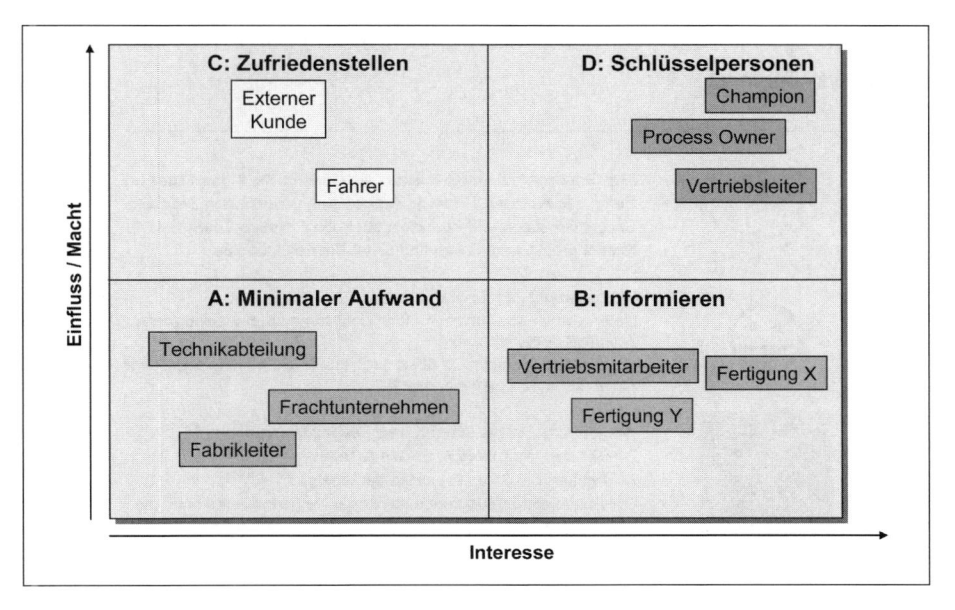

Abbildung 26: Stakeholder-Analyse

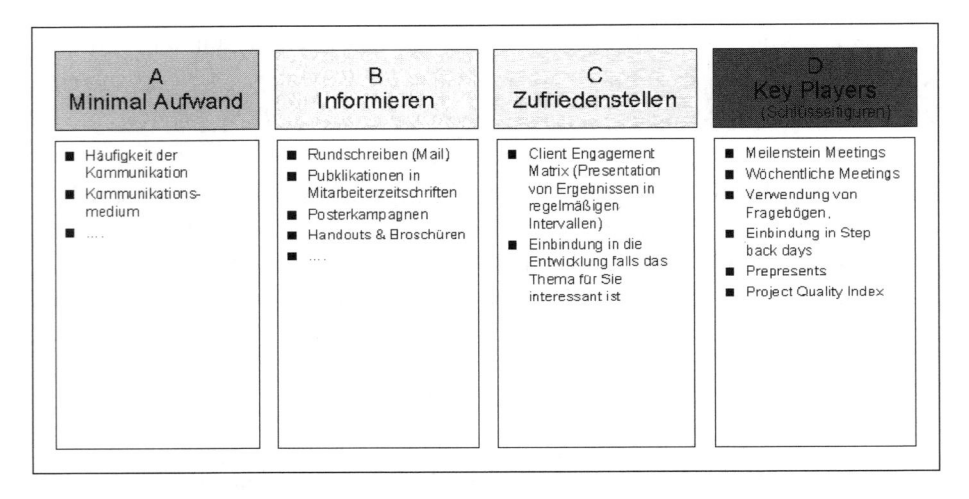

A Minimal Aufwand	B Informieren	C Zufriedenstellen	D Key Players (Schlüsselfiguren)
■ Häufigkeit der Kommunikation ■ Kommunikationsmedium ■	■ Rundschreiben (Mail) ■ Pubklikationen in Mitarbeiterzeitschriften ■ Posterkampagnen ■ Handouts & Broschüren ■	■ Client Engagement Matrix (Presentation von Ergebnissen in regelmäßigen Intervallen) ■ Einbindung in die Entwicklung falls das Thema für Sie interessant ist	■ Meilenstein Meetings ■ Wöchentliche Meetings ■ Verwendung von Fragebögen. ■ Einbindung in Step back days ■ Prepresents ■ Project Quality Index

Abbildung 27: Matrix-Einteilung in Bezug auf das Beziehungsmanagement

Über den Projektverlauf hinweg wird regelmäßig eine Stimmungsnachverfolgung der wichtigsten Stakeholder durchgeführt. Negative Entwicklungen müssen frühzeitig erkannt und Maßnahmen zum Gegensteuern eingeleitet werden. Eine einfache Möglichkeit dies zu tun ist die Gruppierung nach „positiver", „neutraler" und „negativer" Stimmung/Einstellung.

Das folgende Bild beschreibt Kriterien, wie sich diese Gruppierung an messbare Kriterien knüpfen lässt.

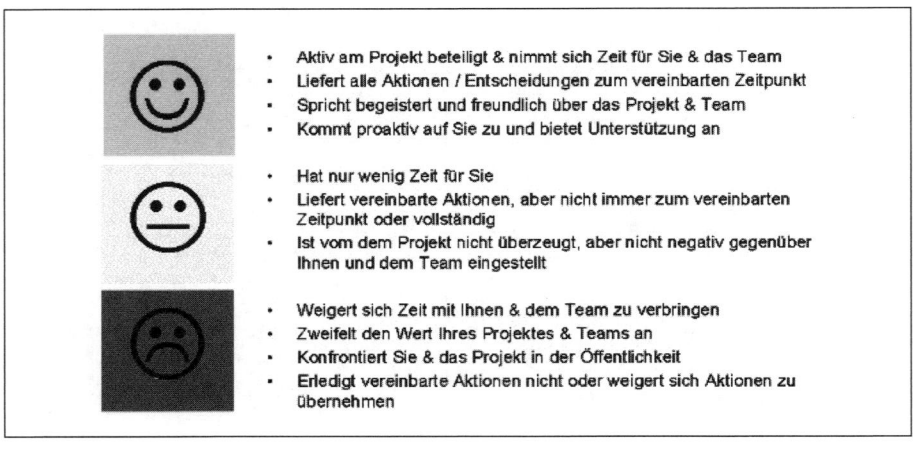

:-)	• Aktiv am Projekt beteiligt & nimmt sich Zeit für Sie & das Team • Liefert alle Aktionen / Entscheidungen zum vereinbarten Zeitpunkt • Spricht begeistert und freundlich über das Projekt & Team • Kommt proaktiv auf Sie zu und bietet Unterstützung an
:-|	• Hat nur wenig Zeit für Sie • Liefert vereinbarte Aktionen, aber nicht immer zum vereinbarten Zeitpunkt oder vollständig • Ist vom dem Projekt nicht überzeugt, aber nicht negativ gegenüber Ihnen und dem Team eingestellt
:-(	• Weigert sich Zeit mit Ihnen & dem Team zu verbringen • Zweifelt den Wert Ihres Projektes & Teams an • Konfrontiert Sie & das Projekt in der Öffentlichkeit • Erledigt vereinbarte Aktionen nicht oder weigert sich Aktionen zu übernehmen

Abbildung 28: Stimmungs-Nachverfolgung

5.2.2 Measure (Messen)

Die Mess-Phase besteht aus vier Schritten. Zuerst werden die Ziele für die Datensammlung definiert. Dann wird ein Datensammelplan erstellt, in der die Messgrößen und Messungen exakt beschrieben werden. Anschließend erfolgt eine Messsystemanalyse, d.h. es wird geprüft, ob das Messsystem funktioniert und brauchbare Daten liefert. Abschließend wird die eigentliche Messung der Prozessdaten durchgeführt und damit die Leistungsfähigkeit des Ist-Prozesses in Bezug auf die Erfüllung der Kundenerforderungen ermittelt.

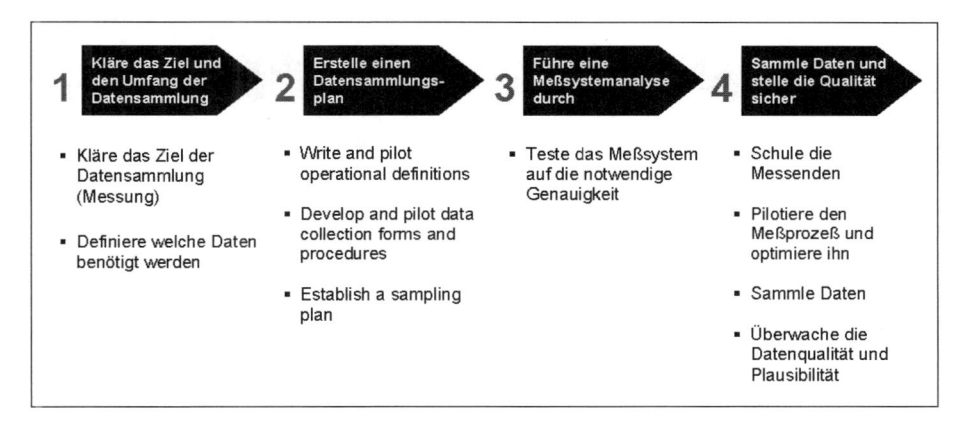

1 Kläre das Ziel und den Umfang der Datensammlung	2 Erstelle einen Datensammlungsplan	3 Führe eine Meßsystemanalyse durch	4 Sammle Daten und stelle die Qualität sicher
• Kläre das Ziel der Datensammlung (Messung) • Definiere welche Daten benötigt werden	• Write and pilot operational definitions • Develop and pilot data collection forms and procedures • Establish a sampling plan	• Teste das Meßsystem auf die notwendige Genauigkeit	• Schule die Messenden • Pilotiere den Meßprozeß und optimiere ihn • Sammle Daten • Überwache die Datenqualität und Plausibilität

Abbildung 29: Vorgehen für die Datensammlung in der Mess-Phase

In der Six Sigma-Sprache wird das Ergebnis eines Prozesses bzw. das Problem als „Y" bezeichnet und die Einflussfaktoren als „X". In der Mathematik wird dies als Formel ausgedrückt : $Y = f(X)$.

„Y" ist also eine Funktion von „X", wobei „X" sowohl für den Input eines Prozesses als auch für Prozesseinflüsse steht. Diese Hintergrundinformation hilft uns bei der Erstellung des Datensammlungsplans.

Abbildung 30: Beispiel für einen Datensammlungsplan, (Quelle: Xchanging)

Für den Datensammelplan werden die voraussichtlich wesentlichen Einflussfaktoren (X) auf das Problem (Y) benötigt. Die dahinter stehende Frage lautet: Warum erfüllt der heutige Prozess die Kundenanforderungen nicht? Ein geeignetes und praxiserprobtes Werkzeug zur ersten Beantwortung dieser Frage ist das Fischgräten-Diagramm (Ishikawa-Diagramm).

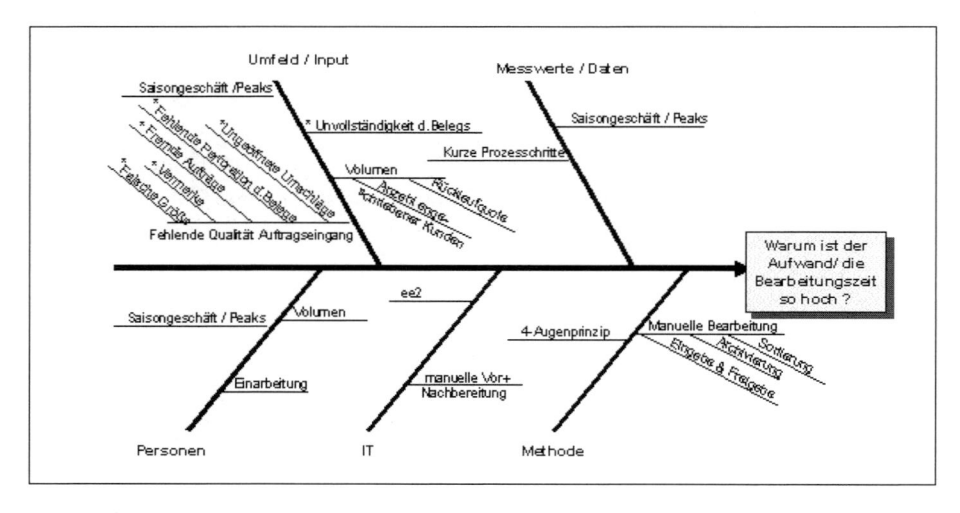

Abbildung 31: Fischgräten- oder Ishikawa-Diagramm. An den Gräten hängen die möglichen Ursachen für das im „Kopf" aufgeführte Problem.

> **Tipp**:
> Um die Ursachen für die Probleme im Prozess zu ermitteln, kann das Projektteam zusätzlich überlegen, wie das Problem verschlimmert werden kann, also ein Brainstorming zu „Was müssen wir tun, damit der Kunden unzufrieden wird?" Die Anzahl der Antworten ist oftmals höher als bei der Frage nach der Verbesserung und die Kreativität der Lösungsvorschläge häufig größer. Auch lässt sich beobachten, dass diese Art der Fragestellung dem Team mehr Spaß macht.

Parallel zur „Daten-Tür" (Analyse des Prozesses mit Hilfe von Daten) wird in der MEASURE-Phase die „Prozess-Tür" (Analyse des Prozesses mit Hilfe von Flussdiagrammen und Wertschöpfungsanalysen) geöffnet. Dazu ist die detaillierte Erfassung und Beschreibung des aktuellen Prozesses notwendig. Grundlage hierfür ist der SIPOC, den das Projektteam bereits in der DEFINE-Phase des Projektes erstellt hatte.

Der Prozess wird so stark aufgeschlüsselt, bis schließlich wertschöpfende sowie nicht-wertschöpfende („value add", „non value add") Aktivitäten erkennbar sind. Eine Gefahr ist, dass man zu sehr ins Detail geht oder eine zu komplizierte Darstellungsform verwendet, die viele Mitglieder des Teams nicht verstehen oder nachvollziehen können. Dokumentieren Sie den Prozess daher so, dass er dem Ziel des Projektes dienlich ist.

Eine häufig verwendete Darstellungsform ist das „Deployment Flowchart". Verschiedene prozessbeteiligte Organisationsbereiche werden mittels sogenannter Schwimmbahnen („swim lanes"), farblich getrennt dargestellt und Schnittstellen sind dann offensichtlich.

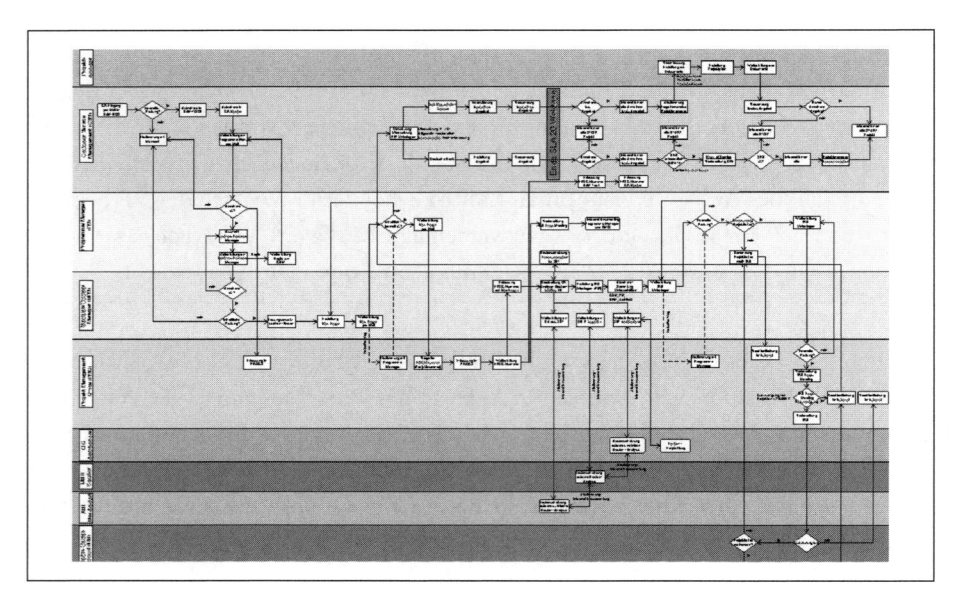

Abbildung 32: Detaillierte Prozesskarte, (Quelle: Xchanging)

Wie wird ein detailliertes Prozessdiagramm erstellt?

1. Legen Sie die Start- und Endpunkte des Prozesses fest.

2. Listen Sie die Schritte, Aktivitäten und Entscheidungen auf, die Teil des Prozesses sind. Mittels Brainstorming können Sie eine entsprechende Liste erstellen und den Gedankenaustausch aller Teammitglieder auf derselben Ebene sicherstellen. (Haftnotizzettel sind hierbei sehr nützlich).

3. Ordnen Sie die Prozessschritte in der richtigen Reihenfolge an.

4. Stimmen Sie sich mit allen Teammitgliedern ab.

5. Verwenden Sie die vertikale Achse, um den Standort/die Verantwortlichkeit für jeden durchgeführten Schritt anzuzeigen. Stellen Sie entweder Personen (nach Funktion/Position), bestimmte Standorte oder Arbeitsfunktionen dar.

6. Legen Sie Zeilen auf der Seite an und beschriften Sie jeden Schritt im Prozess.

7. Legen Sie die Reihenfolge fest, in der die Schritte tatsächlich durchgeführt werden. An diesem Punkt sollte keine grundsätzliche Umstellung des Ablaufs vorgenommen werden.
   - Verwenden Sie Pfeile, um die Richtung des Prozessflusses darzustellen, wenn Sie Folgendes veranschaulichen:
   - Wer erledigt was an einem bestimmten Punkt im Prozess?
   - Wo wird jeder Schritt durchgeführt?
   - Was muss mit welchem Arbeitsschritt erreicht werden?
   - An welchen Punkten fließt die Arbeit aus dem Prozess und wieder zurück?
   - In welcher Reihenfolge finden die Ereignisse statt?

8. Erstellen Sie ein Flussdiagramm mit Schnittstellenanalyse.

9. Fügen Sie ggf. Daten, Zykluszeiten, Volumen, Kosten hinzu.

10. Prüfen Sie noch einmal das Diagramm, indem Sie in Gedanken den Prozess nachvollziehen.

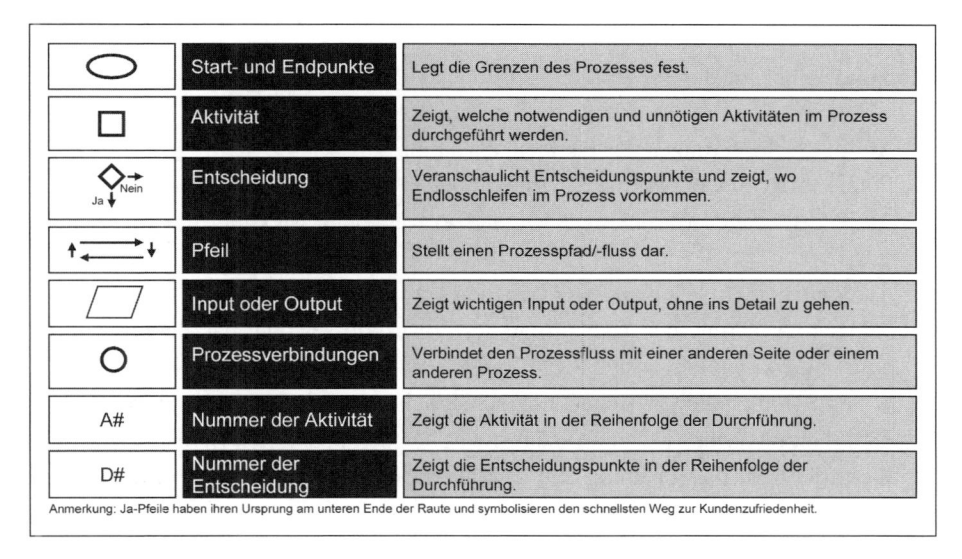

Symbol	Bezeichnung	Beschreibung
⬭	Start- und Endpunkte	Legt die Grenzen des Prozesses fest.
☐	Aktivität	Zeigt, welche notwendigen und unnötigen Aktivitäten im Prozess durchgeführt werden.
◇ Ja/Nein	Entscheidung	Veranschaulicht Entscheidungspunkte und zeigt, wo Endlosschleifen im Prozess vorkommen.
↕↔	Pfeil	Stellt einen Prozesspfad/-fluss dar.
▱	Input oder Output	Zeigt wichtigen Input oder Output, ohne ins Detail zu gehen.
○	Prozessverbindungen	Verbindet den Prozessfluss mit einer anderen Seite oder einem anderen Prozess.
A#	Nummer der Aktivität	Zeigt die Aktivität in der Reihenfolge der Durchführung.
D#	Nummer der Entscheidung	Zeigt die Entscheidungspunkte in der Reihenfolge der Durchführung.

Anmerkung: Ja-Pfeile haben ihren Ursprung am unteren Ende der Raute und symbolisieren den schnellsten Weg zur Kundenzufriedenheit.

Abbildung 33: ausgewählte Standardsymbole für die Erstellung eines Flussdiagramms

Tipps für die Erstellung eines Flussdiagramms mit Schnittstellenanalyse:
- Einfachheit ist Trumpf. Verwenden Sie so wenig Worte wie möglich, um Zeilen zu beschriften und Arbeitsschritte zu beschreiben.

- Wenn Arbeit in den Prozess und wieder herausfließt: Erstellen Sie eine separate Zeile, die Sie mit „außerhalb" beschriften, oder erstellen Sie Zeilen, bei denen die Überschriften anzeigen, wohin sich der Fluss richtet (z. B. Abteilungsleiter etc.).

- Nehmen Sie die an einem Prozess beteiligten Personen in das für die Prozessdarstellung zuständige Team auf, da sich diese Mitarbeiter am besten mit dem Prozess auskennen und mit künftigen Änderungen des Prozesses zurechtkommen müssen.

- Verwenden Sie Haftnotizen. Dadurch sind rasche Ergänzungen an der Prozessdokumentation während des Lernprozesses möglich.

- Zu Anfang mangelt es meist an einer einheitlichen Sicht auf den Prozess. Einzelne Teammitglieder, die über detaillierte Kenntnisse in Bezug auf einen bestimmten Teil des Prozesses verfügen, berücksichtigen nicht immer, wie die Bestandteile in das Gesamtbild passen.

- An die Moderatoren: Es ist hilfreich, sich im Voraus einen Überblick über den Prozess zu verschaffen.

Merkmale eines idealen Prozesses:

- Auf die Anforderungen des Kunden abgestimmt
- Einem Prozessverantwortlichen zugeordnet
- Aktiv gemanaged (definierte KPIs und Prozessziele, Messung der Prozessleistung)
- Automatisiert (Ersatz manueller Arbeiten durch Technologie)
- Schlank (Änderung der Reihenfolge des Prozessflusses oder parallele Durchführung von Aktivitäten)
- Wenig Schnittstellen zwischen unterschiedlichen Unternehmensbereichen
- Räumlich integriert (geringe Distanz zwischen den beteiligten Bereichen)
- Wertorientiert (Ausschaltung von nicht wertfördernden Schritten im Prozess)
- Daten integriert (Zugriff auf dieselbe Datenbasis während des gesamten Prozesses)
- Standardisiert (Standardisierung des Prozessflusses)

Nützliche Fragen zur Prozessanalyse:

- Was: Muss die Aktivität überhaupt gemacht werden ?
- Wo: Muss sie an diesem Ort gemacht werden ?

- Wann: Muss sie zu diesem Zeitpunkt gemacht werden ?
- Wer: Muss sie von dieser Person gemacht werden ?
- Wie: Muss sie so gemacht werden, wie sie derzeit gemacht wird ?

> **Tipp**:
> Es gibt eine Reihe von Werkzeugen auf dem Markt, die für die Aufnahme von Prozessen angeboten werden. Für einfache Prozesse eignet sich häufig die Darstellung in MS PowerPoint. Erst wenn häufig komplexe Prozesse dokumentiert werden müssen, sollte über den Einsatz von Flowcharter-Software wie MS Visio, iGrafx oder ARIS nachgedacht werden.

5.2.3 Analyse (Analysieren)

Kernbestandteil und einer der interessantesten Phasen eines Six Sigma-Projektes ist die Analyse-Phase. Die in der Measure-Phase gemessenen Daten werden mit den passenden statistischen Werkzeugen analysiert. Am Ende dieser Phase existiert eine Liste mit den wichtigsten Einflussfaktoren (X) auf das Projektziel (Y), d.h. die wesentlichen Ursachen, warum die Kundenanforderungen nicht bzw. nur unzureichend erfüllt werden, sind bekannt.

Im Vergleich mit anderen Projekten, in denen nach dem Problem gleich nach einer Lösung gefragt und diese dann sofort mit viel Engagement umgesetzt wird, zeigt sich insbesondere in der Analyse-Phase der entscheidende Vorteil von Six Sigma gegenüber den Bauchgefühl-Methoden und den „Jumping-To-Solutions" Methoden: Der Erkenntnisgewinn.

Vergleicht man an dieser Stelle im Projekt die Expertenschätzungen zu Projektbeginn mit den Ergebnissen der faktenbasierten Analyse, dann stellt man häufig fest, dass viele der vermuteten Problemursachen zu Projektbeginn nicht bekannt oder deren Relevanz falsch eingeschätzt wurde.

Verbesserungsmaßnahmen für Ursachen, die letztlich nicht relevant sind, verursachen im Unternehmen viel Geld, Zeit und Aufwand und lösen das Problem dann doch nicht. Daher gibt es trotz vieler Bemühungen in den meisten Unternehmen auch so viele „alte Probleme". Die gute Nachricht lautet: Diese Resourcenverschwendung wird dank Six Sigma bald der Vergangenheit angehören.

Die folgenden vier Analysen sollten Bestandteil eines jeden Six Sigma-Projektes sein:

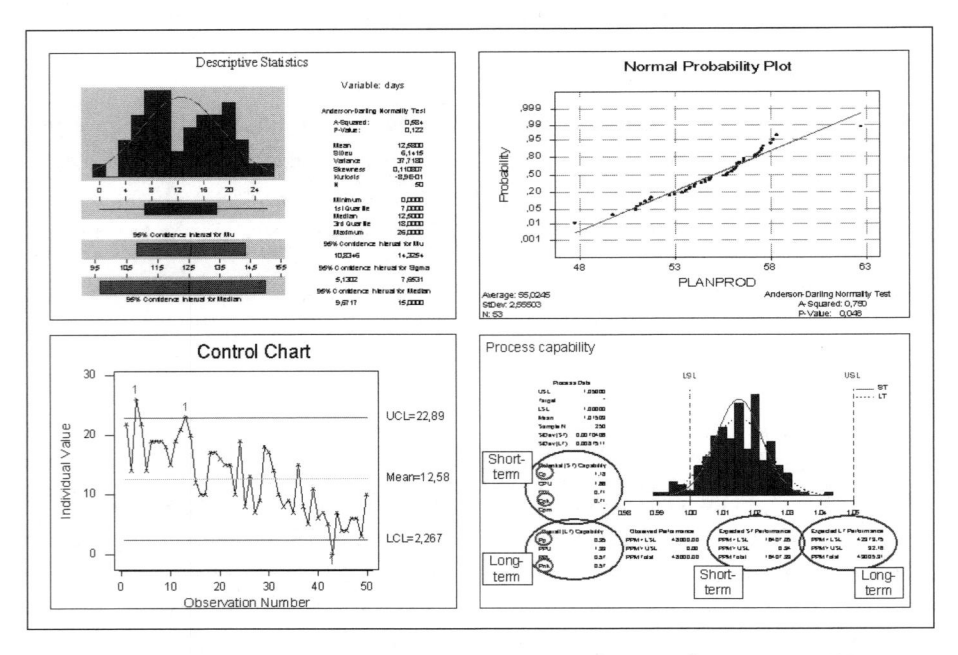

Abbildung 34: Statistische Auswertungen mit dem Werkzeug MINITAB

Deskriptive Statistik: Sammlung einer Vielzahl wichtiger Informationen wie Art der Verteilung (rechts/links schief, bi-modal....), Mittelwert (arithmetisch, grafisch), P-Value.

Test auf Normalverteilung: Wichtig, um die richtigen Methoden bei der weiteren Analyse zu ermitteln.

Control Chart: Darstellung, ob der Prozess unter statistischer Kontrolle ist. Bis zu acht verschiedene Tests bieten statistische Werkzeuge wie MINITAB an, um die „Ausreißer" zu analysieren.

Prozessfähigkeit: Angabe, wie gut der aktuelle Prozess ist (PPM=parts per million oder als Cp- und Cpk-Werte). Mit diesen Angaben kann z.B. der aktuelle Sigma-Wert des Prozesses ermittelt werden.

Die statistischen Methoden werden am besten mit Lean-Werkzeugen kombiniert. Dazu gehört die Kenntnis der sieben Verschwendungsquellen in Produktion und Verwaltung.

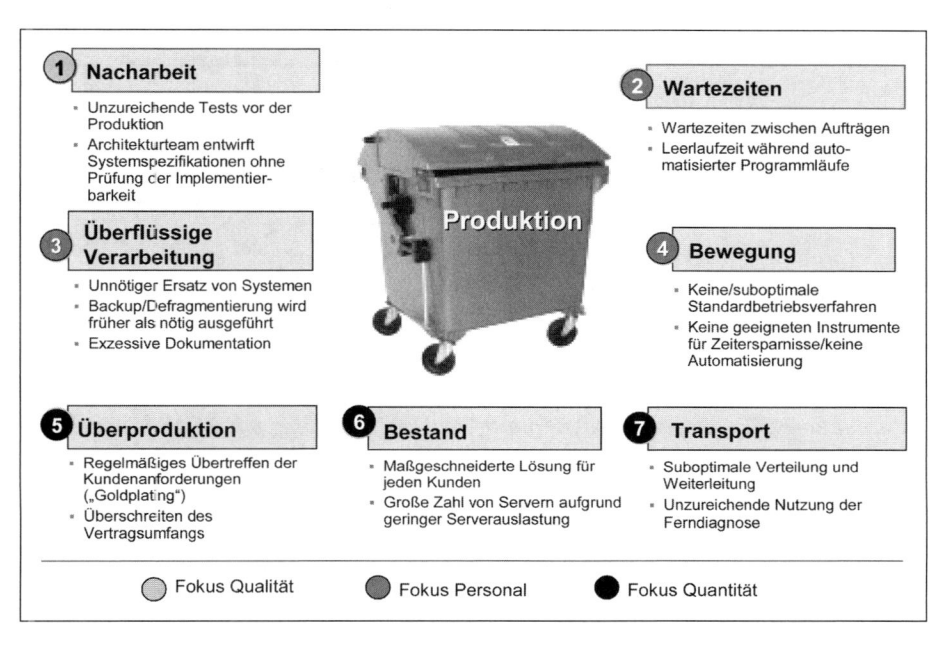

① Nacharbeit
- Unzureichende Tests vor der Produktion
- Architekturteam entwirft Systemspezifikationen ohne Prüfung der Implementierbarkeit

③ Überflüssige Verarbeitung
- Unnötiger Ersatz von Systemen
- Backup/Defragmentierung wird früher als nötig ausgeführt
- Exzessive Dokumentation

② Wartezeiten
- Wartezeiten zwischen Aufträgen
- Leerlaufzeit während automatisierter Programmläufe

④ Bewegung
- Keine/suboptimale Standardbetriebsverfahren
- Keine geeigneten Instrumente für Zeitersparnisse/keine Automatisierung

⑤ Überproduktion
- Regelmäßiges Übertreffen der Kundenanforderungen („Goldplating")
- Überschreiten des Vertragsumfangs

⑥ Bestand
- Maßgeschneiderte Lösung für jeden Kunden
- Große Zahl von Servern aufgrund geringer Serverauslastung

⑦ Transport
- Suboptimale Verteilung und Weiterleitung
- Unzureichende Nutzung der Ferndiagnose

○ Fokus Qualität   ◐ Fokus Personal   ● Fokus Quantität

Abbildung 35: Verschwendungsarten

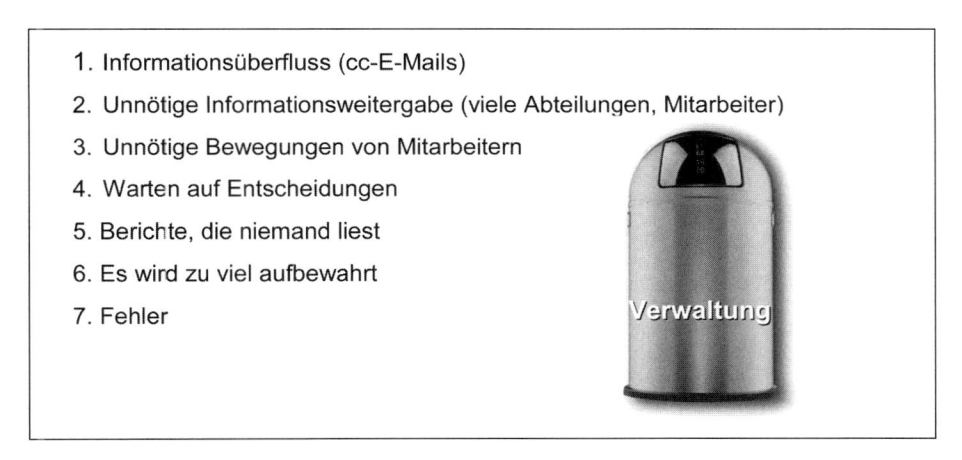

1. Informationsüberfluss (cc-E-Mails)
2. Unnötige Informationsweitergabe (viele Abteilungen, Mitarbeiter)
3. Unnötige Bewegungen von Mitarbeitern
4. Warten auf Entscheidungen
5. Berichte, die niemand liest
6. Es wird zu viel aufbewahrt
7. Fehler

Abbildung 36: 7 Fehlerquellen in Verwaltung und Produktion, (Quelle: IBM)

Ein weiteres wichtiges Lean-Werkzeug ist die **„Work in Process"**-Messung: Zu einem definierten Termin werden alle im Prozess enthaltenen „Einheiten" (z.B. Aufträge) gemessen. Diese Einheiten werden den einzelnen Prozessschritten zugeordnet. Damit lassen sich Schwachstellen und Engpässe identifizieren.

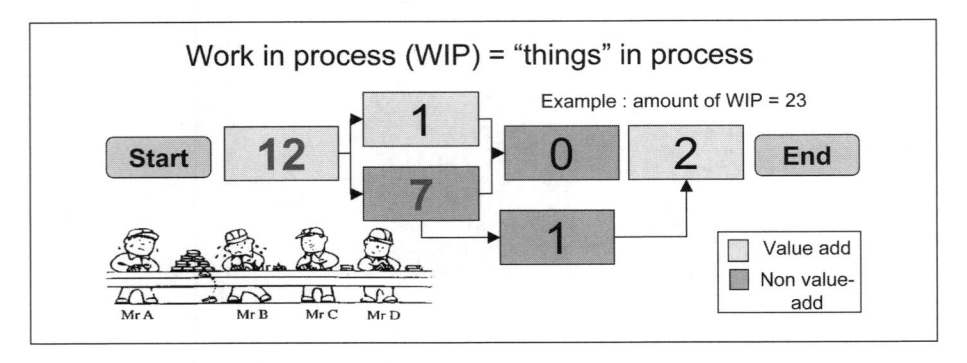

Abbildung 37: Beispiel einer „Work in Process"-Messung mit 23 Anträgen im Prozess

Tipp:
Idealerweise wird eine „Work in process"-Messung mit einer Wertschöfungsanalyse (value add/non value add) kombiniert.

5.2.4 Improve (Verbessern)

Basierend auf den Ergebnissen der Analyse beantwortet das Team nun die Frage: „Inwieweit kann das Projektziel in der Realität erreicht werden?"

- 98% aller Standard-Bestellungen werden innerhalb von 10 Werktagen ausgeliefert.
  - 98% aller Standard-Produkte sind innerhalb von 6 Werktagen verfügbar.
  - 98% aller Konfigurationen werden innerhalb von 2 Werktagen durchgeführt.
  - 98% aller Lieferungen erfolgen innerhalb von 2 Werktagen an den Kunden

Wenn die beschriebenen Ziele nicht erreicht wurden, dann werden 100% aller Kunden im Vorfeld darüber informiert und mögliche Maßnahmen diskutiert und im SAP System dokumentiert.

Abbildung 38: Beispiel „Reduzierung der Lieferzeit"

In der Improve-Phase erarbeitet das Team erste alternative Lösungsvorschläge, um die in der Analyse-Phase ermittelte Fehlerursache nachhaltig zu beseitigen. Hierbei zeigt sich ein weiterer Unterschied von Six Sigma zu anderen Methoden. Die Fragestellung ist nicht „Wie kann ich das Problem lösen?", was häufig zu Feuerwehr-Maßnahmen führt, sondern „Wie kann ich die Ursachen des Problems beseitigen?". Dadurch soll das Problem und damit die Unzufriedenheit des Kunden dauerhaft gelöst werden und nicht nur für den Einzelfall.

Häufig macht es sich das Projektteam zu leicht und sucht nur nach Änderungen in den IT-Systemen, die in der Regel sehr teuer und zeitaufwendig sind. Ein erfahrener Black Belt steuert den Lösungsfindungsprozess so, dass auch viele andere und meist zunächst nicht offensichtliche Lösungen gefunden werden, die sich mit weniger Aufwand und schneller umsetzen lassen als die klassischen Lösungen, an die man als Erstes denkt.

An dieser Stelle erreicht man mit der Kombination von Lean und Six Sigma-Wissen wiederum entscheidende Vorteile. Der erste Schritt sollte daher stets auf eine Reduzierung der Komplexität zielen, da dies eine schnellere Durchlaufzeit, bessere Qualität (da weniger Fehlermöglichkeiten) und geringere Kosten bedeutet. Die richtige Strategie lautet: Erst vereinfachen, dann konsolidieren, dann standardisieren und erst zum Schluss den optimierten Prozess automatisieren.

1. Vereinfache …
2. Konsolidiere …
3. Standardisiere …
4. Automatisiere …

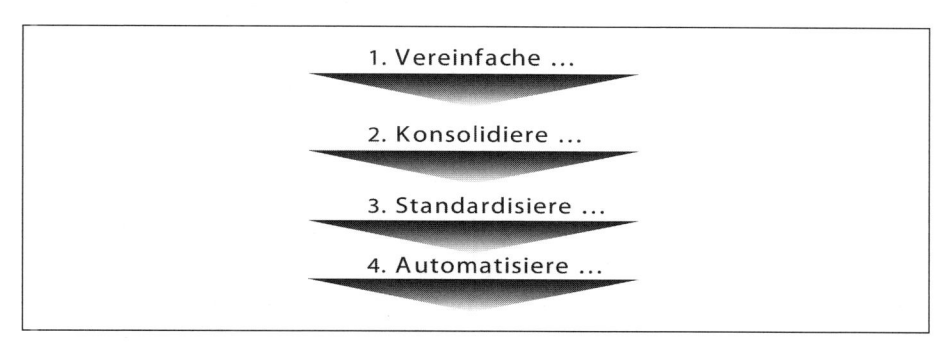

Abbildung 39: Die beste Strategie für eine Prozessoptimierung

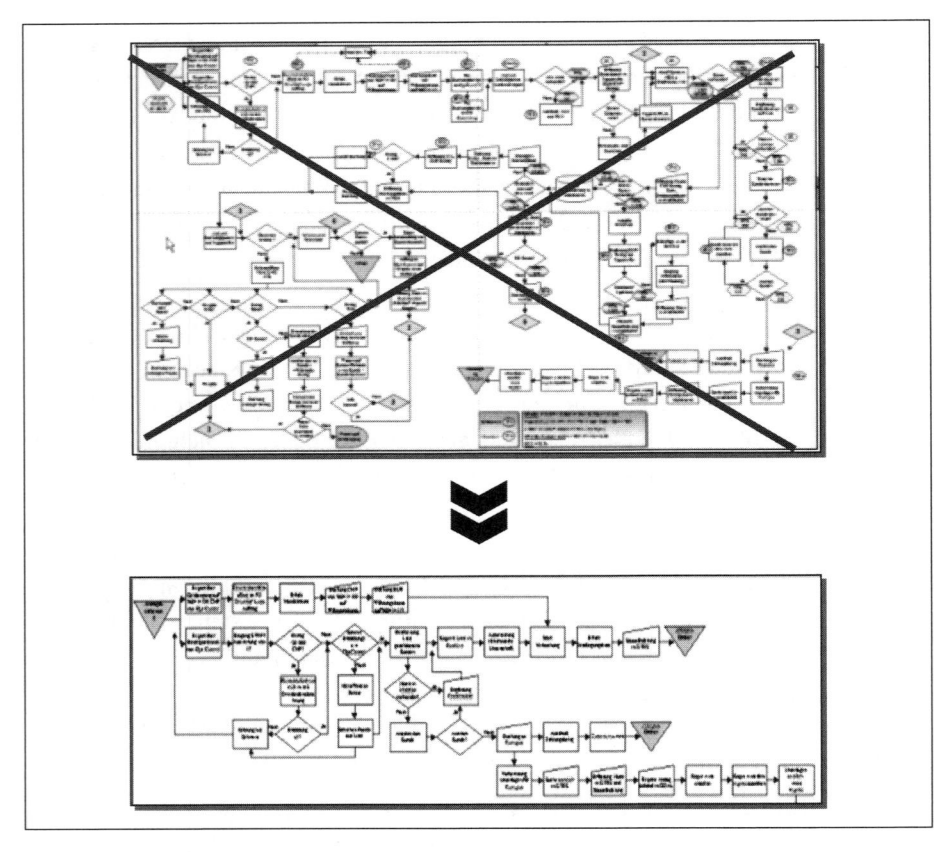

Abbildung 40: Prozessbeispiel, vor und nach der Optimierung, (Quelle: Xchanging)

Prozessredesign:

Ein komplexer und nicht strukturierter Prozess führt zu **Produktivitätsverlusten** und damit zu **erhöhten Kosten**. Ein Prozessredesign zielt daher darauf ab, Transparenz für alle Beteiligten zu schaffen, klare Zuständigkeiten festzulegen, unnötige Prozessschritte zu entfernen, die Komplexität zu reduzieren, die Prozessvariation zu verringern, die Fehlermöglichkeiten zu reduzieren und Produktivität zu verbessern (Durchlaufzeit zu verringern).

Prozessredesign, so geht es!

1. Mit dem **Ziel** starten: Was soll der Prozess leisten?
   - Ergebnis (Output)
   - Toleranzen (Max/Min - Werte)

- Prozessfähigkeit (Fehlerrate)
- Durchsatz (Volumen)
- Zuverlässigkeit (Variation)

...

2. Auflisten der wertschöpfenden Tätigkeiten

- Physische Veränderung des Produktes
- Kunde ist bereit, dafür zu bezahlen
- Prozessschritt wird zum ersten Mal richtig durchgeführt
- Transport, Qualitätsprüfung, Lagerung, Wartezeiten etc. sind NICHT wertschöpfend

...

3. Wie kann alleine **aus den wertschöpfenden Tätigkeiten** ein **idealer Prozess** modelliert werden (Could-Be)?

4. Wie kann die Komplexität reduziert werden?

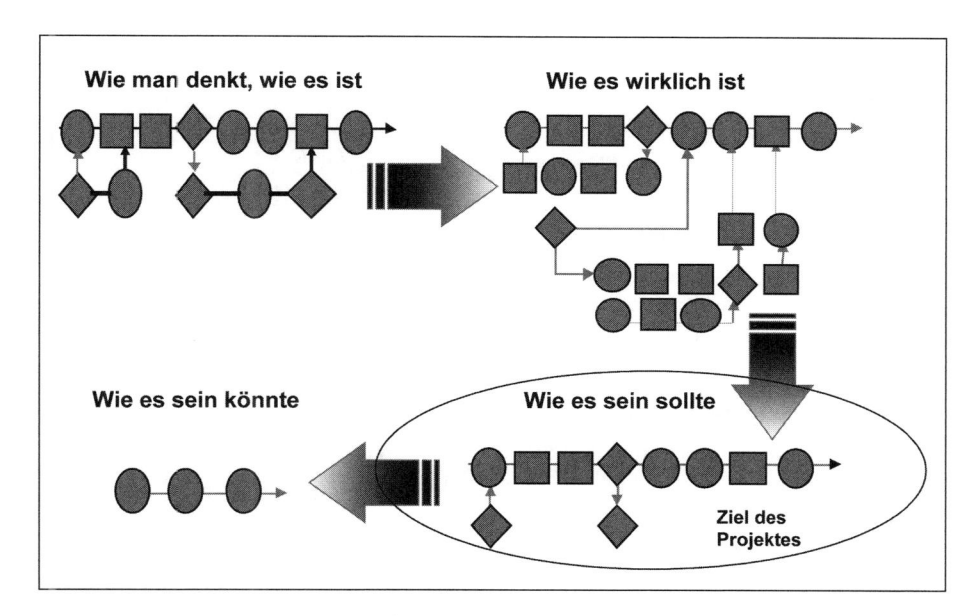

Abbildung 41: Prozessredesign

Der Lean-Werkzeugkasten bietet eine Vielzahl nützlicher Werkzeuge zur Lösungsfindung/Optimierung. Im Folgenden stellen wir einige ausgewählte vor.

„Lean"-Grundlage mit 5S

Das Werkzeug 5S ist die Grundlage für Verbesserungen. Es kann sowohl in der Analyse-Phase als auch in der Konzeption zum Einsatz kommen. 5S ist häufig der Startpunkt einer Verbesserungsaktivität. Arbeitsplätze und Arbeitsabläufe werden regelmäßig hinterfragt. Die Werkzeuge sind schnell und einfach einzusetzen.

Schritt	Japanisch	Deutsch
1	Seiri	(Aus-)Sortieren
2	Seiton	Sichtbar machen
3	Seiso	Säubern
4	Seketsu	Standardisieren
5	Shitsuke	Stabilisieren

Abbildung 42: Begriffserklärung für 5S

5S wird in den folgenden fünf Schritten durchgeführt:

Sortieren
Entferne, was nicht mehr benötigt wird.

Sichtbar machen/Organisieren
Plane das Arbeitslayout so, dass kurze Wege entstehen.

Säubern
Ein sauberes Umfeld ist ein Zeichen für Qualität.

Standardisieren
Entscheide, wer für jede Aufgabe verantwortlich ist.

Stabilisieren

Binde alle Mitarbeiter ein, entwickle ein 5S-Bewusstsein.

Sortieren	Sichtbar machen	Säubern	Standardisieren	Stabilisieren
• Alle unnötigen Gegenstände identifizieren und vom Arbeitsplatz entfernen	• Alle notwendigen Gegenstände organisieren • Jedem Gegenstand den optimalen Platz zuweisen	• Den Arbeitsplatz und die Anlagen regelmäßig säubern • Die nicht wertschöpfenden Arbeitsschritte reduzieren, die nötig sind, um die Sauberkeit zu erhalten	• Standard-Abläufe und Checklisten entwickeln, um einen ordentlichen sauberen und funktionalen Arbeitsbereich zu erhalten	• Integration von 5S in die tägliche Arbeit • 5S-Bewusstsein entwickeln

Abbildung 43: Schrittweises Vorgehen bei 5S, (Quelle: IBM)

> **Tipp:**
> Um die Nachhaltigkeit der Verbesserung sicherzustellen, sollten 5S-Verantwortliche mit klaren Zielen definiert werden. Es ist eine regelmäßige Überprüfung notwendig (Disziplin).

Betriebssichere Prozesse: „Poka Yoke"

Poka Yoke ist Japanisch und steht für „fehlertolerant". Poka Yoke zielt auf die funktionalen Eigenschaften technischer Systeme ab, die entweder das Auftreten von Fehlern in Prozessen verhindern oder Fehler sofort nach deren Auftreten erkennen und eine sofortige Korrektur ermöglichen, um eine Wiederholung zu verhindern. Poka Yoke kann eine Lösung für Fehler darstellen, die in der täglichen Arbeit auftreten, und somit eine Lösung für einige der im Fischgrät-Diagramm identifizierten Schwachpunkte sein. Poka Yoke befasst sich mit der Entwicklung von Lösungselementen, die Fehler unmöglich machen.

Typische Fehler sind: Unachtsamkeit, Verwechslung, Mangel an Standardisierung, Missverständnisse, Absicht, Unzureichende Schulung, Vergesslichkeit.

Ein Poka Yoke-System beinhaltet die folgenden drei Elemente:

Element	Mögliche Arten	Beispiele
Erkennung	Alle Arten von Sensoren	• Endschalter • Annäherungsschalter • Messgerät • Uhr • Optische Sensoren
Trigger	Kontaktmethode Vorgabewertmethode Sequenzmethode	• Kein Sensorkontakt • Messgerät zählt Anzahl der notwendigen Arbeitsschritte • Sequenz von Standardschritten überwacht
Reaktion	Eingriff Alarm Regulierung	• Abschalten oder Maschine blockieren • Deutlich wahrnehmbare visuelle und hörbare Signale • Direkte Korrektur, Ausführung inkor. Operationen nicht mögl.

Abbildung 44: 3 Elemente von Poka Yoke, (Quelle: IBM)

Wie funktioniert Poka Yoke?

Vermeiden Sie Fehler: Gestalten Sie den Prozess so, dass ein Fehler nicht möglich ist. Erkennen Sie Fehler: Manche Fehler sind sofort sichtbar. Vermeiden Sie die Weiterleitung in den nächsten Prozessschritt. Ermöglichen Sie die unmittelbare Korrektur, um Fehler nicht mehr zu wiederholen. Gestaltungselemente: Erkennung, Trigger, Reaktion.

Beispiele für Poka Yoke:

Fahrzeuge mit Automatikgetriebe setzen das Drehen des Zündschlüssels auf „Zündung" voraus, bevor der Wählhebel auf „D" gestellt kann. Der Schlüssel kann erst wieder gezogen werden, nachdem die Position „P" gewählt wurde.

Neue Rasenmäher haben einen zusätzlichen Sicherheitsgriff am Gestänge, der bedient werden muss, um den Motor zu starten. Wenn man den Sicherheitsgriff loslässt, bleibt das Mähwerk stehen oder der Motor geht aus. Dies ist eine Abwandlung des „Toten-Mann-Schalters" in Lokomotiven.

Poka Yoke wird für die Gestaltung und Optimierung beliebiger, sich wiederholender Prozesse eingesetzt. Zur Lösung einfacher Fehler, die bei der täglicher Arbeit anfallen können, aber auch zur Optimierung bestimmter Schwachstellen, die z.B. im Fischgrät-Diagramm identifiziert wurden.

Erst die Anwendung vieler, für sich gesehen, relativ simpler Anwendungen von Poka Yoke-Mechanismen bringt die nachhaltige Qualitätsverbesserung. Entlasten Sie Menschen, damit sich diese auf kreativere und wertschöpfende Tätigkeiten konzentrieren können.

> **Tipp:**
> Konzentrieren Sie sich auf Tätigkeiten, die sich häufig wiederholen und eine konstante Wachsamkeit benötigen.

One Piece Flow (Losgröße 1)

Dabei handelt es sich um den kontinuierlichen Fluss von Produkten, Services und Informationen durch die verschiedenen Schritte und Transaktionen von Anfang bis Ende des Prozesses. Der Fluss erscheint impraktikabel und unlogisch, da wir daran gewöhnt wurden, in Größen der Massenproduktion zu denken

- Funktionen, Abteilungen und Silos
- Losgrößen, Chargen,
- Effizienz
- Auftragsbestände

Die Verknüpfung aller Prozessschritte, die echten Wert schaffen, so dass sie in schneller Sequenz ablaufen können, sorgt für besondere Anforderungen an die Prozessschritte: Sie müssen prozessfähig, verfügbar und angemessen dimensioniert sein

- Prozessfähig – korrekt beim ersten Mal
- Verfügbar – Ausführung jederzeit möglich
- Angemessen – Kapazität, um Engpässe und Überkapazitäten zu vermeiden

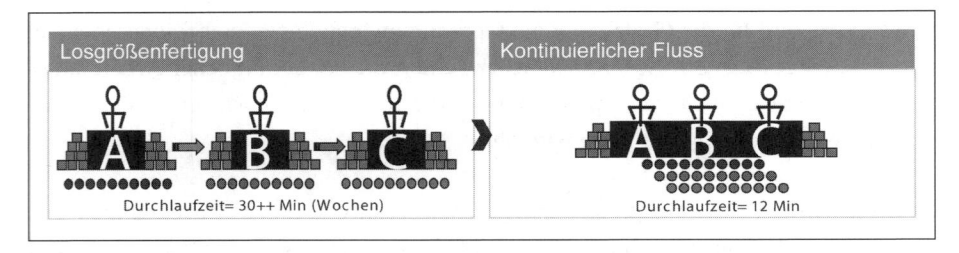

Abbildung 45: Losgrößenfertigung versus kontinuierlicher Fluss

Ein Beispiel für „One Piece Flow" im Büroumfeld ist die Einführung von Richtlinien zur kontinuierlichen Bearbeitung eines Dokuments bis zur Fertigstellung statt der zwischenzeitlichen Ablage in einem Postkorb.

Abbildung 46: Beispiele für „One Piece Flow"

Erstellen einer Entscheidungsvorlage:

Vor der Umsetzung einer vorgeschlagenen Lösung muss die Go/No-Go-Entscheidung hinsichtlich der nächsten Schritte (Umsetzung) eingeholt werden. Die gewonnenen Erkenntnisse aus dem Projekt werden in Form einer strukturierten Entscheidungsvorlage dem Projekt Champion zur Verfügung gestellt. Diese sollte folgende Punkte enthalten:

- Ist-Situation/Problembeschreibung
- Ursache (vermutet oder faktenbasiert)
- Vorgeschlagenes Konzept
- Bewertung (Kosten/Nutzen/Risiko)
- Weiteres Vorgehen

- Scope/Abhängigkeiten
- Team
- Entscheider

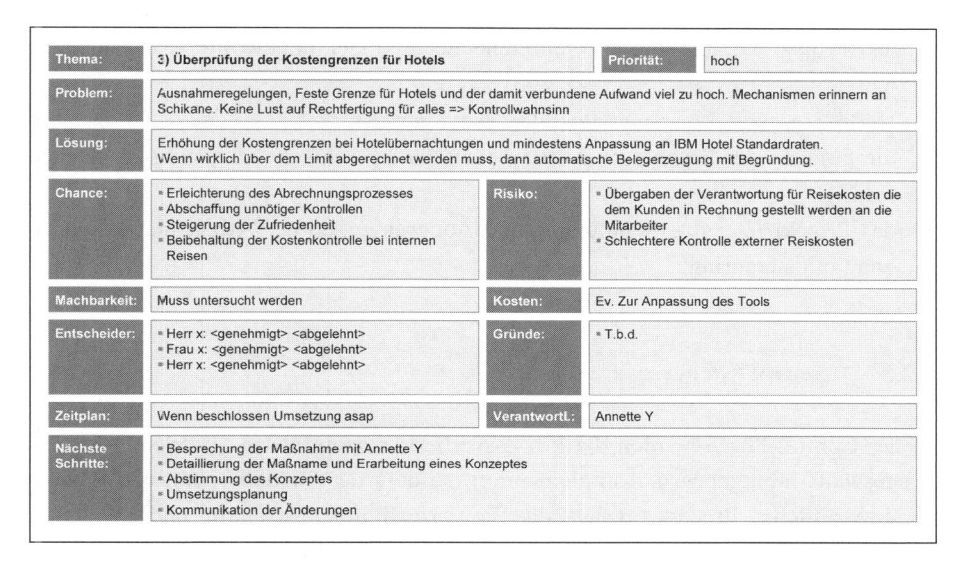

Thema:	3) Überprüfung der Kostengrenzen für Hotels	Priorität:	hoch
Problem:	Ausnahmeregelungen, Feste Grenze für Hotels und der damit verbundene Aufwand viel zu hoch. Mechanismen erinnern an Schikane. Keine Lust auf Rechtfertigung für alles => Kontrollwahnsinn		
Lösung:	Erhöhung der Kostengrenzen bei Hotelübernachtungen und mindestens Anpassung an IBM Hotel Standardraten. Wenn wirklich über dem Limit abgerechnet werden muss, dann automatische Belegerzeugung mit Begründung.		
Chance:	• Erleichterung des Abrechnungsprozesses • Abschaffung unnötiger Kontrollen • Steigerung der Zufriedenheit • Beibehaltung der Kostenkontrolle bei internen Reisen	Risiko:	• Übergaben der Verantwortung für Reisekosten die dem Kunden in Rechnung gestellt werden an die Mitarbeiter • Schlechtere Kontrolle externer Reiskosten
Machbarkeit:	Muss untersucht werden	Kosten:	Ev. Zur Anpassung des Tools
Entscheider:	• Herr x: <genehmigt> <abgelehnt> • Frau x: <genehmigt> <abgelehnt> • Herr x: <genehmigt> <abgelehnt>	Gründe:	• T.b.d.
Zeitplan:	Wenn beschlossen Umsetzung asap	Verantwortl.:	Annette Y
Nächste Schritte:	• Besprechung der Maßnahme mit Annette Y • Detaillierung der Maßname und Erarbeitung eines Konzeptes • Abstimmung des Konzeptes • Umsetzungsplanung • Kommunikation der Änderungen		

Abbildung 47: Beispiel einer Entscheidungsvorlage in Form eines Einseiters, (Quelle: IBM)

Pilotierung und Rollout

Was ist ein Pilot?

Ein Pilot ist die testweise Einführung der vorgeschlagenen Lösung in einem begrenzten Umfeld und Umfang.

Überprüfung der Pilotergebnisse

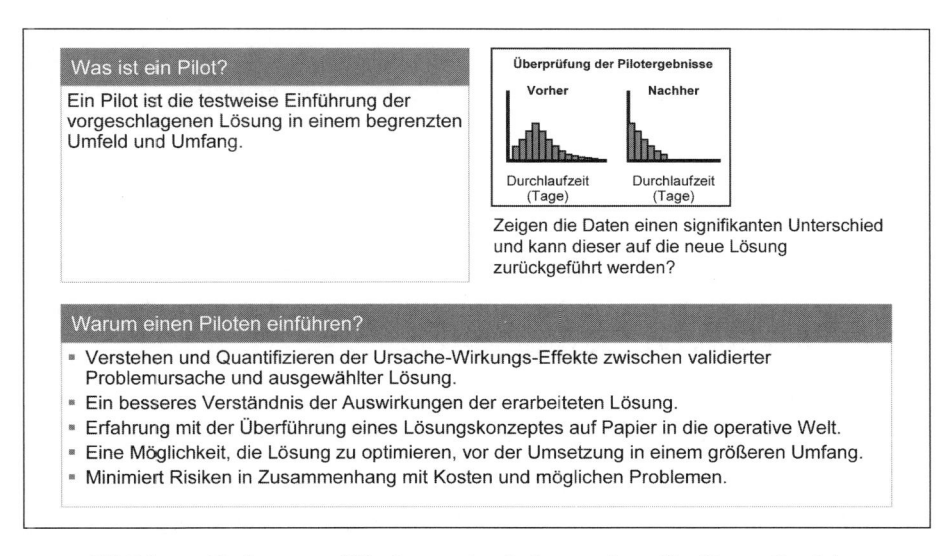

Vorher — Nachher

Durchlaufzeit (Tage) — Durchlaufzeit (Tage)

Zeigen die Daten einen signifikanten Unterschied und kann dieser auf die neue Lösung zurückgeführt werden?

Warum einen Piloten einführen?

- Verstehen und Quantifizieren der Ursache-Wirkungs-Effekte zwischen validierter Problemursache und ausgewählter Lösung.
- Ein besseres Verständnis der Auswirkungen der erarbeiteten Lösung.
- Erfahrung mit der Überführung eines Lösungskonzeptes auf Papier in die operative Welt.
- Eine Möglichkeit, die Lösung zu optimieren, vor der Umsetzung in einem größeren Umfang.
- Minimiert Risiken in Zusammenhang mit Kosten und möglichen Problemen.

Abbildung 48: Lösungs-Pilotierung im Rahmen eines Six Sigma-Projektes

Ein Pilot sollte durchgeführt werden, wenn…

- der Umfang der Lösung groß oder komplex ist
- die Kosten hoch oder notwendige Ressourcen derzeit nicht verfügbar sind
- das Projekt voraussichtlich weitreichende und/oder ungewollte Konsequenzen hat
- Vertrauen in die Lösung erst gebildet werden muss
- die Folgen oder Ergebnisse der Implementierung schwer rückgängig zu machen sind
- das Projekt intensive Schulungen und Änderungen an der Arbeitsplatzbeschreibung mit sich bringt

5.2.5 Control (Steuern)

In der Control-Phase werden die Prozessverbesserungen in den „Betrieb" (das Tagesgeschäft) übergeben und implementiert, so dass der für den operativen Prozess Verantwortliche „Process Owner" die Prozessqualität selbstständig und nachhaltig sicherstellen kann. Die Control-Phase ist eine der schwierigsten Projektphasen, besonders wenn zuvor „weiche" Faktoren nicht ausreichend berücksichtigt wurden.

> **Tipp**:
> Ein Mitarbeiter kann sich viel besser mit einem geänderten Prozess identifizieren, wenn er an dessen Optimierung mitgearbeitet hat. Beim Zusammenstellen von Six Sigma-Projektteams sollten deshalb immer der Process Owner sowie betroffene Personen aus dem „operativen Tagesgeschäft" eingebunden werden.

Der Kontrollplan

- Der Kontrollplan enthält alle wichtigen Informationen für den Betrieb. Nach Projektabschluss muss der Prozessverantwortliche in der Lage sein, die Nachhaltigkeit der Projektergebnisse sicherzustellen.
- Der Kontrollplan enthält: Kennzahlen, Spezifikationen (Vorgaben), Messpunkte und eine grafische Darstellung des Prozesses (Flussdiagramm).
- Der Kontrollplan ist das zentrale Steuerungsinstrument für den Betrieb. Deshalb wird er in enger Zusammenarbeit zwischen Projektleiter und Prozessverantwortlichem erstellt.

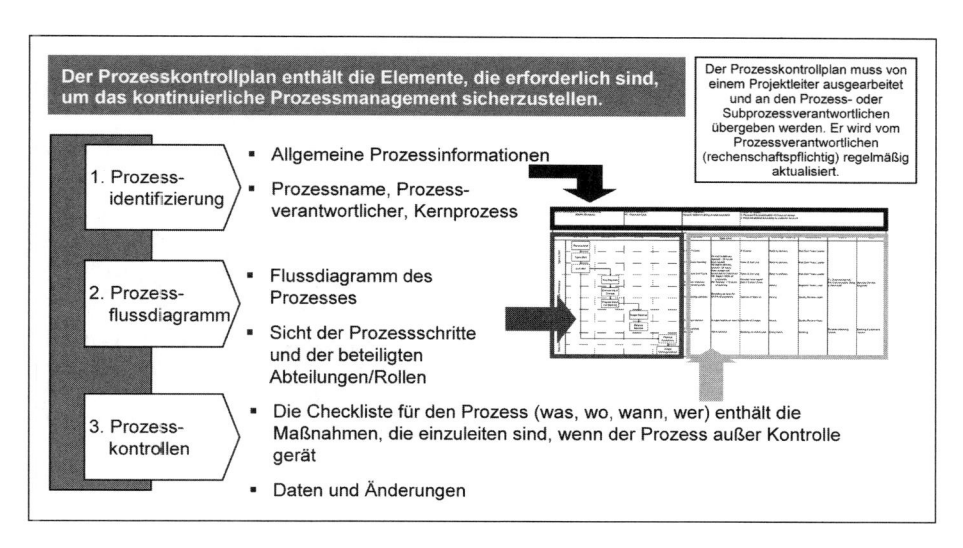

Abbildung 49: Kontrollplan-Erstellung, (Quelle: IBM)

Abbildung 50: Beispiel für einen Kontrollplan, (Quelle: IBM)

Tipps:

Weniger ist mehr. Beschränken Sie sich auf die wesentlichen Punkte.

Ein Kontrollplan sollte in einen eventuell vorhandenen Auditierungsprozess eingebunden werden.

Zum Projektende wird das Projektteam vom Auftraggeber (Champion) offiziell freigegeben. Idealerweise sollte dies mit einer kleinen „Feier" verknüpft werden. Noch offene Punkte werden dokumentiert. Ein Review-Termin wird nach drei und sechs Monaten vereinbart, um zu überprüfen, ob die implementierten Prozessverbesserungen auch in der Praxis Bestand haben und um gemeinsam zu reflektieren, was gut funktioniert hat und wo man selbst als Black Belt noch besser werden muss.

Projektabschlussprotokoll
Teilnehmer: Projekt Champion, Projektleiter (Black Belt)

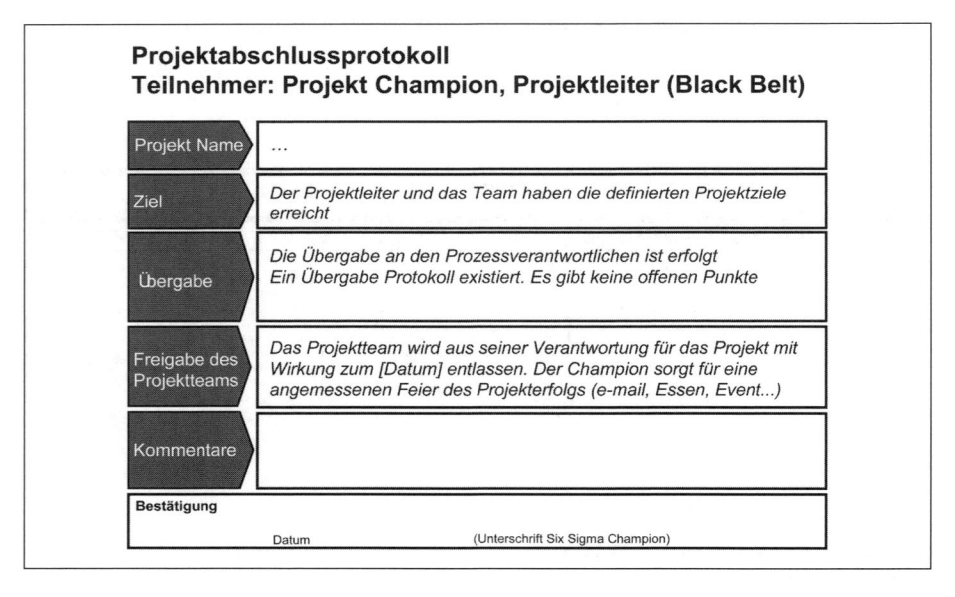

Projekt Name	...
Ziel	Der Projektleiter und das Team haben die definierten Projektziele erreicht
Übergabe	Die Übergabe an den Prozessverantwortlichen ist erfolgt. Ein Übergabe Protokoll existiert. Es gibt keine offenen Punkte
Freigabe des Projektteams	Das Projektteam wird aus seiner Verantwortung für das Projekt mit Wirkung zum [Datum] entlassen. Der Champion sorgt für eine angemessenen Feier des Projekterfolgs (e-mail, Essen, Event...)
Kommentare	
Bestätigung	Datum (Unterschrift Six Sigma Champion)

Abbildung 51: Beispiel für ein Projektabschlussprotokoll, (Quelle: IBM)

Der Prozessverantwortliche übernimmt die Verantwortung für das Management des Prozesses nach Projektabschluss! Er trägt die Verantwortung für den gesamten Prozess, während der Subprozessverantwortliche nur für einen Teil des Gesamtprozesses verantwortlich ist.

Der Prozess- und der Subprozessverantwortliche übernehmen das Management ihres jeweiligen Prozesses mit Hilfe des Kontrollplans.

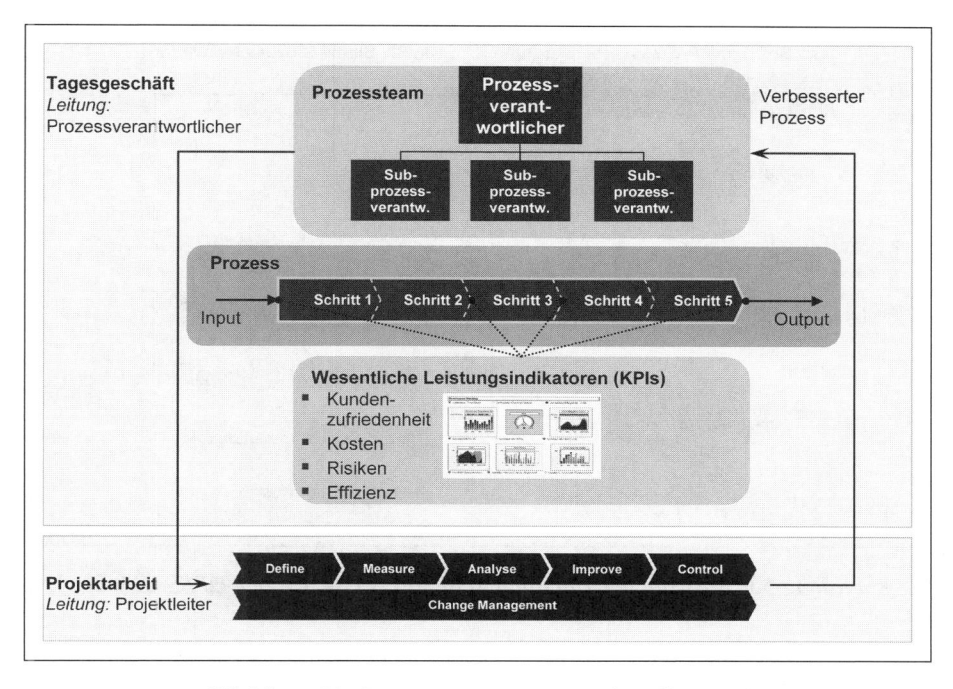

Abbildung 52: Prozess-Management, (Quelle: IBM)

5.3 Prozesse und Produkte neu entwickeln (DFSS)

In Six Sigma-Programmen ist immer von DMAIC-Projekten die Rede, um bestehende Prozesse zu optimieren.

Aber welche Methodik wendet man an, wenn der bestehende Prozess so schlecht ist, dass sich eine „Reparatur" nicht mehr lohnt oder wenn man neue Prozesse und Produkte entwickeln möchte, die von Anfang an die Kundenanforderungen vollständig und wirtschaftlich erfüllen?

In diesem Falle kommt die DFSS-Methodik zum Einsatz. DFSS steht hierbei für „Design for Six Sigma".

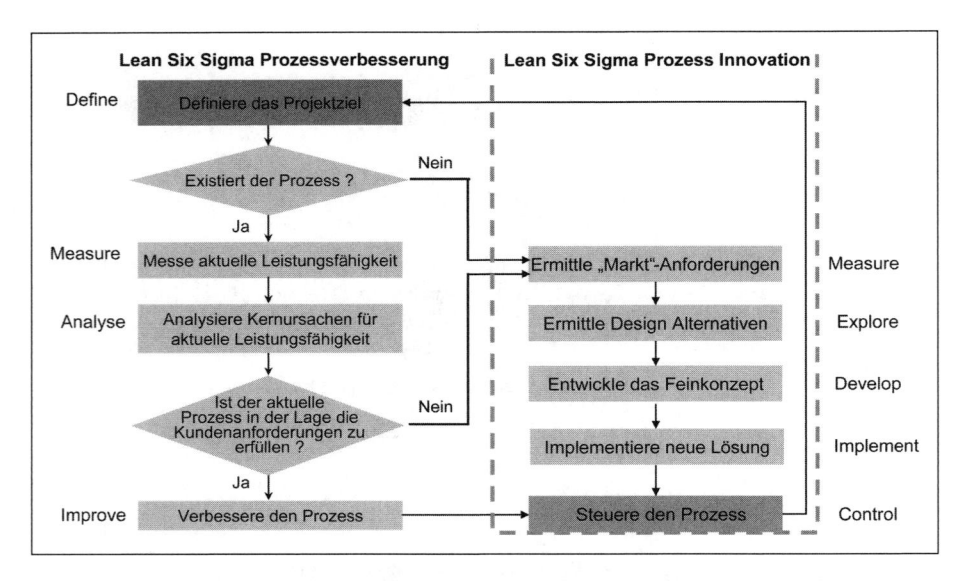

Abbildung 53: Auswahl der richtigen Methodik, DMAIC oder DFSS (DMEDI)

Bei IBM werden Six Sigma und Lean Management-Methoden zur Design for Lean Sigma (DFLS)-Methodik vereint.

Abbildung 54: Projekt-Checkliste für Design for Lean Sigma Projekte, (Quelle: IBM)

In der Literatur gibt es eine Reihe von Varianten der DFSS-Methodik, welche DMADV, DMADOV, IDOV oder DCCDI genannt werden. Die bekannteste der Varianten ist DMADV, die bei GE Capital zum Design von transaktionalen Prozessen entwickelt wurde, während DFSS bei GE vorrangig zur Produktentwicklung eingesetzt wird. Die Unterschiede zwischen den Varianten sind in der Praxis eher gering. Mehr als 80% der DFSS-Inhalte und Tools werden in allen genannten Methoden genutzt.

Unterschiede und Gemeinsamkeiten zwischen DMAIC und DFSS

Anders als bei Prozessoptimieruns- (DMAIC) Projekten wird die „Stimme des Kunden" bei DFSS-Projekten erst in der Measure-Phase ermittelt. Dies ist notwendig, da der Kunde nach einem Produkt oder Service befragt wird, das noch nicht existiert. Bei DFSS-Projekten wird deshalb häufig ein größerer Aufwand in die Ermittlung der Kundenanforderungen investiert und mit Werkzeugen, wie dem Quality Function Deployment (QFD) sowie dem Kano Modell priorisiert. Die Explore-Phase entspricht der Grobkonzept-Phase. In der Develop-Phase wird das Feinkonzept entwickelt. Die Implementierungs-Phase ist vergleichbar mit der Improve-Phase eines DMAIC-Projektes, dauert aber länger, häufig über 6 Monate.

Grundsätzlich kommen viele Lean Six Sigma-Werkzeuge sowohl in der DMAIC- als auch DFSS-Methodik zum Einsatz. Dies erleichtert die Arbeit des Black Belts und ermöglicht ein schnelles Erlernen der Methodik.

6 Six Sigma-Qualifizierung

Eine wichtige Erfahrung zu Beginn. Six Sigma-Kandidaten (Black Belt, Green Belt) sollten stets „just in time" geschult werden, das heißt parallel zu einem echten Verbesserungsprojekt. Das Training sollte auf die Werkzeuge beschränkt werden, die wirklich benötigt werden. Selten benötige Werkzeuge wie DoE (Design of Experiments) lasen sich in separaten kurzen Trainings kostengünstiger und wirkungsvoller durchführen.

Teilen Sie das Training projektfortschrittsbegleitend in kleine Module von ein bis fünf Tagen auf, anstatt komplette Trainingsblöcke zu Beginn durchzuführen. Die Kandidaten werden so nicht überfordert und erhalten das notwendige Wissen genau dann, wenn sie es für ihr Projekt brauchen. Für den Fall, dass ein Projekt schneller voranschreitet, kann der betreuende Master Black Belt durch sein Coaching gezielt mit zusätzlichen Methoden unterstützen.

6.1 Executive Champion-Training

Vor Beginn eines Six Sigma-Programms wird das Top Management eines Unternehmens (Geschäftsführung, Vorstand) in die kritischen Erfolgsfaktoren für ein erfolgreiches Six Sigma-Programm eingeführt. Der Sponsor wird definiert und in seine Rolle eingeführt.

Dieses ein- bis zweitägige Training ist eine wichtige Grundlage für das anschließende Six Sigma-Programm. Dieser Workshop kann auch als Vorbereitung für eine Ausschreibung oder ein Angebot genutzt werden und sollte konkrete Beispiele und Ergebnisse aus bestehenden Six Sigma-Programmen in anderen Unternehmen enthalten.

Insbesondere ist hier der Nachweis zu führen, dass sich Six Sigma finanziell lohnt, getreu dem Motto: „Geld ist die Sprache des Managements!"

> **Tipp**:
> Die Integration von praktischen Übungen oder Simulationen (siehe M&M-Übung oder Bierspiel) wird häufig sehr positiv aufgenommen. Die theoretischen Grundlagen können damit aufgelockert und das Interesse an dem Thema Six Sigma intensiviert werden.

6.2 Projekt Champion-Training

Frühzeitig nach dem Start eines Six Sigma-Programms sollte ein Projekt Champion-Training angeboten werden. Die zukünftigen Auftraggeber für Projekte (Champions) werden mit der Methodik sowie ihrer Rolle vertraut gemacht.

Dieses ein- bis zweitägige Training ist eine sinnvolle Vorbereitung, um anschließend mit den zukünftigen Champions Six Sigma-Projekte definieren und auswählen zu können. Üblicherweise ist ein solcher Projektselektions-Workshop Inhalt eines jeden guten Champion-Trainings.

> **Tipp**:
> Ergänzend zum Training werden Champions häufig „Referenzkarten" oder kleine Handbücher zur Verfügung gestellt. Enthalten sind Ausführungen zur Rolle des Champions sowie nützliche Fragen für die einzelnen Six Sigma-Projektphasen, die der Champion an seinen Black Belt stellen kann.

Erfinden Sie diese Werkzeuge nicht selbst, sondern lassen Sie sich diese von Ihrer Six Sigma-Beratung oder erfahrenen Master Black Belts bereitstellen. Sprechen Sie dazu den Six Sigma-Programm Manager an. Im Internet finden sich ebenfalls zahlreiche nützliche Checklisten, Vorlagen und Werkzeuge, auf die man aufbauen kann.

6.3 Black Belt-Ausbildung

Black Belts erhalten ihre Trainings in der Regel in Modulen von je einer Woche. Insgesamt werden meist drei bis fünf Trainingswochen angeboten. Die meisten Black Belts werden in der DMAIC-Methode trainiert, die so etwas wie die Black Belt-Grundausbildung darstellt.

Jeder Black Belt bringt zum ersten Trainingstag ein eigenes konkretes Projekt (vom Champion unterschriebener Projektvertrag) mit, welches er parallel zum Training bearbeitet, um über die Projektbenefits dem Unternehmen das Investment in seine Black Belt-Ausbildung zurückzubezahlen.

Variante 1: Es werden Define/Measure, Analyse und Improve/Control in jeweils ein Modul zusammengefasst. Soft Skills werden in einem separaten Modul angeboten.

Variante 2: Es werden Define/Measure, Analyse, Improve, Control in 4 bis 5 separaten Modulen angeboten. Soft Skills werden mit jeweils einem Tag in alle Module integriert.

Variante 3: Es werden Define/Measure, Analyse, Improve/Control in 3 separaten Modulen angeboten. Soft Skills werden mit jeweils einem Tag in die 3 Module integriert.

> **Tipp**:
> Die Kombination von Soft Skill und Six Sigma ist sehr zu empfehlen. Dies kann auch mit der Variante 1 erfolgen, wenn z.B. auf die selten benötigten erweiterten statistischen Werkzeuge verzichtet wird. Diese können bei Bedarf zu einem späteren Zeitpunkt separat angeboten werden.

Damit reduziert sich der Trainingsaufwand von 4 auf 3 Wochen ohne signifikanten Qualitätsverlust.

Um einen erfolgreichen Abschluss der Black Belt-Tätigkeit nachzuweisen, wählen immer mehr Unternehmen den Weg einer Zertifizierung. Derzeit gibt es noch kein einheitliches Zertifizierungsmodell, so dass jedes Unternehmen eigene Standards setzen kann. Es hat sich allerdings weitgehend durchgesetzt, dass eine Zertifizierung von Belts aus dem absolvierten Training, erfolgreich durchgeführten Projekten und einer schriftlichen Prüfung der Six Sigma-Theorie (sogenanntes Six Sigma-Examen) besteht.

Anforderungen Black Belt-Zertifizierung (Beispiel):

Quantitative Anforderungen:

- Erfolgreicher Abschluss von zwei Black Belt-Projekten (mit der Bewertung „grün" oder „gelb" abgeschlossen[1]
- Vom Controlling bestätigte Einsparungen/Benefits von mehr als 500T€ insgesamt
- Teilnahme an allen Black Belt-Trainings (Woche 1-4[2])
- Erfolgreiche Absolvierung des BB-Examens

Qualitative Anforderungen/Erforderliche Kenntnisse:

- Teamleitung: Green Belts und temporäre Mitglieder
- Coaching von Green Belts
- Präsentationsfähigkeiten
- Projekt-Management des Einzelprojekts
- Projekt-Reporting Werkzeuge: Anwendung
- Hohes Engagement des Mitarbeiters

6.4 Master Black Belt-Ausbildung

Ergänzend zur Black Belt-Ausbildung werden für Master Black Belts bis zu zwei weitere Trainingswochen angeboten. Der Inhalt ist von Unternehmen zu Unternehmen sehr unterschiedlich. Da heute viele statistische Werkzeuge in der Zwischenzeit Bestandteil der Black Belt-Ausbildung sind, sollte bei der MBB-Ausbildung stärker auf Soft Skill (Train-The-Trainer, Moderationstechniken...) sowie Lean-Methoden eingegangen werden. Das Thema Prozess-Simulation bietet sich ebenfalls als MBB-Ausbildungsinhalt an. Auch andere Methoden zur systematischen Lösungsfindung

---

[1] Entspricht einer Zielerreichung >80%. Wenn Projekt mit „rot" bewertet wird, überprüfen Programm-Manager, Champion und MBB, ob das Projektergebnis außerhalb des Einflussbereichs des Mitarbeiters liegt. Wenn außerhalb der Verantwortung, kann die Projektarbeit des Mitarbeiters positiv bewertet werden.

[2] Folgende Six Sigma-Instrumente wurden vermittelt: Projekt- und Konfliktmanagement, Präsentationstechniken, Coaching; Define: VoC, CTQ, SIPOC, Prozessdarstellung Measure: Prozessfähigkeit, MSA, Stakeholderanalyse; Analyze: Varianzanalyse, Paarweiser Vergleich, Hypothesentest, Regression/Korrelation; Improve: DoE, MCRS, RACI; Control: SPC, Poka Yoke, Peer-Audit....

wie z.B. I-TRIZ, aber auch Systemtheorie oder Spieltheorie können Bestandteil einer MBB-Ausbildung sein.

Anforderungen für eine Master Black Belt-Zertifizierung (Beispiel):

Quantitative Anforderungen:

- Black Belt-Zertifikat
- Erfolgreicher Abschluss von mindestens 10 Black Belt Projekten (mit der Bewertung „grün" oder „gelb" abgeschlossen[3]
- Von Controlling bestätigte Einsparungen/Benefits von mehr als 1 Mio. € insgesamt
- >20 Green Belts selbstständig trainiert/gecoachet
- Black Belt-Training als Co-Trainer unterstützt
- MBB-Examen erfolgreich abgelegt

Qualitative Anforderungen/Erforderliche Kenntnisse:

- Organisation von Trainings
- Projekt-Reporting-Werkzeuge: Anwendung und Entwicklung
- Präsentationsfähigkeiten
- Projekt-Management einer Welle mit bis zu 20 Projekten
- Coaching von Black Belts
- Hohes Engagement des Mitarbeiters
- „Train-the-Trainer"- Kurs absolviert
- Seniorität: sicheres Auftreten auf Senior Management-Ebene

6.5 Green Belt-Ausbildung

Während in den früheren 90er Jahren überwiegend Green Belts in der Prozessoptimierungmethodik DMAIC ausgebildet wurden, gibt es inzwischen noch eine weitere sinnvolle Green Belt-Ausbildung.

---

[3] Entspricht einer Zielerreichung >80%. Wenn Projekt mit „rot" bewertet wird, überprüfen Programm-Manager, Champion und MBB, ob das Projektergebnis außerhalb des Einflussbereichs des Mitarbeiters liegt. Wenn außerhalb der Verantwortung, kann die Projektarbeit des Mitarbeiters positiv bewertet werden.

DMAIC-Green Belt (GB)

Für Green Belts gibt es unterschiedliche DMAIC-Trainingskonzepte. Das Repertoire reicht von einem zwei- bis dreitägigen Training zu Projektbeginn über vier bis fünf eintägige „just in time"-Trainings jeweils zu Beginn einer neuen Phase (nach jedem Tollgate/Meilenstein) bis zu einem identischen Training mit den Black Belts. Auch eLearning-Trainings werden inzwischen für GBs angeboten.

Je nach Anzahl der Green Belt-Kandidaten eignet sich am besten das projektbegleitende „just in time"-Training von viermal bzw. fünfmal einem Tag. Nur bei einer sehr geringen Anzahl von Green Belts sollte die Teilnahme an dem Black Belt-Training in Erwägung gezogen werden. Problematisch ist häufig die lange Trainingsdauer und der damit verbundene Konflikt mit dem Tagesgeschäft des Green Belts. Viele Manager sind nicht bereit, Green Belts für mehr als eine Woche für Trainings und Projektarbeit freizustellen.

Process Management Green Belt/Operational Green Belt (OGB)

Diese Rolle findet sich bisher so gut wie gar nicht in der Six Sigma-Literatur, hilft aber, um den Wirkungsgrad eines Six Sigma-Programms wesentlich zu steigern. Bereits weiter oben wurde zum Thema Process Ownership ausgeführt, ist die Fähigkeit der Organisation, Ergebnisse von Six Sigma-Projekten in das Tagesgeschäft zu überführen und nachhaltig beizubehalten, ein wesentlicher Einflussfaktor auf den langfristigen Erfolg von Six Sigma-Programmen. Was nutzen Dutzende von DMAIC-Projekten, wenn die Prozessverbesserungen nach wenigen Wochen oder Monaten keinen Bestand mehr haben.

Daher macht es Sinn, nicht nur die DMAIC- und DFSS-Kompetenz zu erhöhen, sondern insbesondere den operativen Prozessmanagern die notwendigen Fähigkeiten mitzugeben, Prozesse im Tagesgeschäft zu messen, zu beurteilen und wirtschaftlich zu betreiben. Dieses wichtige, aber zumeist nicht systematisch entwickelte Knowhow bietet eine Operational Green Belt-Ausbildung, wie sie zum Beispiel seit Anfang 2007 im Six Sigma-Programm der T-Mobile enthalten ist.

Aktive Prozessmanager lernen in dieser fünftägigen Ausbildung und einem begleitenden Coaching, ihre Prozesse zu messen, mit Kennzahlen pro-aktiv zu steuern und mit Lean-Werkzeugen zu optimieren. Darüber hinaus lernen sie den DMAIC als Methode kennen sowie die wirkungsvolle Verzahnung von Process Management und DMAIC-Projekten.

Ein weiterer Vorteil der OGB-Trainings ist, dass die so ausgebildeten Prozess Manager den Wirkungsgrad von DMAIC-Projekten in der Measure, Implement- und Control-Phase spürbar erhöhen können. Sie tragen so zu kürzeren und wirtschaftlich erfolgreicheren Verbesserungsprojekten bei.

DFSS-Green Belt

Green Belts werden in der Regel nur im DMAIC oder Prozess-Management, aber nicht in der DFSS-Methodik geschult. Die anspruchsvollere DFSS-Ausbildung bleibt den Master Black Belts bzw. erfahrenen Black Belts vorbehalten, die sich zu 100% ihrer Zeit um solch komplexe Design-Projekte kümmern.

Anforderung an eine Green Belt-Zertifizierung:

Eine Green Belt-Zertifizierung erfolgt meistens schon nach einem einzigen erfolgreich abgeschlossenen Projekt. Grundlage sind die Dokumentation, die erreichten Benefits sowie das Feedback des Betreuers (BB, MBB). Ein separater schriftlicher Test ist zwar bei General Electric, IBM und bei Xchanging Standard, die meisten anderen Unternehmen verzichten allerdings darauf.

> **Tipp:**
> Eine Zertifizierung sollte nur für Green Belts erfolgen, die ein eigenes Projekt geleitet haben. Wenn Sie auch Green Belts ohne Projekt (die nur ein Training besucht und bestenfalls als Teammitglied mitgearbeitet haben) zertifizieren, verwässern Sie den Wert der Zertifizierung im Unternehmen.

Zum Vergleich: Bei Xchanging sind für eine Green Belt-Zertifizierung zwei erfolgreich abgeschlossene Projekte notwendig sowie ein bestandener schriftlicher Test.

Wichtig: Green Belts sollten vordringlich Projekte aus Ihrem eigenen Fachbereich und Arbeitsumfeld leiten. Damit minimiert sich das Risiko, dass das Tagesgeschäft mit dem Six Sigma-Projekt in Konflikt gerät und das Projekt ohne entsprechenden Erfolg beendet wird.

6.6 Awareness-Training

Um die Six Sigma-Methodik im Unternehmen bekannt zu machen, empfiehlt sich ein Six Sigma-„Awareness" (Einführungs-)-Training für alle Mitarbeiter.

Dieses Training wird häufig bereits beim Start eines Six Sigma-Programms als bis zu eintägige Veranstaltung angeboten und später in eine Einführungsveranstaltung für neue Mitarbeiter integriert (2 bis 4 Stunden Dauer). Das hat allerdings den Nachteil, dass es noch keine Projektbeispiele aus dem eigenen Unternehmen gibt, die man vorstellen kann. In Ermangelung eigener Projekte wird zu diesem Zeitpunkt zumeist auf Beispiele anderer Unternehmen zurückgegriffen und das Training überwiegend von externen Six Sigma-Beratern durchgeführt..

Wird hingegen das Awareness-Training nach 6-12 Monaten angeboten, dann sollten eigene Black Belts möglichst viele Beispiele aus ihren eigenen Projekten einbringen.

Denken Sie daran, nicht nur neue Mitarbeiter regelmäßig mit einem „Awareness" Training zu schulen. Gerade die langjährigen Mitarbeiter sollten regelmäßig über die aktuelle Entwicklung im Six Sigma-Programm informiert werden. Dies kann in sogenannten „Town Hall" oder Mitarbeiterveranstaltungen, aber auch durch Auffrischungstrainings erfolgen.

Mitarbeiter und Kunden erinnern sich am besten an Six Sigma, wenn Sie anschauliche Beispiele und Übungen in Ihre Schulungen und Präsentation integrieren. Im Anhang dieses Buches finden sich daher drei der besten Übungen zu den Themen Prozessoptimierung, Produktversorgung und Six Sigma-Berechnung.

6.7 Definition der notwendigen Anzahl Black Belts/Green Belts

Zu Beginn eines Six Sigma-Programms stellt sich die Frage: „Wie viele Black Belts und Green Belts benötigen wir?"

In fast allen Six Sigma-Büchern wird empfohlen, dass 1-2% der Belegschaft als Black Belts ausgebildet und aktiv sein sollen. Viele Unternehmen schulen dadurch mehr Belts als Projekte zur Verfügung stehen bzw. als die Organisation an Prozessveränderungen verkraften kann. Das ist wirtschaftlich nicht sinnvoll. Diese Regel sollte daher für den jeweiligen Einzelfall kritisch hinterfragt und verifiziert werden.

Ausgehend von allgemeinen Richtwerten folgen einige Berechnungsbeispiele und Empfehlungen :

- Anzahl aktiver Black Belt = 1 bis 2% der Mitarbeiter
- Anzahl aktiver Green Belt = 10% der Mitarbeiter[4]

Beispiel: Für ein Unternehmen von 1000 Mitarbeitern bedeutet dies somit: 10 bis 20 Black Belts sowie 100 Green Belts. Diese Zahlen sollten als Richtwert für die ersten zwei bis drei Jahre genommen werden. In diesem Beispiel startet man z.B. mit 10 bis 15 Black Belts im ersten Jahr und ca. 5 weiteren im zweiten. Nach zwei Jahren werden 3 Black Belts der ersten „Welle" zum Master Black Belt entwickelt. Die restlichen 7 bis 12 Black Belts werden innerhalb des dritten Jahres zurück in die Linie wechseln. Dafür kommt die gleiche Anzahl neuer Six Sigma-Kandidaten ins Team.

Die Einführung bei unterschiedlichen Unternehmen mit einer Größe zwischen 600 und >10000 Mitarbeitern hat den Richtwert (1 bis 2%) für die *Black Belts* bestätigt.

Bevor wir einen Richtwert für *Green Belts* definieren, sollten wir uns über die Rolle des Green Belts bewusst werden. Es folgen zwei Varianten aus der Praxis:

a.) Der Green Belt wird als Six Sigma-Teammitglied ohne eigenes Projekt verstanden. Der Green Belt erhält ein drei- bis fünftägiges Training, das entweder am Block zu Projektbeginn oder projektbegleitend (einen Tag nach jedem Meilenstein) angeboten wird.

b.) Der Green Belt leitet ein eigenes Projekt unter Betreuung eines Black Belts oder Master Black Belts.

<u>Bei der Variante a.)</u> müssen die Aufwände für die Green Belt-Trainings berücksichtigt werden, da diese Zeit für das Coaching der Black Belt-Kandidaten fehlt. Der Richtwert von 10% kann erreicht werden, indem 2 bis 3 Teammitglieder je Six Sigma-Projekt ein „Green Belt"-Training erhalten. Nach ca. drei Jahren ist die Six Sigma-Methodik umfassend im Unternehmen verankert. In der Praxis zeigt dieses Vorgehen jedoch, dass die wenigsten „Green Belts" wirklich ein eigenes Projekt leiten werden. Es handelt sich hier um ein besseres Teamtraining sowie internes Marketing für die Methodik.

---

[4] Der optimale GB-Anteil kann aber auch wesentlich geringer sein.

Die Variante b.) bietet mehr Vorteile für das investierte Geld. Green Belts werden nur ausgebildet, wenn diese mindestens ein eigenes Six Sigma-Projekt leiten. Das kann dazu führen, dass weniger Green Belts als Black Belts im Unternehmen sind. Dafür können die Green Belts das gleiche Training wie die Black Belts erhalten (reduziert den Kosten- und Trainingsaufwand). Sollte der Green Belt sich zu einem späteren Zeitpunkt für eine Entwicklung zum Black Belt entscheiden, so ist kein zusätzliches Training notwendig. Dafür ist zu beachten, dass die Betreuung eines Green Belts in dieser Variante vergleichbar mit der für einen Black Belt ist.

6.8 Coaching-Aufwand

Ziel des projektbegleitenden Coachings durch einen erfahrenen Master Black Belt oder Senior Black Belt ist es, die Lernkurve der jüngeren Belts zu verkürzen und die Qualität der Projektergebnisse zu verbessern. Dies kann durch das Training alleine nur bedingt geleistet werden.

Es gibt verschiedene Coaching-Arten für Six Sigma-Projekte. Von einem Telefonat oder einem persönlichen Besuch alle zwei Wochen für zwei Stunden bis zu einer aktiven Projektmitarbeit und Teilnahme in allen Team- und Champion-Meetings. Die Intensität des Coachings sollte zum einen vom Coachingbedarf des Belts und zum anderen von der jeweiligen Projektkomplexität abhängig gemacht werden. Befinden sich Coach und zu Coachender nicht am gleichen Ort, kann eine Kombination von persönlichem Coaching und „Fern-Coaching" per Telefon oder E-Mail eine zweckmäßige und zugleich kostenoptimierte Lösung darstellen.

Um einen Black Belt-Kandidaten insbesondere in seinem ersten Projekt die notwendige Unterstützung zu bieten, sollte das Coaching folgende Tätigkeiten umfassen:

- Aktive Ausarbeitung des Projekt-Steckbriefs/One Pagers/Kontrakts
- Vorbereitung, Teilnahme/Unterstützung, Nachbereitung Projekt Kick-off
- Mindestens ein bis zweimal pro Woche ein persönliches Projekt- Coaching von zwei Stunden Dauer
- Teilnahme an Team Meetings (zu Beginn alle zwei Wochen)
- Methodisches und persönliches Coaching bei paralleler Einarbeitung in die fachliche Problematik
- Unterstützung bei Durchführung von Team- oder zusätzlichen Methoden-Trainings

- Gezielte Betreuung für die erfolgreiche Tollgate-Durchführung
- Unterstützung beim Aufbau des Projekt-Reportings/Managements

Organisation	Max. Anzahl BB-Projekte pro MBB	Aufwand Programm Management	Aufwand für GB-Training
Lokal (1 Standort)	7-10	50%	z.B. 0,5
National	5-7	60-100%	z.B. 1
International verteilt	3-5	100%	z.B. 1,5

Anmerkung: Bei einer lokalen Six Sigma-Implementierung (ein Standort) kann der Programm Manager parallele Aufgaben wie die Master Black Belt-Betreuung übernehmen. Bei einer internationalen Six Sigma-Implementierung mit 12 oder mehr Black Belts sollte der Programm Manager sich zu 100% auf seine Programmaufgaben konzentrieren.

Empfehlung: Die Anzahl der aktiven Black Belts in einem Unternehmen sollte langfristig 1,5 % der Mitarbeiter betragen. Die Anzahl der aktiven Green Belts richtet sich nach dem Tempo, mit dem der Six Sigma-Gedanke im Unternehmen implementiert werden soll. Soll Six Sigma schnell im Unternehmen verbreitet werden, so kann mit einem Verhältnis 1:3 zwischen BB und GB gestartet werden.

Beispiel 1: Ein Unternehmen (Finanzwesen) mit ca. 1000 Mitarbeitern will Six Sigma national an einem Standort implementieren. Die Laufzeit der BB-Projekte beträgt vier Monate. Jeder Black Belt leitet gleichzeitig mindestens zwei Projekte. Pro Jahr soll jeder Black Belt sechs Projekte abschließen. Green Belts sollen erst ab der zweiten Welle vereinzelt eigene Projekte leiten und durch die Black Belts der ersten Welle betreut werden. Nach zwei Jahren gehen die Black Belts wieder zurück in die Linienorganisation (einzelne werden MBB).

Wie viele Black Belt-Kandidaten sollten die ersten Wellen enthalten, wie viele MBBs werden zur Betreuung benötigt?

Variante 1:

Die erste Welle sollte mit 9-12 Black Belt-Kandidaten (1,5% von 1000 Mitarbeitern/2 Wellen + 2 Backup) gestartet werden. Für die Betreuung werden 2,5 MBBs benötigt. Das Programm Management benötigt 0,5 Ressourcen und wird durch einen

MBB übernommen. Green Belt- Trainings finden nicht statt. Damit sind 3 MBBs zum Start notwendig.

Die zweite Welle wird mit 3-5 Black Belt-Kandidaten gestartet (1 Backup). Für die Betreuung wird zusätzlich 1 MBB benötigt oder die BBs der ersten Welle werden signifikant geringer betreut. Green Belt-Trainings werden ausschließlich von BBs durchgeführt. Der Gesamtaufwand für die Betreuung der 14-18 Black Belts beträgt 3-4 MBBs (inkl. Programm Management).

Variante 2:

Bei Unternehmen bis 1000 Mitarbeitern kann es sinnvoll sein, die 1,5% (15 Mitarbeiter) komplett zu Beginn auszubilden und dann 1,5-2 Jahre mit dem nächsten Training zu warten (bis die Black Belts durch eine neue Gruppe ersetzt werden). Dies reduziert die Ausbildungs- und Coachingaufwände und hilft dabei, sich auf Six Sigma-Projekte und deren Ergebnisse zu konzentrieren. Champions und Green Belts können weiterhin jährlich ausgebildet werden. Dies ist aber erfahrungsgemäß weniger aufwendig, als komplette Black Belt-Trainings jedes Jahr anzubieten. In diesem Fall werden 3 MBBs für die Betreuung benötigt.

Beispiel 2: Ein internationales Unternehmen mit über 4000 Mitarbeitern will Six Sigma implementieren. In Europa sind 3000 Mitarbeiter in über 10 Ländern tätig. Schwerpunkt (50%) sind Deutschland gefolgt von Frankreich (20%) und Großbritannien (10%). Jeder Black Belt leitet zur gleichen Zeit nur ein Projekt, die Laufzeit beträgt 9 Monate. In jedem Projekt sollten durchschnittlich 3 Green Belts als Teammitglieder tätig sein.

Wie viele Black Belt-Kandidaten sollte die erste Welle begleiten, wie viele MBBs werden zur Betreuung benötigt?

Die erste Welle sollte national gestartet werden. Bei 1500 Mitarbeitern in Deutschland sollten ca. 1,5% = 23 Mitarbeiter als Black Belt tätig sein. Das heißt, wir starten mit Wellen von jeweils 8 Mitarbeitern, da wir einen BB erfahrungsgemäß aus unterschiedlichen Gründen „verlieren" werden. Für die Betreuung benötigen wir 2 MBBs + 0,5 MBB für die Green Belt-Trainings. Somit sind 3 erfahrene MBBs (inkl. Programm Manager notwendig).

Die zweite Welle wird international mit Fokus auf Deutschland, Frankreich und Großbritannien gestartet. Bei 2400 Mitarbeitern in den 3 Ländern sollten 36 als

Black Belts (1,5%) tätig sein, das heißt, wir starten die zweite Welle mit 13 Mitarbeitern (1 Backup) zusätzlich zu den 8 der ersten Welle. 7 Mitarbeiter aus Deutschland, 3 Mitarbeiter aus Frankreich und 3 Mitarbeiter aus Großbritannien. Um den Betreuungsaufwand (Reisekosten/-zeit) zu optimieren, werden die Black Belt-Kandidaten zu „Clustern" von mindestens 3 Personen zusammengestellt. Die Cluster werden jeweils einem MBB zugeordnet. Für die Betreuung der zweiten Welle benötigen wir somit: 4 MBBs.

2 MBB für Deutschland _____

1 MBB für Frankreich _____

1 MBB für Großbritannien _____

Für die reduzierte Betreuung der Welle 1 (national) benötigen wir 2 MBBs (inkl. Programm Management). Der Gesamtaufwand für die 21 internationalen Black Belt-Kandidaten beträgt somit ca. 6 MBBs (inkl. Programm Management).

Die dritte Welle wird international auf andere Länder in Europa sowie weltweit ausgerollt. Dabei ist darauf zu achten, dass jeweils lokale Cluster (z.B. Benelux, Skandinavien, Nordamerika...) von mindestens 3 Black Belt-Kandidaten gebildet werden. Sollte dies nicht möglich sein, so ist mit einem höheren Betreuungsaufwand sowie einem schlechteren Betreuungsverhältnis MBB zu BB zu kalkulieren. Für die dritte Welle werden weitere 20 Black Belts (1,5% von 4000/3 Jahre) Kandidaten rekrutiert. 50% davon in Deutschland = 2 MBBs + Support durch erfahrenen BB der ersten Welle, der Rest wird durch jeweils einen MBB pro 3 Black Belt-Kandidaten betreut = 3 MBBs.

Für Welle 3 werden somit 5 MBBs (2 Deutschland, 3 international) benötigt. Für Welle 2 wird die Betreuung von 6 auf 3 MBB reduziert (1 Großbritannien, 1 Frankreich, 1 Deutschland)

Für Welle 1 wird die Betreuung von 2 auf 1 MBB reduziert (1 Deutschland, dafür übernehmen die Black Belts der Welle 1 schrittweise mehr MBB-Aufgaben).

Die Six Sigma-Unterstützung im dritten Jahr sieht somit wie folgt aus:

BB-Kandidaten	(Welle 2+3)	= 22-23
Zertifizierte BB	(Welle 1)	= 7-8
MBB-Betreuung in Deutschland		= 4
MBB-Betreuung international		= 5
Programm Manager		= 1

Ab der Welle 4 sollte schrittweise die (externe) MBB-Unterstützung durch eigene MBBs ersetzt werden. Bei einer guten Personalentwicklung können pro Jahr 2 bis 3 MBBs durch eigenes Personal ersetzt werden.

> **Tipp:**
> Wie man an diesen Beispielen sehen kann, hängt der Betreuungsaufwand und damit die Kosten einer Six Sigma-Implementierung von verschiedenen Faktoren ab:
> - Anzahl der BB-Kandidaten,
> - Verteilung internationaler Projekte/BBs,
> - Qualität der BB/GB-Kandidaten, MBB-Betreuung,
> - Anzahl und Umfang von GB-Kandidaten,
> - Anzahl der Projekte.

6.9 Warum ist „Soft Skill" (Change Management) so wichtig?

„The hard stuff is the easy stuff.

The soft stuff is the hard stuff.

Total Quality is 90% a people deal."

„Der harte Stoff (Six Sigma-Methodik) ist der leichte Stoff, der weiche Stoff (Soft Skill) ist der Schwierige!" Qualität ist zu 90% von Personen abhängig.

*Tom Malone, Präsident, Milliken Mills,
Malcolm Baldrige-Preisträger*

Six Sigma bedeutet Veränderungs-Management. Immer wenn Prozesse optimiert oder neu eingeführt werden, verändert sich auch etwas für die involvierten Personen (Mitarbeiter, Lieferanten, Kunden). Veränderung verunsichert und kann bei den Betroffenen Angst erzeugen, was sich häufig negativ auf die Akzeptanz von Veränderungen auswirkt.

Stellen Sie sich zum Beispiel einmal vor, dass sie als Teammitglied in einem Six Sigma-Projekt Ihren Arbeitsprozess so optimieren, dass ihre eigenen Arbeitsschritte nicht mehr notwendig sind. Es gibt nicht viele Menschen, die Ihren Arbeitsplatz ohne Angst vor dem Neuen wegoptimieren!

Da Qualität das Produkt aus Effektivität und Akzeptanz ist, benötigen Six Sigma-Projektleiter Werkzeuge, um die Akzeptanz von Veränderungen positiv zu beeinflussen.

> Qualität = Effektivität (Six Sigma) x Akzeptanz (Soft Sigma)

Ein erfolgreiches Konzept für die Integration von „soft skills" in eine Projektleiter-Ausbildung sieht wie folgt aus. In einem ersten Trainingsmodul werden den Black Belts Methoden für den Aufbau von Teams vermittelt. Dies ist sehr wichtig, da wirkliche Teams eine wichtige Grundlage für erfolgreiche Projektarbeit sind. In weiteren Trainingsmodulen wird vermittelt, wie aus einem Team ein Hochleistungsteam wird. Die Teilnehmer lernen ihre eigenen Führungsstil kennen und wie sie diesen schrittweise optimieren können.

Beispiel: Bei General Electric wird die Abkürzung **CAP** (Change Acceleration Process) für das Veränderungs-Management verwendet.

CAP bezeichnet als Überbegriff alle notwendigen Soft Skills. Ein Großteil des Projekterfolges hängt von den sogenannten „weichen Faktoren" wie Teambildung, Führung, Motivation, Konflikt-/Veränderungsmanagement oder Coaching ab.

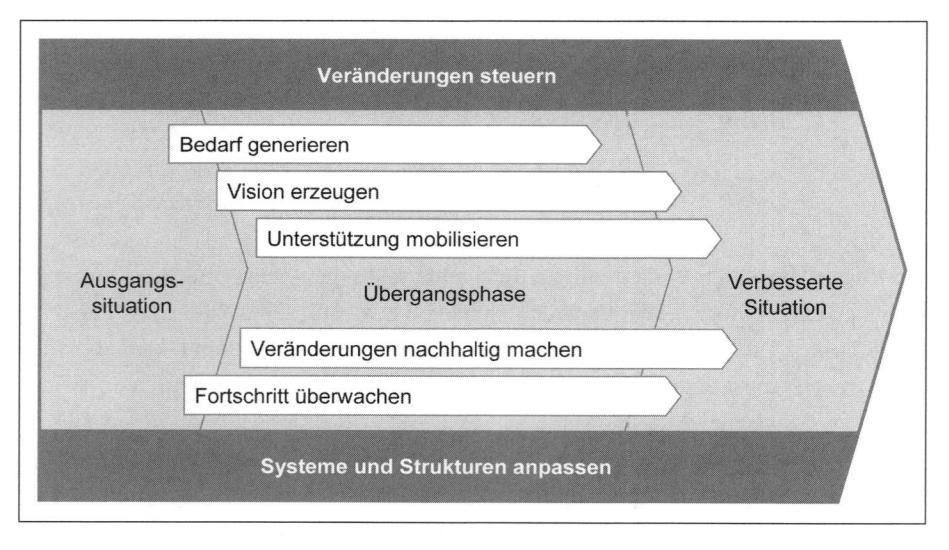

Abbildung 55: CAP Vorgehensmodell, (Quelle: General Electric)

6.9.1 Von der Arbeitsgruppe zum Team

Zu Beginn einer Black Belt-Ausbildung geht es darum, wichtige Grundlagen zum Veränderungs-Management und zur Teamentwicklung zu vermitteln.

Situativer Führungsstil:

Ein Black Belt muss lernen, seinen Führungsstil flexibel der Projektsituation anzupassen. Zu Projektbeginn muss er mehr anweisen oder anleiten, gegen Ende mehr unterstützen oder delegieren. Dies setzt ein gutes Coaching des Teams durch den BB voraus.

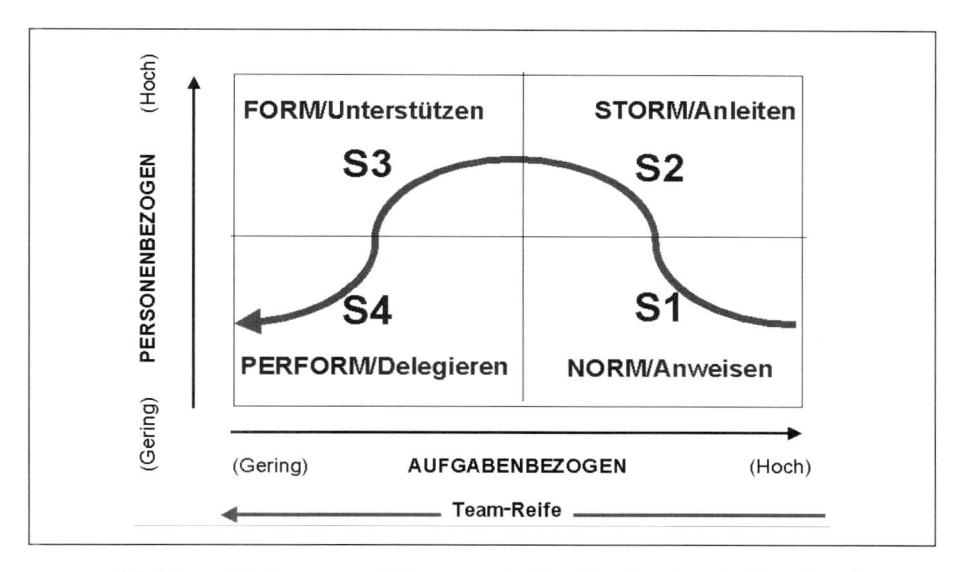

Abbildung 56: Situativer Führungsstil, (Quelle: Hershey & Blanchard, Der Ein-Mann-Manager)

Das <u>Stimmungsbarometer</u> ist ein einfaches und wirkungsvolles Werkzeug. Es lässt sich sehr gut in laufenden Six Sigma-Projekten einsetzen, um die Stimmung im Team abzufragen. Am Ende jedes Meetings gibt jeder Teilnehmer – offen oder verdeckt – seine Stimme ab. Dies kann z.B. in einer Abstufung von +3 bis –3 erfolgen.

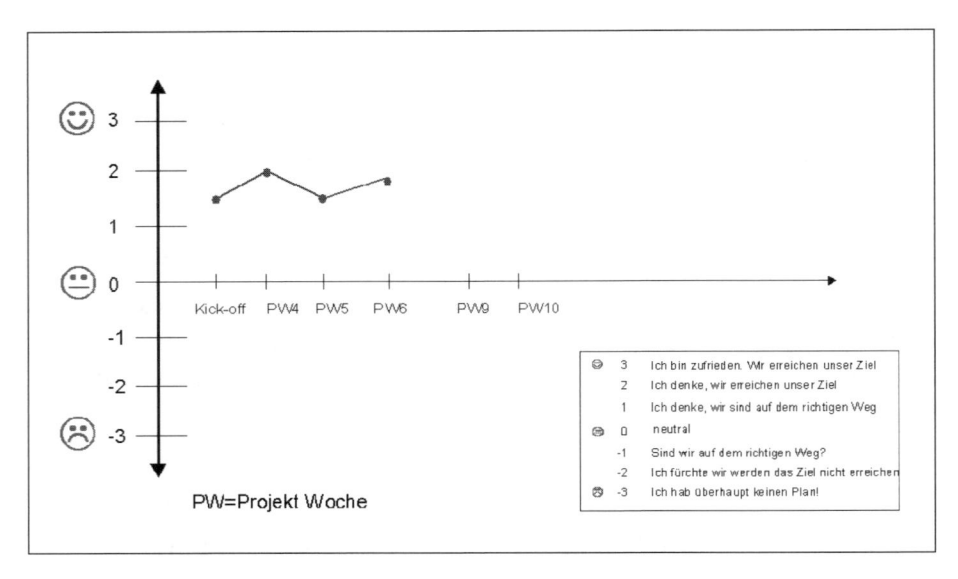

Abbildung 57: Stimmungsbarometer

Am Anfang sind die Teammitglieder oft skeptisch und geben Ihre „Stimme" meist nur anonym in Form von gefalteten Zetteln ab. In einer offenen und konstruktiven Projektatmosphäre ändert sich jedoch die Stimmung und das Team wartet geradezu auf den Moment der Stimmabgabe.

Der Black Belt ist häufig überrascht, wenn er seine eigene Einschätzung (Selbstbild) mit der des Teams (Fremdbild) vergleicht. Es gibt nicht selten Workshops, aus denen der Black Belt mit einem unguten Gefühl herauskommt und das Team sehr zufrieden ist (oder umgekehrt).

Damit das Werkzeug seine gewünschte Wirkung zeigt, sollten negative Bewertungen im nächsten Meeting durch den Black Belt offen angesprochen und Maßnahmen zur Verbesserung der Stimmungslage beschlossen werden. In einem Fall wurde z.B. die Stimmung bei einem Teammitglied dadurch verbessert, dass alle Themen, die nur für einen Teil des Teams relevant waren, an das Ende der Agenda für das nächste Meetings gestellt wurden,. Die übrigen Teammitglieder konnten dadurch früher zu ihrem „Tagesgeschäft" zurückkehren.

6.9.2 Vom Team zum Hochleistungsteam

Nach der Vermittlung der Grundkenntnisse geht es im zweiten Teil des Soft Skill-Trainings um deren Vertiefung und Ergänzung. Hierbei lernen die Black Belts viel über ihren eigenen Führungsstil, ihre Stärken, aber auch Verbesserungspotenziale.

Die Fähigkeit, Feedback zu geben/bekommen sowie die Offenheit im Six Sigma-Team bzw. im Projekt sind entscheidende Erfolgsfaktoren für einen Black Belt. Das Johari-Fenster ist ein sehr gutes Bild, um dies zu erklären.

Die „Arena", also der Bereich, der anderen und mir bekannt ist, wird durch Feedback (geben/erhalten) sowie gelebter Offenheit immer größer. Damit verbessert sich auch die Basis für eine erfolgreiche Zusammenarbeit mit dem Projektteam. Andere wissen, was mir wichtig ist, und ich weiß, wie ich auf andere wirke.

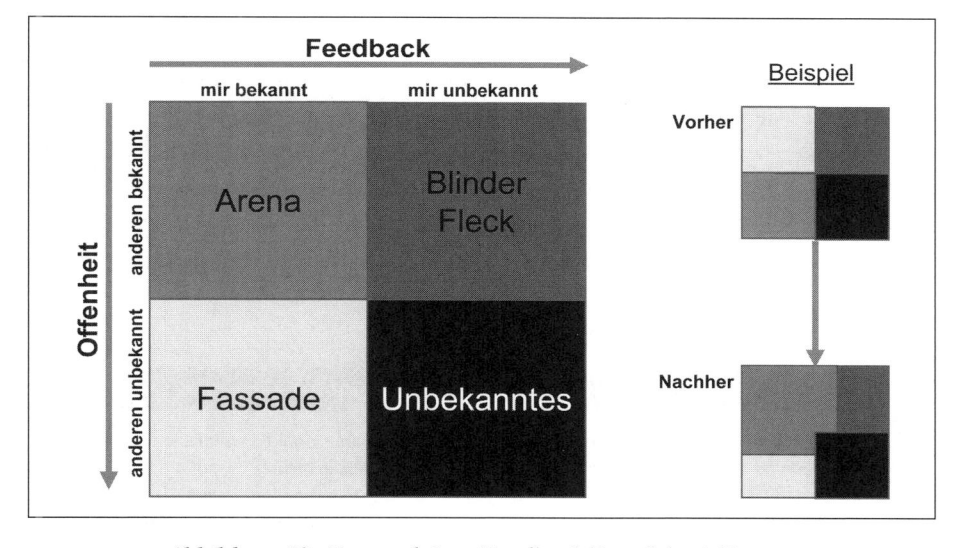

Abbildung 58: Konstruktives Feedback/Das Johari-Fenster

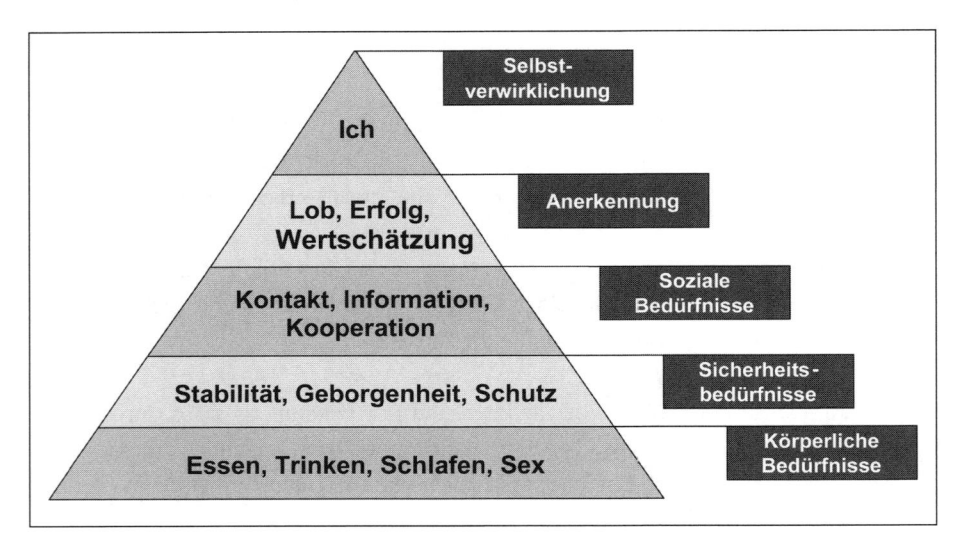

```
        Selbst-
      verwirklichung
   Ich
                          Anerkennung
  Lob, Erfolg,
  Wertschätzung
                              Soziale
 Kontakt, Information,        Bedürfnisse
 Kooperation
                              Sicherheits-
 Stabilität, Geborgenheit, Schutz   bedürfnisse
                              Körperliche
 Essen, Trinken, Schlafen, Sex    Bedürfnisse
```

Abbildung 59: Motivation: Maslow'sche Bedürfnispyramide

Hat ein Teammitglied Angst vor dem Verlust des Arbeitsplatzes (Sicherheitsbedürfnis), so ist er/sie wenig aufnahmefähig für Lob und Wertschätzung. Stellen Sie sicher, dass das Team von Beginn an ohne Angst an dem Projekt arbeiten kann. Der Champion sollte dazu im Projekt Kick-off Meeting Stellung nehmen. „Sicherheit und Perspektive" sind gute Strategien zur Motivation der Teammitglieder. Diese Botschaft sollte der Champion bereits bei Projektstart beim Team gegenüber kommunizieren.

Motivatoren	Demotivatoren
• Wahrnehmung von Ergebnissen	• Fehler- und Kontrollmentalität
• Erfolge belohnen (Wichtig: Geld ist nicht alles)	• keine Abwechslung
• zu einem Team gehörend	• Zielveränderungen (Moving Targets)
• Wertschätzung genießen	• Unrealistische oder fehlende Ziele
• Entwicklungsperspektiven	• Vor vollendete Tatsachen gesetzt werden
• Weiterbildung	• Fehlende Anerkennung/ Wertschätzung
• Gemeinsam über Vision sprechen	• Kein Vorankommen bei Zielerreichung
• Identifiziere/Verstehe Bedürfnisse der Mitarbeiter	• …
• An Entscheidung teilhaben lassen	
• Gemeinsam realistische Ziele erarbeiten	
• Mitarbeiter unterstützen (Feedback, Coaching, Vorbildfunktion)	

Abbildung 60: Beispiele für Motivatoren/Demotivatoren

Coaching:

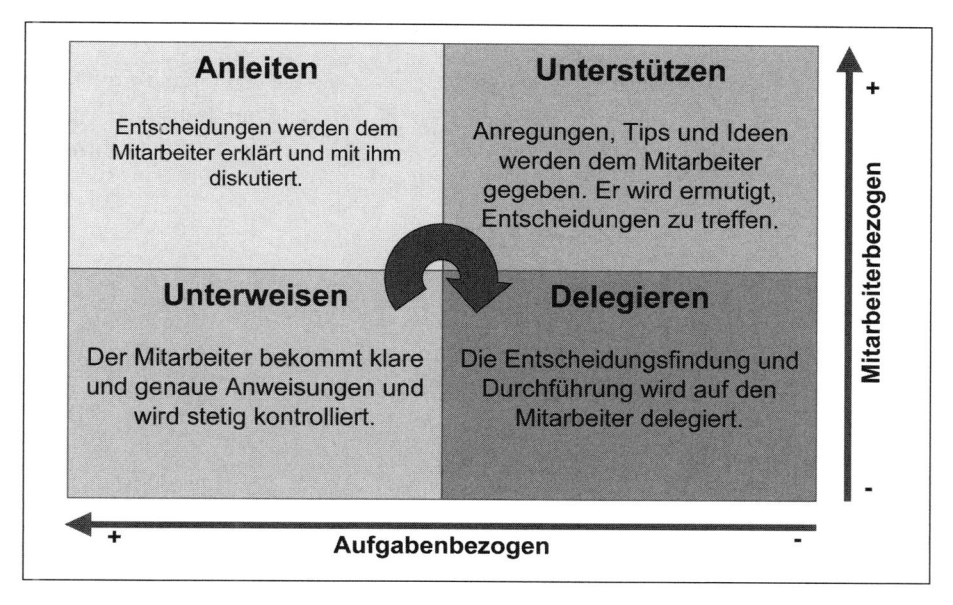

Anleiten Entscheidungen werden dem Mitarbeiter erklärt und mit ihm diskutiert.	**Unterstützen** Anregungen, Tips und Ideen werden dem Mitarbeiter gegeben. Er wird ermutigt, Entscheidungen zu treffen.
Unterweisen Der Mitarbeiter bekommt klare und genaue Anweisungen und wird stetig kontrolliert.	**Delegieren** Die Entscheidungsfindung und Durchführung wird auf den Mitarbeiter delegiert.

Achsen: Mitarbeiterbezogen (+/-), Aufgabenbezogen (+/-)

Abbildung 61: Coaching-Stile, (Quelle: Rauen (1999), S. 94f.)

Eine Voraussetzung, um Aufgaben an Teammitglieder delegieren zu können, ist es, diese dafür zu motivieren sowie das notwendige Fachwissen zu vermitteln.

Sollte das Fachwissen fehlen, aber die innere Motivation vorhanden sein, so ist das Teammitglied zu unterweisen.

Sollte das Fachwissen und die innere Motivation fehlen, so ist das Teammitglied anzuleiten.

Sollte das Fachwissen vorhanden sein, aber die innere Motivation fehlen, so ist das Teammitglied zu unterstützen.

Sollte das Fachwissen sowie die innere Motivation vorhanden sein, so können Aufgaben an das Teammitglied delegiert werden.

Zum Thema Motivation gibt es viele gegensätzliche Theorien. Die Experten für Motivation sind sich einig darin, dass der erste Schritt stets die Vermeidung von Demotivation sein sollte. Dadurch kann man sich viel Motivationsarbeit sparen. Die tägliche Vorbildfunktion des Managements und der Master Black Belts („walk the talk") spielt hierbei eine nicht zu unterschätzende Rolle. Denn fehlende Glaubwürdigkeit war immer schon ein mächtiger Demotivator.

Mit diesem Wissen ausgestattet, ist es jetzt an der Zeit, ein Six Sigma-Projekt zu starten. Aber wie findet man ein passendes Projekt? Das folgende Kapitel enthält eine Liste mit Projektideen, die bei der Suche nach eigenen Projekten sehr hilfreich sein kann.

7 Six Sigma-Implementierung

Wenn Sie über die Einführung der Six Sigma-Methodik in Ihrem Unternehmen nachdenken, dann sollten Sie den Namen „Six Sigma" beibehalten. Der ausgezeichnete Ruf und der Defakto-Standard für Prozessoptimierung ist ein großer Vorteil, auf den man nicht verzichten sollte.

Wollen Sie hingegen ein bereits bestehendes, unternehmensweit erfolgreiches Programm mit Six Sigma-Werkzeugen und Methodiken verstärken, dann kann es sinnvoll sein, den aktuellen Programmnamen beizubehalten und nicht in Six Sigma umzubenennen (Beispiele: Siemens mit „Top Plus" und AXA mit „The AXA way").

Die erfolgreiche Einführung eines Six Sigma-Programms lässt sich in die folgenden vier Phasen aufteilen:
- Entscheidungsphase
- Vorbereitungsphase
- Startphase
- Ausrollphase (Rollout)

3 - 6 Monate	3 Monate	9-12 Monate	Ab 2. Jahr
Phase 1 Entscheiden	**Phase 2 Vorbereiten**	**Phase 3 Starten**	**Phase 4 Ausrollen**
• Top Management gewinnen • Sponsor definieren • Partner auswählen • Vision entwickeln • Business Case, Ziele, Umfang definieren • Budget bereitstellen	• Programm Manager definieren • Steuerungs Gremium etablieren • Master Black Belt(s)/ Coach bereitstellen • Champions definieren & trainieren • Black Belt-Kandidaten auswählen • Projekte definieren • Infrastruktur bereitstellen	• Black Belts trainieren • Six Sigma-Projekte durchführen • Champion jour fixe etablieren • optional: Green Belts trainieren • Aufbau Six Sigma Marketing • Projekterfolge messen & berichten • Infrastruktur ausbauen	• Six Sigma-Team ausbauen (BB/MBB) • Anzahl Green Belts erhöhen • Weitere Bereiche, Standorte, Länder einbinden • Six Sigma Marketing fortführen • Methodik weiterentwickeln • Partner schrittweise herauslösen

Verknüpfung Six Sigma-Projekte mit Unternehmenszielen

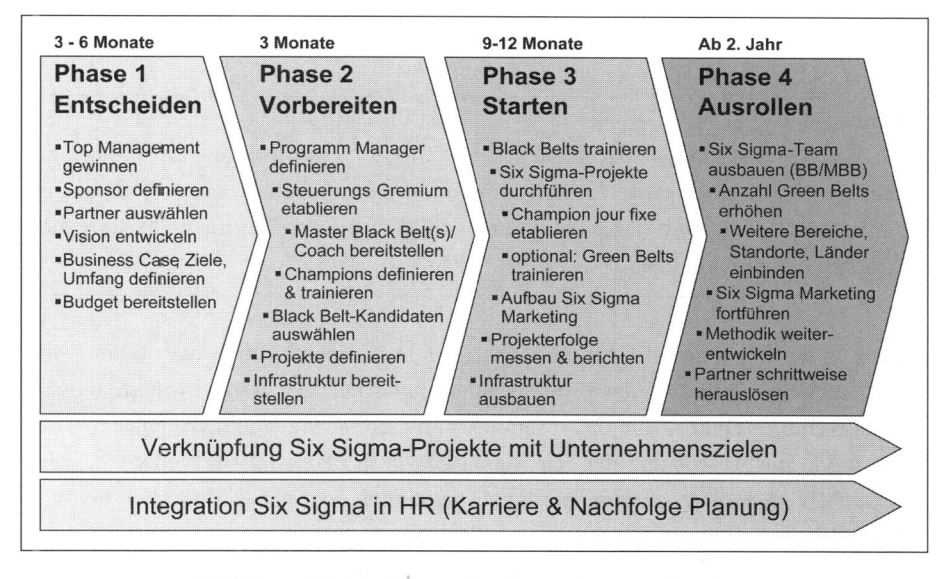

Integration Six Sigma in HR (Karriere & Nachfolge Planung)

Abbildung 62: Six Sigma-Implementierungs Roadmap

Ein Six Sigma-Programm ist dauerhaft nur im Unternehmen erfolgreich zu etablieren, wenn es eine Verknüpfung mit den Unternehmenszielen sowie der Personalentwicklung gibt (siehe „Kritische Erfolgsfaktoren"). In den folgenden Kapiteln wird anhand von Beispielen detailliert auf die einzelnen Phasen eingegangen.

In der ersten Phase wird auch eine Entscheidung bezüglich des Umfangs des Six Sigma-Programms getroffen. Wollen Sie Six Sigma in Ihrem Unternehmen schrittweise einführen (siehe Bild) oder von Anfang an komplett mit einem großen Schritt.

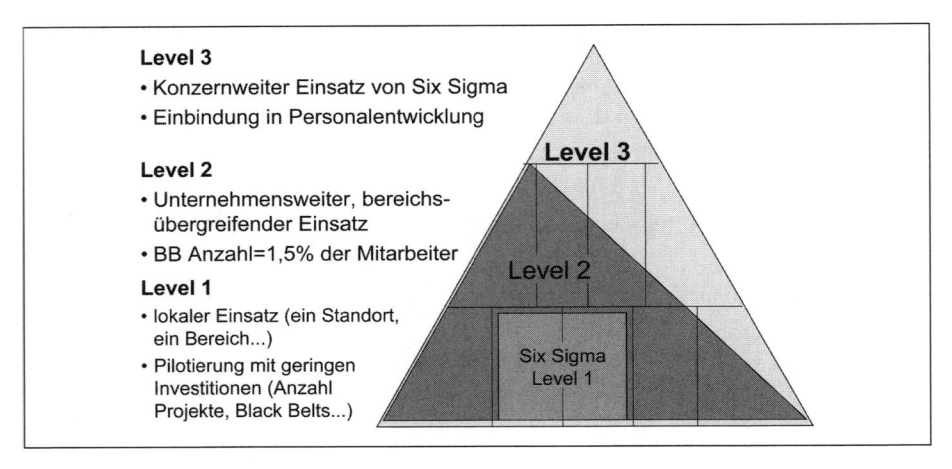

Level 3
- Konzernweiter Einsatz von Six Sigma
- Einbindung in Personalentwicklung

Level 2
- Unternehmensweiter, bereichsübergreifender Einsatz
- BB Anzahl=1,5% der Mitarbeiter

Level 1
- lokaler Einsatz (ein Standort, ein Bereich...)
- Pilotierung mit geringen Investitionen (Anzahl Projekte, Black Belts...)

Abbildung 63: Schrittweise Einführung von Six Sigma

Tipp:
Werden Veränderungen sehr schnell eingeführt, so kämpft die Organisation dagegen an. Eine schrittweise Einführung hingegen verursacht weniger Widerstand und ermöglicht es dem Management und den Mitarbeitern, Vertrauen in das neue Programm aufzubauen.

Gerade in der Six Sigma-Einführungsphase ist ein Geschäftsführer oder CEO gefordert. Neben der Definition des Programmumfangs sowie der ersten Projekte muss er das notwendige Budget für das Training von Senior Management, Master/Black Belts sowie die Ausrüstung der Six Sigma-Experten bereitstellen. Außerdem sollte er sich aktiv an dem Programm beteiligen (persönlich oder per E-Mail über das Was, Wann, Wie und Warum des Six Sigma-Programms berichten) und den Six Sigma Rollout-Plan genehmigen sowie persönlich und sichtbar unterstützen.

7.1 Phase 1: Entscheiden

**Phase 1
Entscheiden**
- Top Management gewinnen
- Sponsor definieren
- Partner auswählen
- Vision entwickeln
- Business Case Ziele, Umfang definieren
- Budget bereitstellen

Bevor ein Six Sigma-Programm in einem Unternehmen implementiert werden kann, sind einige wichtige Vorbereitungen zu treffen.

Zunächst ist das Top Management (Geschäftsführung, Vorstand) für das Thema zu gewinnen und ein „Sponsor" aus diesem Kreis zu definieren. Dieser sollte Six Sigma zu einem seiner Top-3-Prioritäten machen und aktiv im Unternehmen unterstützen.

Anschließend ist ein (externer) Partner mit Six Sigma-Kompetenz auszuwählen. Siehe dazu auch das Kapitel 7.6 „Kritische Erfolgsfaktoren für die Einführung". Mit dem Partner wird eine Six Sigma-Vision entwickelt und dazu ein passender „Business Case" mit Zielen und Implementierungsumfang definiert.

Dieser externe Partner sollte sowohl in der Lage sein, Beratung als auch Training, Projekt-Management und Coaching in ausreichendem Umfang anzubieten. Natürlich muss der Partner auch in der Lage sein, das Six Sigma- Material (das ‚geistige Eigentum') in Form von Trainingsunterlagen etc. zur Verfügung zu stellen.

Die spätere Projektarbeit wird wesentlich erleichtert, wenn man in dieser frühen Phase die Unternehmens/Management-Ziele mit dem Six Sigma-Programm abstimmt. Damit wird erreicht, dass die zukünftigen Six Sigma-Champions (Bereichs/Abteilungsleiter...) offener auf die Black Belts zugehen, um deren Unterstützung bei der Erreichung ihrer Ziele (Kostenreduzierung, Produktivitätssteigerung, Umsatzgenerierung...) zu erreichen. Dies fördert die Akzeptanz im Unternehmen und sorgt für bessere Projektergebnisse.

Last but not least muss das notwendige Budget für das Six Sigma-Programm genehmigt und bereitgestellt werden. Darin enthalten sind die Kosten für:

- Programm-Manager und bei Bedarf einen Programm-Assistenten/Programm-Büro
- Geeignete Black Belt-Kandidaten aus dem eigenen Unternehmen
- Infrastruktur (Notebooks, Software, wie z.B. MINITAB, Büros, Telefone)

- Partner (Coaching sowie Trainingsaufwand für Champions und Black Belts, optional Green Belts)
- Personalbeschaffungskosten für Einstellung eigener Master Black Belts
- Reisekosten...

Die Dauer der Entscheidungs-Phase ist abhängig von den Rahmenbedingungen, den Entscheidungswegen und den Entscheidungsträgern und sollte in drei bis sechs Monaten abgeschlossen sein.

> **Tipp**:
> Erfahrene Six Sigma-Master Black Belts (MBB) sind schwer auf dem Markt zu finden, meist bereits in guten Positionen und entsprechend teuer. Ohne eigene Six Sigma-Expertise ist es schwierig, die Qualität eines Bewerbers einschätzen zu können. Ein „Fehleinkauf" kann das ganze Six Sigma-Programm gefährden.

Deshalb sollte bei einem Six Sigma-Einstieg auf eine kompetente Beratung zurückgegriffen werden, diese auch bei der Suche und Auswahl qualifizierter Six Sigma-Experten unterstützen.

Bevorzugen Sie die Rekrutierung eigener MBBs, so sind Stellenanzeigen im Internet (isixsigma.com, monster.de...) oder Empfehlungen von Six Sigma-Anwendern nützlich. Hier erhalten Sie schnell Kontakt zu Bewerbern sowie Personalberatern, die sich auf die Suche von Six Sigma-Experten spezialisiert haben.

Checkliste „Six Sigma Entscheidungs-Phase"

Frage	Antwort
Wer ist Six Sigma-Sponsor auf Geschäftsführungs-/Vorstands-Ebene?	
Ist Six Sigma eines der Top-3-Themen für den Sponsor?	
Wurde eine Unternehmensvision für Six Sigma erstellt?	
Welcher Level für die Implementierung wurde gewählt (siehe Seite 37)?	
Sind die Unternehmensziele sowie die Ziele des mittleren Managements (zukünftige Projekt Champions) mit dem Six Sigma-Programm abgestimmt?	

Wie erfolgt der Wissenstransfer? A) mit externem Partner (ausgewählt + Projektauftrag erstellt?) B) mit eigenen Master Black Belts	
Wie soll Six Sigma in der zukünftigen Organisation verankert werden (Stab)?	
Steht das notwendige Budget bereit?	

7.2 Phase 2: Vorbereiten

Phase 2 Vorbereiten
- Programm Manager definieren
- Steuerungs Gremium etablieren
- Master Black Belt(s)/ Coach bereitstellen
- Champions definieren & trainieren
- Black Belt-Kandidaten auswählen
- Projekte definieren
- Infrastruktur bereitstellen

Nachdem die Entscheidungs-Phase positiv abgeschlossen ist, sollte zügig mit der Six Sigma-Vorbereitung angefangen werden.

Eine der ersten Aufgaben ist die Ernennung des Six Sigma-Programm Managers. Er ist für die Implementierung des Programms operativ verantwortlich und sollte über ausgezeichnete Personalführungsqualitäten verfügen.

Six Sigma-Kenntnisse sind zu Beginn keine Voraussetzung (dafür hat man ja einen Partner, der einen unterstützt), sorgen aber für eine bessere Akzeptanz im Six Sigma-Team und beschleunigen die Einführung. Der Programm Manager ist die Schnittstelle zum (externen) Partner, definiert die Anforderungen und stellt die Qualität des Six Sigma-Programms sicher. Dazu gehört der Wissenstransfer zu den Black Belt/Green Belt-Kandidaten, das interne Marketing sowie der Aufbau eines aussagefähigen Reportings.

Der Programm Manager erhält eine eigene Kostenstelle mit Budgetverantwortung, berichtet idealerweise direkt an den Sponsor aus Vorstand/Geschäftsführung (z.B. als Stabsfunktion) und ist personalverantwortlich für alle Black Belts.

Für den Wissenstransfer stehen Master Black Belts zur Verfügung, die entweder über den Partner bereitgestellt und/oder selbst rekrutiert werden.

Die Auswahl der richtigen Black Belt-Kandidaten wird zusammen mit der Personalabteilung vorgenommen. Führen Sie zusammen mit dem Partner „Assessments" durch, um die notwendige Qualität der zukünftigen Black Belts sicherzustellen. Zu häufig wird versucht, ungeeignete Kandidaten in der neuen Six Sigma-Organisation „abzuschieben". Dies ist ein großes Risiko für eine erfolgreiche Implementierung und kann Ihr Unternehmen viel Geld kosten.

Bereichsleiter und Abteilungsleiter sind in der Regel die künftigen Projekt Champions („Auftraggeber"). Sie erhalten ein spezielles, ein- bis zweitägiges Champion Training, um bei der Definition der ersten Six Sigma-Projekte (Welle) die notwendige Unterstützung geben zu können.

Die Auswahl von Projektideen sollte nach definierten Kriterien erfolgen und im Business Quality Council durchgeführt werden. Zur Verfügung stehende Black Belts/Green Belts werden den Projekten mit der höchsten Bewertung zugewiesen.

Projekt Auswahl und Priorisierung

	Gewichtung =>	3	2	4	4	8	6	4	2	2	2	4		
#	Projekt Idee	Dauer	Daten Verfügbarkeit	Projekt Einfluß auf die folgenden Metriken ...								IT Aufwand	Priorität	Projekt Leiter (Black Belt)
		1 Monat = 4 3 Monate = 3 6 Monate = 2 >6 Monate = 1	Elektronisch+Historie=4 Papier+Historie = 3 Akzeptabel = 2 Keine = 1	Kunden Zufriedenh Hoch = 4 Mittel = 3 Gering = 2 kein Einfl. = 0	Unternehm Ziele Hoch = 4 Mittel = 3 Gering = 2 kein Einfl. = 0	Gesamt Benefit >240T = 4 >100T = 3 >50T = 2 kein Einfl. = 0	FTE Reduzierung >500T = 4 >240T = 3 >80T = 2 30T+ = 1	Kunden Benefit >1mio = 4 >400T = 3 >200T = 2 50T+ = 1	Zusätzlicher Umsatz >1mio = 4 400T = 3 200T = 2 50T+ = 1	Risk & Complianc Hoch = 4 Mittel = 3 Gering = 2 kein Einfl. = 0	Durchlaufzeit (Unit) Schnell = 4 Mittel = 3 Langsam = 2 kein Einfl. = 0	Kein = 4 Gering: 3 Mittel = 2 Hoch = 1	Summe	
1	Reduzierung Personalbeschaffungskosten	3	3	2	3	3	1	0	0	0	3	4	87	n.n.
2	Einhaltung Service Level für Customer Care Prozeß	3	4	4	4	3	0	1	1	2	4	3	103	Kai Müller
3													0	
4													0	
5													0	
6													0	
7													0	
8													0	

Abbildung 64: Projekt-Auswahl-Matrix, (Quelle: Xchanging)

Es empfiehlt sich, mit etwa der doppelten Menge an Projektideen zu starten, aus der dann die notwendige Menge an Projekten für die erste Six Sigma-"Projektwelle" ausgewählt werden. Viele Unternehmen starten mit 10 bis 15 Black Belts. Das bedeutet, dass 20 bis 30 Projektideen in dieser Phase zu untersuchen sind. Diese Aufgabe übernehmen die Master Black Belts (des externen Partners) zusammen mit Champion bzw. Process Owner.

In den meisten Fällen konzentrieren sich die ersten Projekte auf Kostenreduzierung und Produktivitätsverbesserung. Insbesondere in transaktionalen Prozessen bedeutet dies häufig eine Reduzierung von Personalkosten. Die Projektergebnisse (Benefits) werden deshalb nicht nur in Form von Geld, sondern auch häufig in Form von FTE-Kennzahlen (Full time equivalent; deutsch auch MAK = Mitarbeiter-Arbeitskraft) berichtet.

Damit Ihr Six Sigma-Programm aber nicht den Ruf eines „Headcount"-Reduzierers erhält, sollten stets einige Projekte mit dem Ziel der Umsatzgenerierung oder Qualitätsverbesserung im Programm sein. Sonst riskieren Sie, dass sich Mitarbeiter aus Angst nur zögerlich an Six Sigma-Projekten beteiligen.

Denken Sie an die Bereitstellung der notwendigen Infrastruktur. Dazu gehört normalerweise:

- Organisation von Arbeitsplätzen (Büros)
- Bereitstellung von IT-Equipment (Notebooks)
- Erwerb von notwendigen Werkzeugen, die nicht zum Unternehmens-Standard gehören (z.B. MINITAB, Visio/Flowcharter, SigmaXL ...)
- Moderationstechnik (Flipcharts, Metaplanwände, Moderationskoffer, Beamer ....)
- Mobiltelefone (bei mobilem Einsatz)
- Abhängig von Reisetätigkeiten ggf. Bereitstellung von Fahrzeugen, Hotels/ Apartments ....
- Abhängig von der Größe der Six Sigma-Organisation ggf. Einstellung einer Assistenz (für Reporting, Reiseorganisation/Abrechnung, Organisation von Meetingräumen ...)

Die Vorbereitungsphase sollte in maximal drei Monaten abgeschlossen sein.

> **Tipp:**
> Black Belts können sich mit ihrem ersten Projekt am besten identifizieren, wenn sie bei der Projektdefinition aktiv eingebunden wurden. Dies betrifft besonders die Definition der angestrebten Projektbenefits. Das ist jedoch nur möglich, wenn die Kandidaten sehr früh ausgewählt und von ihren alten Aufgaben zügig entbunden wurden.

Checkliste „Six Sigma-Vorbereitungsphase"

Frage	Antwort
Steht der Six Sigma-Programm Manager (Leiter) fest?	
Ist das Six Sigma Steuerungsgremium benannt und entsprechend hochkarätig besetzt? (Business Quality Council)	
Steht Six Sigma-Expertise (MBB) für die Implementierung zur Verfügung?	
Wurden die Six Sigma-Champions (Projektauftraggeber) definiert?	
Wurden die Six Sigma-Champions (Projektauftraggeber) trainiert?	
Wurden die Black Belt-Kandidaten ausgewählt?	
Wurden die Black Belt-Projekte definiert?	
Steht die notwendige Infrastruktur (Equipment, Räumlichkeiten...) bereit?	
Wurden alle notwendigen Werkzeuge vorbereitet? Projektplan + Reporting (Datenbank, Ablagestruktur, Vorlagen, Regeln...) Schulungsunterlagen (Black Belt, Green Belt...) Dokumentationsvorlagen (Workbook) Memory Jogger, Checklisten, Referenzkarten, Benefit-Richtlinien... Regeln für Zertifizierung	

7.3 Phase 3: Starten

Phase 3 Starten
- Black Belts trainieren
- Six Sigma-Projekte durchführen
- Champion jour fixe etablieren
- optional: Green Belts trainieren
- Aufbau Six Sigma Marketing
- Projekterfolge messen & berichten
- Infrastruktur ausbauen

Nachdem die Vorbereitung abgeschlossen wurde, wird mit der ersten Implementierungs-"Welle" gestartet.

Black Belts und Green Belts erhalten Ihr Training idealerweise „just in time", das heißt parallel zum Projektverlauf. Im ersten Trainingsmodul wird z.B. das Wissen über die DEFINE und MEASURE-Phase, im zweiten über die ANALYSE-Phase und im dritten über IMPROVE und CONTROL vermittelt (siehe Kapitel 6 „Six Sigma-Qualifizierung").

Für alle Projekte sowie das gesamte Six Sigma-Programm sind regelmäßige Treffen („Jour Fixe") mit den Projekt Champions bzw. dem Sponsor zu vereinbaren. Champion Jour Fixe für Projekte finden am Anfang wöchentlich statt und können ab der MEASURE-Phase auf 14-tägig ausgeweitet werden. Der regelmäßige Six Sigma-Programm Jour Fixe mit dem Sponsor sollte 14-tägig vereinbart werden und nach den ersten 6 Monaten mindestens alle 4 bis 6 Wochen stattfinden.

Im Projekt/Programm Jour Fixe wird der aktuelle Projekt/Programm-Status berichtet. Dazu ist der Aufbau eines wöchentlichen Berichtswesens (Reporting) notwendig. Zu Beginn kann dies mit Hilfe von Werkzeugen wie MS Excel und MS Power Point erfolgen (siehe Beispiele). Später sollte der Einsatz einer Projektdatenbank mit automatischer Reportingfunktion in Erwägung gezogen werden.

Parallel zur Projektarbeit ist es wichtig, ein Six Sigma-Marketing im Unternehmen aufzubauen. Dies fördert die Akzeptanz im Unternehmen und bildet die Basis für eine gefüllte Projekt- sowie Black/Green Belt-Kandidatenpipeline (siehe im Unterkapitel von 7.6.6 zu „Six Sigma-Marketing").

Der Programm Manager sollte sich die Zeit nehmen, von den Entscheidungsträgern (Management, Champions) regelmäßig Feedback über das Six Sigma-Programm einzuholen. Viele Manager sind ungeduldig und wollen schnelle Ergebnisse sehen. Das persönliche Gespräch fördert das Verständnis auf beiden Seiten, lässt eventuelle Probleme frühzeitig erkennen und auf „kleinem Dienstweg" lösen. So erhalten Sie gleichzeitig ein gutes Feedback über die wahrgenommene Leistung Ihrer Black Belts (und Green Belts) und damit des gesamten Six Sigma-Programms.

Die Start-Phase sollte 6 bis 12 Monate betragen. Jeder gute Black Belt sollte in der Lage sein, in diesem Zeitraum je nach Scope ein bis drei DMAIC Projekt(e) abzuschließen.

> **Tipp:**
> Früher Erfolg ist wichtig für die Akzeptanz im Unternehmen. Berücksichtigen Sie dieses bei der Auswahl Ihrer Projekte und Black Belt-Kandidaten.

Bei internationalen Six Sigma-Einsatz ist zusätzlich auf die unterschiedlichen Kulturen Rücksicht zu nehmen. Sprechen Sie frühzeitig mit den Champions über Ihre Erwartungen und Befürchtungen.

Ein funktionsfähiges Reporting ist wichtig und hilft dem Six Sigma-Team Ihr Ziel (nachweisbare Benefits) im Auge zu behalten. Dabei ist jedoch zu beachten, dass der Aufwand für das Reporting auf das notwendige Minimum reduziert wird, sie aber keinesfalls den Überblick über die Projekte und das Gesamtprogramm verlieren dürfen.

Eventuell notwendige Projektbudgets müssen durch die Auftraggeber (Champions) und nicht durch das Six Sigma-Programm Management bereitgestellt werden.

Phase 1 der Einführung: „Stoppe die Blutung"

In den meisten Fällen konzentrieren sich die ersten Projekte ausschließlich auf Ziele wie Kostenreduzierung und Produktivitätsverbesserung.

Bei diesen Projekten handelt es sich um dringende Probleme, die schnell gelöst werden müssen. Teilweise hat die Organisation schon seit längerem versucht, diese Probleme ohne Erfolg zu lösen. Dies kann ein Vorteil für das Projektteam sein, da dies normalerweise die Unterstützung durch das Management sicherstellt. Wichtige Voraussetzung ist allerdings, dass das Projekt richtig aufgesetzt wird:

- richtiger Projektumfang (Scope)
- richtige Projektmitarbeiter mit notwendigem Engagement/Team
- richtiger Projekt-Auftraggeber (Champion)

- richtige Projektdauer (bei DMAIC Projekten max. 4 – 6 Monate)
- richtiges Projektziel (SMART und nicht die Einführung einer vordefinierten Lösung). SMART = spezifisch, messbar, erreichbar, klare Verantwortlichkeiten, mit Termin.

Phase 2 der Einführung: „Geh in die Offensive"

Damit ein Six Sigma-Programm nicht den Ruf eines Restrukturierungsprogramms mit dem ausschließlichen Ziel der Personalreduzierung erhält und dadurch die Akzeptanz im Unternehmen schwindet, sollten auch Projekte mit dem Ziel der Umsatzgenerierung oder Qualitätsverbesserung durchgeführt werden. Dies ist auch deshalb wichtig, da auf Dauer die „Schraube" der Kostenreduzierung nicht ohne Risiko für das eigene Unternehmen gedreht werden kann.

Phase 3 der Einführung: „Übernimm die (Markt-)Führerschaft"

Unternehmen, die mehrere Jahre erfolgreich Six Sigma im Unternehmen anwenden, haben einen Schwerpunkt auf vertriebsnahe Projekte sowie Projekte an der Schnittstelle zu externen Kunden und Lieferanten. Dabei kann es sich z.B. um die Optimierung des eigenen Vertriebes (bzgl. Effizienz, Effektivität) oder die Entwicklung von neuen Services sowie deren erfolgreiche Platzierung am Markt handeln.

> **Erst standardisieren, dann automatisieren:**
>
> Viele Unternehmen versuchen durch die Einführung von IT-Lösungen, Probleme zu lösen. Die bloße Automatisierung sowie Optimierung von Prozessen generiert jeweils für sich eine Verbesserung, das Optimum wird jedoch erreicht, wenn beide „Hebel" kombiniert werden.

Dabei werden allerdings erhebliche Potenziale verschenkt, wenn man mit der Automatisierung (z.B. per Workflow Management System) auf ineffizienten Prozessen aufsetzt. Im schlimmsten Fall werden diese dadurch verfestigt.

Im Idealfall können Prozesse so optimiert und automatisiert werden, dass eine elektronische Verarbeitung über den gesamten Wertschöpfungsprozess ohne manuelle Eingriffe möglich ist. In diesem Fall spricht man von „Straight-Through-Processing" (STP).

> **Tipp**:
> Um STP im Unternehmen erreichen zu können, müssen auch die Schnittstellen zu Kunden und Lieferanten automatisiert und optimiert werden. Dieses sollte auf jeden Fall unter Berücksichtigung einer Kosten/Nutzen-Analyse erfolgen.

Checkliste „Six Sigma-Startphase"

Frage	Antwort
Wurden Black Belts/Green Belts trainiert?	
Leitet jeder Black Belt/Green Belt ein Projekt (bzw. arbeitet in einem mit)?	
Wurden für alle Projekte regelmäßige Champion Jour Fixe (Meeting) vereinbart?	
Wurde ein Programm Management Jour Fixe mit dem Sponsor vereinbart?	
Wurden Maßnahmen zum internen Six Sigma-Marketing aufgesetzt?	
Ist das Six Sigma-Reporting (Projekte + Programm) erfolgreich implementiert?	
Steht die notwendige Infrastruktur (Equipment, Ressourcen...) vollständig zur Verfügung?	
Werden regelmäßige Black Belt/Green Belt-Meeting zur Teambildung und zum Wissenstransfer durchgeführt?	
Wurde eine Projekt-Pipeline aufgebaut?	
Wurde eine BB/GB-Kandidaten-Pipeline aufgebaut?	
Wurden die Six Sigma-Rollen in das Personalentwicklungskonzept des Unternehmens integriert?	
Sind die Black Belts/Green Belts mit dem Coaching durch die Master Black Belts zufrieden?	
Sind die Projekt Champions mit dem Projektverlauf/der Leistung Ihrer BB/GB zufrieden?	
Ist das Senior Management (der Sponsor) mit der Entwicklung des Six Sigma-Programms zufrieden?	

7.4 Phase 4: Ausrollen

**Phase 4
Ausrollen**
- Six Sigma-Team ausbauen (BB/MBB)
- Anzahl Green Belts erhöhen
- Weitere Bereiche, Standorte, Länder einbinden
- Six Sigma Marketing fortführen
- Methodik weiterentwickeln
- Partner schrittweise herauslösen

Der erfolgreiche Six Sigma-Start hat Ihr Unternehmen dazu bewogen, das OK für den weiteren Rollout zu geben. Der Rollout kann wie folgt erfolgen

- in anderen Unternehmenseinheiten
- in anderen Standorten/Ländern
- in anderen Bereichen (Vertrieb, HR...)
- bei anderen Kunden

Nach den ersten erfolgreichen DMAIC-Projekten kann auch über den Einsatz der DFSS-Methodik nachgedacht werden. Diese sollte aber nur von Black Belts angewandt werden, die bereits mehrere DMAIC-Projekte erfolgreich abgeschlossen und ein entsprechendes DFSS-Training absolviert haben.

Weiterhin ist zu klären, um wie viele Black Belts bzw. Green Belts das Six Sigma-Team verstärkt werden soll. Abhängig von dieser Entscheidung wird das weitere Trainingsprogramm aufgestellt und die Ressourcen geplant.

Das Six Sigma-Marketing wird fortgeführt und weitere wichtige „Stakeholder" (Beteiligte) für das Six Sigma-Programm als Champion oder Teammitglied gewonnen. Bestehende Champions werden darum gebeten, andere Manager positiv für das Six Sigma- Programm zu beeinflussen („Tu Gutes und sprich darüber").

Nachhalten	Verbinde Six Sigma mit der Nachfolgeplanung/ Personalentwicklung	Investiere in Six Sigma Trainings für alle Mitarbeiter	Entwickle effektive System zur „VOC" Ermittlung	Investiere in Systeme um Prozesse zu prüfen und zu managen
	Fördere den Rollout von „best practices"	Investiere in Design for Six Sigma (DFSS) Trainings	Nimm Dir mehr Zeit um mit Widerständen umzugehen	Führe Messsysteme unternehmensweit ein, miss Prozesse.
Ausrollen	Investiere in Trainings für Projekt Champions	Investiere in Trainings für Process Owner und Green Belts	Investiere in eigene Trainings/ Trainer	Investiere in Systeme um das Programm zu managen
	Passe das Bonus-/ Belohnungssystem an.	Nimm Dir Zeit um frühzeitig Erfolge zu kommunizieren	Nimm Dir Zeit um mit Widerständen umzugehen	Führe Messsysteme und Kernprozesse ein
Starten	Stelle Budget für das Training des Senior Mgmt. zur Verfügung	Stelle einige der besten Mitarbeiter zur Verfügung („Belts")	Stelle Budget für die Ausrüstung der Belts bereit	Zeige persönliche Verpflichtung durch aktive Unterstützung
	Definiere Umfang des Programms und der ersten Projekte	Stelle Budget für das Training/ Coaching der Belts bereit	Kommuniziere über das Was, Wann, Wie und Warum	Entwickle und genehmige einen Rollout Plan

Abbildung 65: Checkliste für die Six Sigma-Einführung, (Quelle: i-nexus)

Die erfolgreichsten Six Sigma-Unternehmen nutzen gezielt Ihre Erfahrung, um die eigene Methodik weiterzuentwickeln. Es werden neue Werkzeuge implementiert, Dokumentationsvorlagen erstellt und die Trainingsunterlagen auf die eigenen Bedürfnisse hin optimiert. Das ist auch der Grund, warum Unternehmen wie Motorola, General Electric oder andere Six Sigma im Detail unterschiedlich leben.

> **Tipp:**
> Parallel zum Wissenstransfer sollte geprüft werden, ob der externe Partner schrittweise durch eigene Master/Black Belts ersetzt werden kann. Dabei hängt die Geschwindigkeit primär von der Qualität Ihrer Black Belt-Kandidaten sowie vom Coaching durch den Partner ab.

Checkliste „Six Sigma Ausrollphase"

Frage	Antwort
Wurde eine Strategie für das weitere Ausrollen von Six Sigma im Unternehmen definiert?	
Sollen DFSS-Projekte durchgeführt werden? Wenn Ja: stehen entsprechende Trainings (Coaches) zur Verfügung?	
Wurden weitere Black Belt/Green Belt-Kandidaten definiert?	
Sollen Mitarbeiter von wichtigen Kunden und Lieferanten ebenfalls zu Black/Green Belts ausgebildet werden?	
Wurde ein Training- und Coaching Plan für die neuen Kandidaten sowie Champions entwickelt?	
Ist die Projekt-Pipeline gefüllt, um die neuen Kandidaten mit den notwendigen Projekten zu versorgen?	
Wurde das Projekt-Marketing auf die neuen Anforderungen hin angepasst?	
Ist der externe Beratungs- (Coaching/Training) Aufwand auf die aktuellen Bedürfnisse hin angepasst worden? Steht das notwendige Budget dafür bereit?	
Wurden die Erkenntnisse des „Six Sigma-Piloten" in die Standards eingearbeitet?	
Sind die Black Belts/Green Belts der ersten „Welle" zertifiziert und gefeiert worden?	

7.5 Verdeckter Six Sigma-Ansatz

Der sogenannte „verdeckte" oder „U-Boot"-Ansatz kommt zum Einsatz, wenn es darum geht, das Senior Management durch den erfolgreichen Einsatz von Six Sigma-Methoden in einem ausgewählten Projekt für einen unternehmensweiten Einsatz/Rollout zu überzeugen.

Der Schlüssel zum Erfolg ist das Erzielen von messbaren Projekterfolgen innerhalb kürzester Zeit (6 bis 12 Wochen). Dazu wird ein erfahrener Six Sigma-Experte benötigt (Black Belt), der als Projektleiter fungiert. Eine entsprechend hohe Verfügbarkeit der Team Mitglieder ist hierbei besonders wichtig.

Die folgende Tabelle beschreibt das Vorgehen in einem typischen „verdeckten" Ansatz:

Aktion	Wer	Dauer
1. Exakte Beschreibung des Unterschieds zwischen aktueller und gewünschter Leistungsfähigkeit des Prozesses.	Projekt Team (1 bis 3 Personen) mit einem erfahrenen LEAN/Six Sigma Experten (Black Belt)	1-2 Tage
2. Beschreibe die Anforderungen an das Projekt. Wer ist der Kunde? Wie viel Benefit? Was ist das messbare Ziel?		1-3 Tage
3. Fokussierung: Nutze Projektauswahlkriterien, um die am besten geeigneten (Teil-) Projekte auszuwählen (unabhängiger Prozess, keine IT-Entwicklung notwendig und Daten bereits verfügbar!!)		1-2 Tage
4. Bilde das Projektteam (Mitarbeiter aus dem Prozess sowie einen Projekt Champion mit ausreichend Einfluss). Das Projektteam erhält ein Six Sigma-Team Training.		1-2 Tage
5. Probleme mit DMAIC-Methodik lösen. Das Problem möglichst schnell analysieren und Lösungen erarbeiten. Auf komplexe und aufwendige Tools wie DOE oder FMEA verzichten.	Projekt Team mit 4 bis 7 Mitgliedern und einem Black Belt	10 bis 25 Tage
6. Ergebnispräsentation und Antrag für einen unternehmensweiten Rollout von Six Sigma.		1 Tag

Voraussetzung ist die kurzfristige Verfügbarkeit aller notwendigen Daten, um eine langwierige Messphase zu vermeiden.

7.6 Kritische Erfolgsfaktoren für die Einführung

Um Six Sigma erfolgreich, das heißt effektiv (wirkungsvoll), effizient (schnell und kostengünstig) sowie nachhaltig in einem Unternehmen implementieren zu können, sind verschiedene Erfolgsfaktoren zu beachten. IBM empfiehlt, bei der Lean Six Sigma-Einführung folgende 10 kritische Erfolgsfaktoren zu beachten:

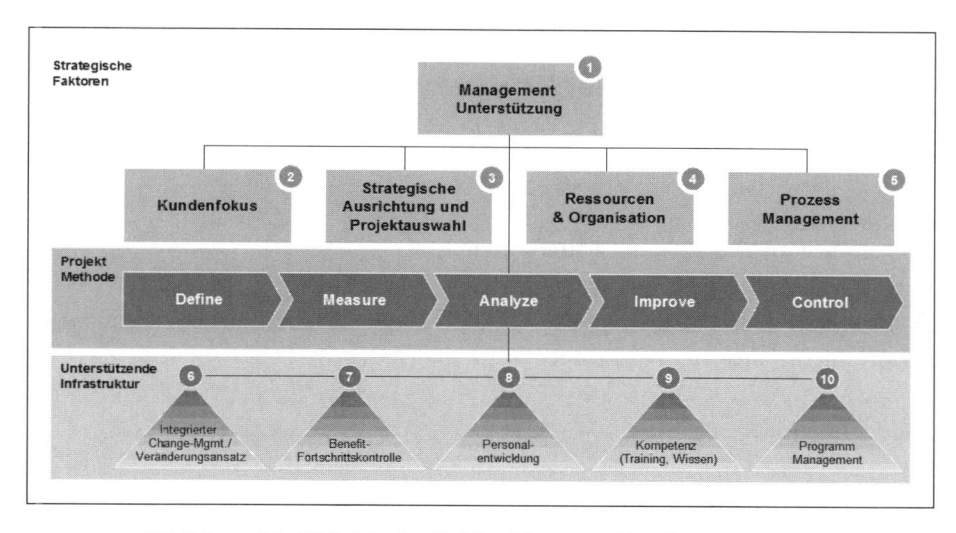

Abbildung 66: 10 kritische Erfolgsfaktoren, (Quelle: IBM, 2007)

Die verschiedenen Erfolgsfaktoren haben einen unterschiedlich starken Einfluss auf eine erfolgreiche Six Sigma-Implementierung. Die Unterstützung durch das Senior Management hat zweifellos den stärksten Einfluss, gefolgt von dem richtigen Partner (oder eingestellten Master Black Belts) mit den notwendigen Six Sigma/Soft Skill/Programm Management-Wissen. Dahinter folgt die Auswahl der richtigen Six Sigma-Projekte sowie geeigneter Six Sigma-Kandidaten (Black Belts). Einen geringeren, aber trotzdem wichtigen Einfluss haben die Themen „richtige Organisation der Six Sigma-Ressourcen", „Integration von Six Sigma in die Personalentwicklung" sowie „Six Sigma-Marketing".

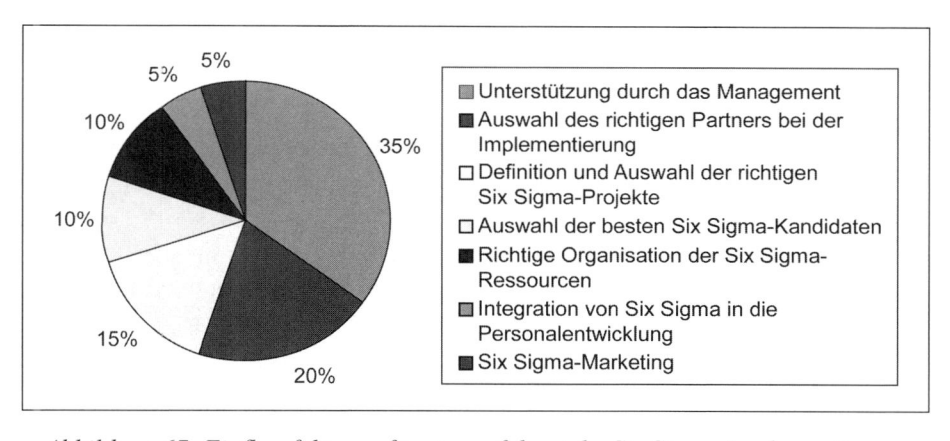

Abbildung 67: Einflussfaktoren für eine erfolgreiche Six Sigma-Implementierung

Die folgenden Unterkapitel gehen auf jeden dieser Einflussfaktoren separat und detailliert ein, beginnend mit den wichtigsten. Sie erhalten eine Vielzahl an Tipps und Empfehlungen.

7.6.1 Senior Management-Unterstützung

Es gibt zwei grundsätzlich unterschiedliche Wege, ein Six Sigma-Programm in einem Unternehmen zu implementieren:

„Bottom-up" oder „Top-down".

Die Praxis hat gezeigt, dass ein „Top-down"-Ansatz ein kritischer Erfolgsfaktor ist. Nur mit Unterstützung des Senior Managements (Vorstand, Geschäftsführung) lässt sich ein Six Sigma-Programm dauerhaft erfolgreich implementieren.

Warum diese Unterstützung so wichtig ist, kann man leicht erkennen, wenn in einem Unternehmen mehrere Programme um die gleichen Ressourcen konkurrieren. Erfahrungsgemäß werden immer die gleichen Experten als Wunschkandidaten für Projekte genannt. Jedoch nur das Programm mit der besten Management-Unterstützung bekommt diese auch zur Verfügung gestellt.

Der Six Sigma-Programm Manager hat die Aufgabe, sich bereits für den Start eines Six Sigma-Programms die notwendige Management-Unterstützung zu sichern. Dies kann durch folgende Aktionen geschehen:

- Definition eines „Sponsors" im Senior Management (Vorstand, Geschäftsführer)

- Gemeinsame (Sponsor, Programm Manager) Vorstellung des Six Sigma-Programms vor dem gesamten Vorstand/Geschäftsführung

- Gemeinsame (Sponsor, Programm Manager) Kommunikation mit allen Mitarbeitern mit Information über Ziele, Wichtigkeit und nächste Schritte

- Regelmäßige (zu Beginn wöchentlich, ab der MEASURE-Phase 14-tägig) Treffen zwischen Sponsor und Programm Manager

- Regelmäßige Präsentation der Ergebnisse und nächsten Schritte vor dem Senior Management (monatlich)

- Regelmäßige „Newsletter" an alle Mitarbeiter (zu Beginn alle 4 bis 6 Wochen)

Warum ist die interne Kommunikation so wichtig?

Bei allen Projektmitarbeitern, die nicht zu 100% für das Six Sigma-Programm bzw. die Six Sigma-Projektarbeit verpflichtet werden, gibt es den täglichen Kampf mit dem Tagesgeschäft. Um zu vermeiden, dass man als Projektleiter (Black Belt) nach wenigen Wochen weitgehend alleine im Projekt arbeitet, ist zu Projektstart die Sicherstellung der Management-Unterstützung (Priorisierung) sehr wichtig.

Der „Top-down" Ansatz wird idealerweise „Bottom-up" unterstützt, z.B. durch die Konsolidierung von Projektideen aus der Linienorganisation bzw. den Unternehmensbereichen sowie durch Rekrutierung von erfahrenen (Master) Black Belts für die Linienorganisation/Unternehmensbereiche.

Zusätzlich sollte eine „Six Sigma-Stabsfunktion" (als Profit Center oder Cost Center organisiert) aufgebaut werden, die direkt an das Senior Management berichtet (siehe Kapitel 7.6.5 „Richtige Organisation der Six Sigma-Ressourcen").

7.6.2 Auswahl des richtigen Partners bei der Implementierung

Grundsätzlich kann ein Unternehmen Six Sigma selbstständig implementieren. Sollten bereits kompetente Six Sigma-Spezialisten (Master Black Belts/Black Belts) im Unternehmen verfügbar sein, so sollte dieser Ansatz auf jeden Fall geprüft werden.

Unternehmen, die jedoch noch keine Six Sigma-Kompetenz im Unternehmen haben oder rekrutieren wollen, sollten auf jeden Fall die Unterstützung eines externen Partners in Betracht ziehen. Die Vorteile bei der Unterstützung durch einen kompetenten Partner sind:

- Definition und Auswahl _geeigneter_ Six Sigma-Projekte innerhalb kürzester Zeit → Damit hohe Wahrscheinlichkeit für erfolgreiches Six Sigma-Programm sowie die Erreichung der Projektziele.

- Unterstützung bei der Auswahl geeigneter Six Sigma-Kandidaten → siehe oben.

- Schnellere Verbreitung von Six Sigma-Kompetenz im Unternehmen → Dies führt zu einer höheren Akzeptanz im Unternehmen und damit zu einer besseren Unterstützung durch Projektressourcen, besseren Black Belt-Kandidaten sowie Projekten.

- Frühere Projekterfolge durch maßgeschneidertes Training (Unterlagen) und Coaching → Höhere Akzeptanz und Motivation bei allen Beteiligten.

- Sicherstellung, dass die angestrebten Einsparungen/Benefits auch erreicht werden → Ein Teil des Honorars an die Erreichung der Projektziele koppeln.

- Geringeres Risiko eines Misserfolges

Gerade das geringere Risiko eines Misserfolges ist ein entscheidendes Argument für die Unterstützung durch einen kompetenten Partner. Dabei sollten jedoch die Kosten für die externe Unterstützung/Beratung dem Risiko angemessen sein. Kalkulieren Sie so, dass sich die externe Unterstützung idealerweise durch die angestrebten Einsparungen aus den ersten Six Sigma-Projekten bezahlt macht. Einige Beratungen sind bereit, ihr Honorar an den Erfolg der Six Sigma-Projekte zu koppeln.

Besonders für größere Unternehmen, die mit „Wellen" von über 10 Black Belts starten, stehen bei einem Misserfolg innerhalb eines Jahres mehrere Tausend Manntage und Millionen von Euro auf dem Spiel. Allein deshalb sollte ein Six Sigma-Programm so professionell wie möglich implementiert werden. Ganz abgesehen davon, dass bei einem Misserfolg zukünftige Qualitätsprogramme eine wesentlich geringere Akzeptanz haben werden und es damit immer schwieriger wird, gute Six Sigma-Kandidaten sowie Projekte zu finden.

Bei der Auswahl eines Partners sollten folgende Kriterien geprüft werden:

<u>Referenzen:</u>   Welche Erfahrung im Rahmen von Six Sigma- Implementierungen kann der Partner vorweisen?

<u>Konzept:</u>   Wie stellt sich der Partner die Six Sigma- Implementierung in Ihrem Unternehmen vor? Wie soll der langfristige Erfolg sichergestellt werden?

<u>Spezialisten:</u>   Welche Six Sigma Master Black Belts und Black Belts werden angeboten. Sind neben fachlicher Expertise auch Erfah-

rungen im Bereich Projekt-Management, Teambildung, Training/Coaching vorhanden? Prüfen sie die Lebensläufe und lassen Sie sich potenzielle Kandidaten vorstellen.

Projekt-Management: Besitzt der Partner ein stringentes Projekt-Management und garantiert er Ihnen eine erfolgreiche Six Sigma-Implementierung?

Tipp:
Prüfen Sie, ob der Partner dazu bereit ist Verantwortung für eine erfolgreiche Implementierung zu übernehmen. Dies kann über erfolgsabhängige Boni geregelt werden, die an den durch Six Sigma-Projekten erzielten Benefit und an weitere Messgrößen gekoppelt sind.

Stellen Sie dem externen Partner einen geeigneten Programm Manager für die interne Leitung der Six Sigma-Implementierung zur Verfügung (siehe Kapitel 4 „Six Sigma-Rollen"). Dieser stellt sicher dass das Six Sigma-Programm auch bei Herauslösen des externen Partners ohne Qualitätsverlust weiterläuft.

Eine schwache Führungspersönlichkeit in der Funktion des Programm Managers stellt ein großes Risiko für die gesamte Six Sigma-Implementierung dar und wiegt viel schwerer als ein paar schwache Black Belt-Kandidaten. Die Akzeptanz im Management wird schnell schwinden, die Projekt- und Kandidatenpipeline versiegen. Dies leitet dann ein schnelles Ende des gesamten Six Sigma-Programms ein.

7.6.3 Definition und Auswahl der richtigen Six Sigma-Projekte

Hat das Unternehmen bereits einen strukturierten Prozess, nach dem die Unternehmens- oder Bereichsziele auf die einzelnen Abteilungen heruntergebrochen werden, sollte die Projektauswahl inhaltlich und zeitlich an diesen Prozess gekoppelt werden.

In diesem Fall wird die Management-Ebene unterhalb der Unternehmens- oder Bereichsführung aufgefordert, Ideen für Six Sigma-Projekte zu definieren, welche diesen Fachbereich direkt bei der Erreichung seiner Ziele unterstützen.

Die endgültige Auswahl der Projekte erfolgt zusammen mit der Unternehmens-/ Bereichsführung und dem Six Sigma-Management anhand folgender Kriterien:

- Potenzial (für die Zielerreichung) – quantitativ (in Euro)

- Strategische Bedeutung des Projektergebnisses – qualitativ (z.B. passen zu den Unternehmenszielen; Einfluss auf die Qualität für externe Kunden)

- Machbarkeit (in vertretbarem Zeitraum)

- Verfügbarkeit von Ressourcen (sowohl Six Sigma BB/MBB als auch Teammitglieder aus den eingebundenen Fachbereichen)

- Verfügbarkeit von Daten (funktionierendes Messsystem)

- Notwendige IT-Investition/Einbindung (je geringer desto besser)

Die Auswahl der Projekte und der Projektstart sollten rechtzeitig nach Festlegung der Bereichs- und Abteilungsziele erfolgen, so dass die avisierten Potenziale im gleichen Berichtszeitraum realisiert werden können und direkt zur Zielerreichung beitragen.

Beispiel: Projektauswahl

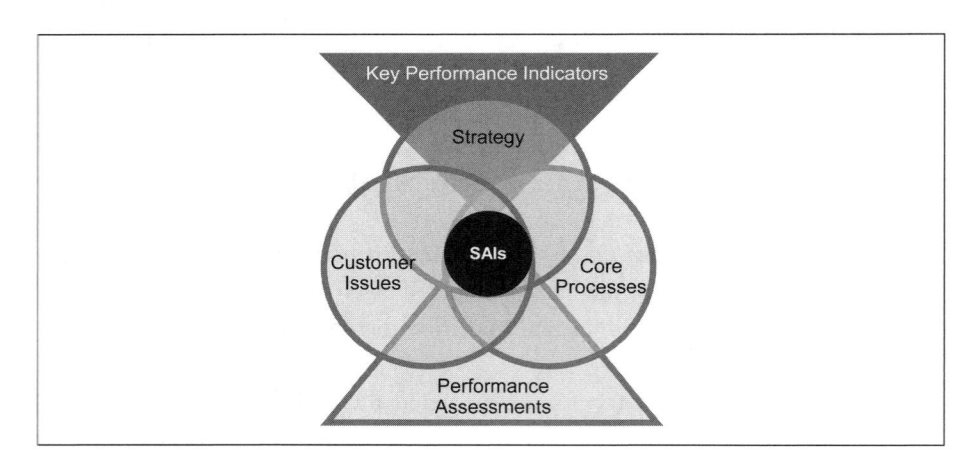

Abbildung 68: Projektauswahl bei IBM

Die IBM hat je nach Ausgangssituation verschiedene Ansätze, um die richtigen Lean Six Sigma-Projekte auszuwählen. Ein Ansatz ist die Definition sogenannter **Strategic Areas for Improvement** (SAIs). Ziel ist die Identifikation der besten Projekte aus verschiedenen Blickwinkeln. Dies kann durch eine Analyse mit Hilfe von Daten, Beobachtungen oder Interviews erfolgen.

Projektideen mit dem größten positiven Einfluss auf die Unternehmensstrategie, Kundenzufriedenheit und die Leistung der Kernprozesse, sind hier erste Wahl. Die endgültige Auswahl erfolgt in einem Projektauswahl-Workshop.

Workshop-Teilnehmer sind:

- Senior Management (Champions)
- Lean Sigma-Programm Management
- Process Owner, Experten (optional)
- Black Belts (optional)
- Master Black Belt(s) (zur Moderation)

Der Projektrahmen (Inhalte, Potenziale, Ressourcen, Termine...) wird schriftlich vereinbart und ist Bestandteil der Zielvereinbarung. Der Prozess der Projektauswahl wird vom Six Sigma Programm Management geleitet. Ist im Unternehmen kein strukturierter Prozess zur Zieldefinition vorhanden, werden die Projektvorschläge aus den verschiedenen Bereichen und Ebenen des Unternehmens vom Six Sigma-Programm Management konsolidiert und anhand festgelegter Kriterien mit den Projekt Champions bewertet und ausgewählt.

Beispiel: Zweiseitiger Projekt-Auftrag (Charter):

Project	LS06001 Reduktion des Aufwandes mit der Risikoanalyse im Projekt		
Problem Statement	Aktueller Prozess ist zu aufwändig. Mehrwert wird von Projektmanagern angezweifelt. Datenqualität in ProPHET ist nicht zufriedenstellend. Die Größe eines Projektes (Volumen) hat keinen Einfluss auf die Risikoanalyse. Die Reportingintervalle werden als zu kurz empfunden.	Type of Project	☐ Hard Saving Project ☒ Analysis Project ☐ Soft Saving Project ☐ Other
		Business Case	Assumption: Durchschnittlich 6,4% der Arbeitszeit (Projektmanager) wird für Risikomanagement (nur interne Administration) im Projekt verwendet. Summe BCS Projektmanager = x Arbeitstag = 10 Stunden 1 FTE = 200MT/Jahr = x €
Project Goals Objective	• Erstellen einer Entscheidungsvorlage zu Reduzierung der Aufwände um 40% für die Risikoanalyse (ProPHET) im Projektmanagement, ohne Erhöhung der Projektrisiken. • Identifizierung von Quick-Wins während des gesamten Projektes mit konkretem Implementierungsvorschlag.	Potential k€	Will be calculated by: 10h * 6,4% = 38 min/Tag * 5 = 3,2h/Woche x PM * 38min/Tag*20Tage= z MT Potential = 506/200*40% = x FTE=xk€
		Secondary effects	Secondary effects: - Mitarbeiterzufriedenheit,...
Proj. Cham. Sponsor	n.n <signature>		
Projektleiter (BB/GB)	n.n <signature>	Process Owner	n.n <signature>
MBB Coach	Frank Bornhöft <signature>	Finance	n.n <signature>

Abbildung 69: Projektauftrag Seite 1, (Quelle: IBM)

Primary process / including project scope (in/ out)	Core Process : Risikomanagement im Projekt Process Start (activity) : Start des Projektes Process End (activity) : Ende des Projektes Output : Risikomanagement Report je Projekt In Scope : BCS Deutschland, alle externen Projekte (mit Kunden) Out of Scope : Non-BCS, Töchter, interne Projekte (ohne ProPHET),		
Primary/ secondary measures	Primary metric: Aufwand im Prozess (nur PM), Mitarbeiterzufriedenheit Secondary metric: Risiko im Projekt, Durchlaufzeit		
Timeline	Jan 25th - Mar 31st 2006	Initiative	BCS Projekt ProPHET Analyse
Tollgates/ Checkpoints	DEFINE: 06.02. MEASURE: 20.02. ANALYSE: 06.03 IMPROVE: 23.03 CONTROL: <n.a>		
Project team	Permanent team members (up to 20% workload): • N.n. • N.n.	Temporary team members: • Risk Management • X Projektleiter • EPs	

Abbildung 70: Projektauftrag Seite 2, (Quelle: IBM)

Das Senior Management (Geschäftsführung, Bereichsleitung...) sollte aktiv in den Auswahlprozess für die Projekte eingebunden werden, um den Nutzen von Six Sigma bei der Realisierung übergeordneter Ziele zu erkennen und eigene Projektideen einzubringen.

In jedem Fall werden die einzelnen Projekte klar abgegrenzt und mit den Six Sigma-Methoden realisierbar sein. Mehrere Black Belt-Projekte können einem größeren Unternehmens-/Bereichsziel („Big Y") untergeordnet sein und werden dann idealerweise von einem gemeinsamen Master Black Belt koordiniert.

Erfolgreich abgeschlossene Projekte mit einem klaren Bezug zu den Unternehmenszielen fördern die Reputation der Black Belts und der Six Sigma-Organisation.

> **Tipp:**
> Eine implementierte „Balanced Scorecard", Ergebnisse aus Kundenumfragen, aber auch der Kundendienst (Reklamation) kann ebenfalls wichtige Projektideen liefern.

Gelegentlich wird durch das Management versucht, Black Belts als Projektleiter für Themen zu rekrutieren, die sich nicht für Six Sigma eignen (wenn die Lösung bereits feststeht und nur noch umgesetzt werden muss). Prüfen Sie diese Anfragen kritisch und erklären Sie dem Management, warum Sie diese Anfragen ablehnen.

Der Aufbau einer gut gefüllten Projektpipeline ist sehr wichtig. Es gibt Werkzeuge, die dies sehr gut unterstützen können. Mehr dazu im Kapitel 10.5.4 „Programm-/Projekt-Management-Datenbank". Prüfen Sie die Verzahnung der Projektpipeline mit einem innerbetrieblichen Vorschlagswesen oder mit KVP-Verbesserungsideen.

7.6.4 Auswahl der besten Six Sigma (Black Belt) -Kandidaten

Während der Implementierung von Six Sigma in einem Unternehmen lässt sich häufig Folgendes beobachten:

- Die Suche und Auswahl möglicher Kandidaten erfolgt erst nach Definition der ersten Six Sigma-Projekte.

- Mögliche Kandidaten und deren Manager sind nur unzureichend über Six Sigma informiert.

- Die besten Kandidaten werden von Ihren Managern nicht „freigegeben" oder wollen Ihre langjährig erarbeitete Position für das „Abenteuer" Six Sigma nicht aufgeben.

- Zur Verfügung stehende Kandidaten haben nicht die richtige Qualifikation oder Einstellung (d.h. interessieren sich nur für Six Sigma mangels anderer Alternativen).

Da die <u>Qualität der Black Belt-Kandidaten erfolgskritisch</u> für die Einführung von Six Sigma ist, sollten Sie Folgendes beachten:

- Frühzeitig (etwa 6 Monate) vor Start eines Six Sigma-Programms sollte die Organisation über die Einführung informiert werden.

- Mit Unterstützung der Personalabteilung sollte nach passenden Kandidaten gesucht werden.

- Manager, die Kandidaten bereitstellen, sollten entweder personellen Ersatz oder dies in Ihren persönlichen Zielen (Bonus) berücksichtigt bekommen.

- Die Auswahl der Kandidaten sollte zusammen mit einem erfahrenen Partner (Master Black Belt) nach einem definierten Anforderungskatalog (Job Profil) erfolgen.

Machen Sie keine Abstriche bei den Mindestanforderungen wie zum Beispiel Teamfähigkeit, Selbstständigkeit, Ziel- und Ergebnisorientierung, Mobilität und Reisefreudigkeit, hierarchieübergreifendes Agieren.

Anforderungen an Black Belt- Kandidaten:

- Abgeschlossenes naturwissenschaftliches Studium
- Berufserfahrung beim Unternehmen bevorzugt
- Teamgeist und gute Kommunikationsfähigkeiten
- Führungspersönlichkeit
- Eigenständiges Arbeiten mit hohem Einsatz/Engagement
- Begeisterung für neue Entwicklungen und Innovationen

- Flexibel bzgl. Einsatzort, Arbeitszeit und Reisen
- Erfahren im Umgang mit IT-Werkzeugen
- Gute Englischkenntnisse

7.6.5 Richtige Organisation der Six Sigma-Ressourcen

Die Frage nach der bestmöglichen organisatorischen Eingliederung der Six Sigma-Experten stellt sich den meisten Unternehmen bereits vor dem Start eines Piloten bzw. Programmes, sofern nicht nur einzelne Projektleiter in dem Six Sigma-Werkzeugkasten trainiert werden sollen. Die Frage „zentral oder dezentral" nimmt hierbei fast immer den größten Raum ein.

General Electric und die meisten anderen erfolgreichen Six Sigma-Unternehmen verfolgen konsequent den zentralen Ansatz der Six Sigma-Experten (Quality Leader, Master Black Belt und Black Belts) in einer eigenen organisatorischen Einheit mit 100% „Freistellung" für alle Schwarzgürtel über einen Zeitraum von 2-3 Jahren. Green Belts hingegen verbleiben nahezu ausschließlich dezentral in den bisherigen Geschäftseinheiten bzw. Abteilungen.

Vorteile des zentralen Ansatzes ist es, dass die BBs als Methodenexperten bereichsübergreifend in den wichtigsten Projekten des Unternehmens eingesetzt werden können, auch in bisher fremden Fachbereichen neue Erfahrungen sammeln, deren Sprache verstehen lernen und Netzwerke aufbauen können und beweisen, dass sie selbst mit Hilfe dieser Methoden auch in bisher unbekannten Prozessen – gemeinsam mit dem Team – nachhaltige und messbare Verbesserungen erreichen können.

Im dezentralen Ansatz verbleibt der Black Belt in der bisherigen Abteilung und der Vorgesetzte wird mehr oder weniger offen versuchen, den BB überwiegend bis ausschließlich die eigenen Prozesse optimieren zu lassen. Die Detailkenntnis der eigenen Prozesse erschweren es dem BB jedoch, in „neuen" Lösungen zu denken und im Team der Fachexperten als neutraler Moderator zu agieren. Der Rollenkonflikt ist programmiert. Insbesondere wenn sich der BB gerade in der Ausbildung befindet und die Six Sigma-Werkzeuge noch nicht sicher beherrscht, ist ein Rückfall in die „klassische" Projektleiterrolle bzw. Expertenrolle sehr verbreitet. Auch übt der Champion häufig direkten oder indirekten Druck auf den Untergebenen aus, schnell selbst die Lösungen zu entwickeln, was die Akzeptanz des Teams für die Lösungen verringert.

Weitere Risiken des dezentralen Ansatzes sind, dass viele Black Belts sich nicht zu 100% um das Verbesserungsprojekt kümmern können, sondern ständig in die früheren Arbeitsinhalte sowie in fire fighting-Aufgaben des eigenen Fachbereiches eingebunden werden. Die Six Sigma-Projekte dauern entsprechend länger, die Ergebnisse werden schlechter und die Lernkurve des BBs bleibt flacher, was sich letztendlich negativ auf alle Beteiligten sowie das Gesamtprogramm auswirkt.

Natürlich kann man auch im dezentralen Ansatz – insbesondere in späteren Phasen einer Six Sigma-Implementierung – erfolgreich sein, wenn man die in diesem Kapitel genannten Kriterien konsequent berücksichtigt, aber den meisten Unternehmen fehlt schlichtweg die notwendige Disziplin, Six Sigma im dezentralen Ansatz erfolgreich einzuführen (obwohl das niemand für sein eigenes Unternehmen offen zugibt).

Wenn man konsequent, wie gefordert, die besten Leute für die Black Belt Rolle auswählt, die richtigen Projekte startet und wirklich ernsthaft Verbesserungen implementieren möchte, warum sollte man die Black Belts dann nur einen Teil der zur Verfügung stehenden Zeit in den Verbesserungsprojekten arbeiten lassen, obwohl sie durch diese Tätigkeit den maximalen Wertbeitrag für das Unternehmen leisten können? In diesem Falle wird niemand mehr ernsthaft darüber diskutieren wollen, ob der BB besser 50% oder 80% seiner Zeit in diesem Projekt arbeiten soll und warum eine Black Belt-Ausbildung 2 Jahre d.h. 4-6 Projekte lang dauert.

Die Ursachen für diese Diskussionen liegen also nicht in der Methodik begründet, sondern eher in der fehlenden Disziplin des diskutierenden Unternehmens bzw. des Managements.

Die Empfehlungen aus der Praxis lauten daher:

- 100% „Freistellung" der Six Sigma-Schwarzgürtelträger (Black Belts, Master Black Belts) für 24-36 Monate vom bisherigen Tagesgeschäft und volle Konzentration auf die Belt-Rolle.

- Die Six Sigma-Organisation berichtet als Stabsfunktion direkt an das Senior Management (Vorstand/Geschäftsführung).

- Die Personalverantwortung aller Black Belts liegt bei einem zentralem Six Sigma-Programm Management (Six Sigma Leader oder Process Excellence Leader).

- Die Six Sigma-Spezialisten erhalten eine eigene Kostenstelle (d.h. MBB/BB „Headcount" in Six Sigma Kostenstelle) mit eigener Gewinn- und Verlustrechnung.

- Der Einsatz der Ressourcen in Projekten erfolgt nach Bedarf der Linienorganisation (Potenzial, Machbarkeit, Bezug zu Bereichs-/Unternehmenszielen) durch Priorisierung der Projektvorschläge anhand transparenter Kriterien und nicht nach Herkunfts-Kostenstelle des jeweiligen Black Belts..

Tipp:
Eine mögliche Six Sigma-Unternehmensvision wäre „Six Sigma arbeitet als internes Profit Center, das sich aus den erwirtschafteten Ergebnissen selbst trägt. Faktor Kosten zu Benefits mittelfristig > 1:3."

7.6.6 Integration von Six Sigma in die Personalentwicklung

„Es ist eine vernünftige Annahme, dass der nächste CEO dieser Firma ... vielleicht ein Six Sigma Black Belt oder Master Black Belt irgendwo innerhalb GE ist oder kurz davor steht, dieses angeboten zu bekommen – da all unsere ... Top-20%-Performer 2-3 Jahre als Black Belt tätig sind. Die Natur einer Black Belt-Ausbildung ... macht Six Sigma zum perfekten Training für die GE Führungskräfte im 21. Jahrhundert.

„It is a reasonable guess that the next CEO of this Company, decades down the road, is probably a Six Sigma Black Belt or Master Black Belt somewhere in GE right now, or on the verge of being offered – as all our early-career (3-5 years) top 20% performers will be – a two-to-three year Black Belt assignment. The generic nature of a Black Belt assignment, in addition to its rigorous process discipline and relentless customer focus, makes Six Sigma the prefect training for growing 21st century GE leadership."

J.F. Welch, 2000 General Electric Jahresbericht

Im Vergleich zur Aussage von Jack Welch sieht die Realität bei vielen Unternehmen anders aus: Trotz weitgehender Beachtung der kritischen Erfolgsfaktoren und erfolgreicher Six Sigma-Projekte in den ersten Jahren passiert in vielen Unternehmen nach ca. 2-3 Jahren Folgendes:

Für viel Geld ausgebildete (Master) Black Belts verlassen das Unternehmen oder arbeiten mit sinkender Motivation an Projekten.

- Es wird immer schwieriger, neue, geeignete Black Belt-Kandidaten im Unternehmen zu finden.

- Die Bereitschaft, Projekte zu definieren oder sich an Projekten zu beteiligen, sinkt in der Linienorganisation stetig.

- Es wird offen über einen „Neustart" (oder über das Einstellen) von Six Sigma nachgedacht.

Wie kann diese negative Entwicklung verhindert werden?

Den Black Belt-Kandidaten wird bereits bei der „Einstellung" ein Karrierepfad aufgezeigt, der nach 2-3 Jahren folgende Alternativen bietet:

Zurück in die Linie: Zertifizierte Black Belts (BBs) wechseln nach frühestens 2 Jahren zurück in die Linienorganisation. Die Position in der Linie hängt von der Qualifikation und den Prjekterfolgen des BB ab. Grundsätzlich haben BBs bei gleicher Qualifikation Vorrang vor anderen Kandidaten.

Innerhalb des Six Sigma-Fachbereichs: Entwicklung zum Master Black Belt (weitere 2-3 Jahre in der Six Sigma-Organisation tätig). Diese Möglichkeit steht aber nur den besten Black Belts zur Verfügung und richtet sich nach dem aktuellen Bedarf des Unternehmens.

Zur internen Beratung: Anstatt regelmäßig externe Unternehmensberatungen zu engagieren, können InHouse- „Unternehmensberater" mit Six Sigma-Expertise flexibel im Unternehmen eingesetzt werden. Unternehmen wie General Electric nennen diese Truppen u. a. „Corporate Audit Staff", Xchanging hat dafür das „Process Xcellence Team". Bei Beratungsunternehmen können Six Sigma-Experten sowohl intern als auch für Kunden flexibel in Beratungsgeschäft eingesetzt werden.

In Zeiten von Reorganisationen und Restrukturierungen suchen Mitarbeiter nach einer sicheren Heimat. Menschen sind nur bereit, den sicheren Hafen für das „Abenteuer" Six Sigma zu verlassen, wenn dies für Sie eine kalkulierbare Weiterentwicklung darstellt. Originalton: „In deutschen Unternehmen besteht in schlechten Zeiten die Tendenz, zuerst diejenigen zu entlassen, die ohne festen Hafen (sprich Kundenprojekt, Kundenverantwortung, Mitarbeiterführung, Auftragserfüllung etc.) sind."

Diese Angst ist jedoch unbegründet, wenn „die Besten der Besten" zum Black Belt ausgebildet werden und durch messbaren Projekterfolg einen von der Finanzabteilung bestätigten Wertbeitrag von 500.000 € und mehr pro Jahr für das Unternehmen zu erwirtschaften.

Bei GE und anderen Six Sigma-Unternehmen wird daher die Black Belt-Ausbildung in die bestehenden Karrierepfade für Fachexperten (zum Beispiel bei Xchanging seit 2006) bzw. Projektleiter (zum Beispiel bei T-Mobile seit 2007) integriert.

Zu guter Letzt darf man nicht vergessen, dass der externe Marktwert dieser Mitarbeiter durch eine erfolgreich abgeschlossene (Master) Black Belt-Ausbildung stark ansteigt. Daher sollten sich Unternehmen für die Auswahl, die Ausbildung und die geeignete „Anschlussverwendung" der Schwarzgürtel entsprechend Zeit nehmen, bevor andere Unternehmen diesen Experten eine attraktivere Heimat anbieten.

Ihre Mitbewerber sowie Unternehmensberatungen freuen sich, wenn sie qualifizierte oder sogar zertifizierte Black Belts von Ihrem Unternehmen übernehmen können, nur weil diesen nach der Six Sigma-„Dienstzeit" keine ansprechende Perspektive geboten wurde!

> **Tipp:**
> Überarbeiten Sie die Stellenbeschreibungen in Ihrem Unternehmen. Machen Sie die Six Sigma-Expertise zur Voraussetzung für die Besetzung neuer Schlüssel-/Management-Positionen.

Bauen Sie dazu frühzeitig den Kontakt zur Personalabteilung (Personalleitung und Personalentwicklung) auf.

Nutzen Sie die Green Belt-Rolle gezielt, um Leistungsträger schrittweise aus ihrer aktuellen Funktion in die Black Belt-Rolle zu entwickeln. Besetzen Sie Black Belt-Funktionen wenn möglich nur intern und mit den besten Kandidaten. Ideal dafür sind Kandidaten aus der „zweiten Reihe", die das entsprechende Potenzial haben und begierig sind dazuzulernen, aber bisher im Unternehmen noch nicht die Sichtbarkeit und das Netzwerk der Kollegen aus der ersten Reihe haben.

Das wachsende Ansehen und die Akzeptanz von Six Sigma im Unternehmen ermöglicht den BBs/MBBs einen attraktiven Karriereweg zurück in die Linie.

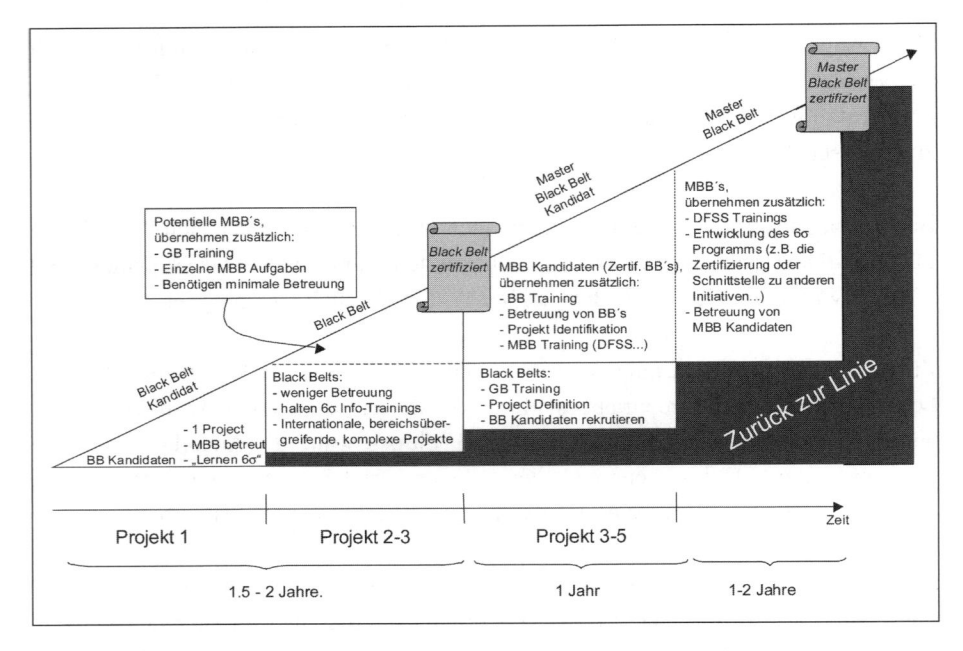

Abbildung 71: Beispiel einer Six Sigma-Karriereplanung

Fazit: Durch den regelmäßigen Austausch von Six Sigma- und Linienfunktionen wird der Anteil von Six Sigma-Wissen im Unternehmen kontinuierlich ausgebaut. Die Art, mit Six Sigma Probleme nachhaltig und messbar zu lösen und die Prozesse konsequent auf den externen Kunden auszurichten, verbreitet sich stetig. Darüber hinaus wird auch verhindert, dass die Six Sigma-Organisation den Kontakt zu den internen Kunden verliert.

Durch die Integration von Six Sigma in die Personalentwicklung sowie Karriere- und Nachfolgeplanung reduziert sich die Gefahr, leistungsfähige Black Belts und Master Black Belts an andere Unternehmen zu verlieren.

Six Sigma-Marketing

„Tue Gutes und rede darüber!" ist ein altbekanntes Zitat. Das gilt nicht nur für die eigene Leistung, sondern auch für jede Form von Veränderungsinitiativen. Da durch Six Sigma Prozesse und Arbeitsweisen verändert werden, sollte möglichst früh mit der internen Kommunikation begonnen werden. Dies kann z.B. die frühzeitige Einbindung des Betriebsrats bedeuten. Eine Stakeholderanalyse und ein Kommunikationsplan sind hierfür nützliche Werkzeuge und helfen, den Überblick über die Kommunikationsmaßnahmen zu behalten und die Effizenz der Kommunikation zu erhöhen.

Vor dem Start bzw. zu Beginn eines Six Sigma-Programms geht es eher darum, zu kommunizieren, was Six Sigma ist sowie ‚warum' und ‚wie' man Six Sigma im Unternehmen einführen möchte. Zu den ersten Maßnahmen gehören persönliche Gespräche mit dem Top Management und den Champions, sowohl einzeln als auch im Rahmen der Kickoff-Workshops. Da man zu diesem frühen Zeitpunkt noch keine eigenen Projekterfolge kommunizieren kann, werden die Beispiele von Erfolgsprojekten in der Regel aus anderen Unternehmen stammen. Diese sind nach und nach durch eigene Projektbeispiele auszutauschen.

Die interne Kommunikation über den Status der Six Sigma-Initiative sowie über Erfolge einzelner Six Sigma-Projekte an alle Management-Ebenen sowie die betroffenen als auch alle übrigen Mitarbeiter

- fördert ein besseres Angebot an Kandidaten sowie an möglichen Projekten

- erzeugt eine bessere Akzeptanz von Six Sigma als wichtiges Element der Unternehmenskultur und

- sorgt im weiteren Verlauf für eine höhere Nachfrage nach ausgebildeten BBs in der Linie

Aus diesem Grund sollte der Six Sigma-Programmverantwortliche einen entsprechenden Teil seiner Zeit für das Thema Marketing bzw. „interne Kommunikation" einsetzen.

Folgende Medien/Methoden haben sich dabei als nützlich erwiesen:

- Vorträge/Präsentationen mit praktischen Beispielen (z.B. bei der Einführung von neuen Mitarbeitern, auf Hausmessen oder Mitarbeiterveranstaltungen). Regelmäßige E-Mails mit Projektvorstellungen (besonders am Anfang einer Six Sigma Einführung monatlich in Form eines „Einseiters". Holen Sie sich regelmäßig Feedback von den Mitarbeitern zu Ihren E-Mails und verbessern Sie diese stetig).

- Intranetseite/Aushänge mit aktuellen Ergebnissen. Versetzen Sie sich in die Situation eines Mitarbeiters. Was ist für diesen interessant? Reduzieren Sie die Information auf das Notwendigste.

- Six Sigma-Faltblatt (Flyer) und Poster (ggf. mehrsprachig)

- Trainingsmaßnahmen für Mitarbeiter außerhalb der Six Sigma- Organisation (Information-/Awareness-, Green Belt Trainings und insb. Champion Trainings). Dies hilft dabei, Akzeptanz für die Mitarbeit in Projekten zu erzeugen und die Pipeline mit Six Sigma-Projekten und Kandidaten zu füllen.

- Teilnahme an Veranstaltungen für neue Mitarbeiter

- Beiträge für Hauszeitschriften

- Six Sigma hat eine eigene Intranetseite im Unternehmen

> **Tipp**:
> Zur Unterstützung können außerdem sogenannte „Memory Jogger" oder „Referenzkarten" sowie ein Glossar zur Six Sigma-Terminologie eingesetzt werden. Diese Hilfsmittel dienen als Nachschlagewerke. Besonders im Management (Champions) sind diese Werkzeuge sehr beliebt.

7.7 Tipps und Tricks für die Implementierung

7.7.1 Erprobtes Vorgehensmodell

Möchte man nur einzelne Projektleiter in den Six Sigma-Werkzeugen schulen, dann ist nach der Auswahl der betroffenen Mitarbeitet ein Training der nächste logische Schritt. Möchte man allerdings Six Sigma als Programm im Unternehmen verankern (gleichgültig ob mit oder ohne Pilotphase), dann gilt es, die dazu notwendige Infrastruktur zu definieren und in Kraft zu setzen. Sowohl positive (Erfolge) als auch negative Lernerfahrungen aus früheren Veränderungsinitiativen im eigenen Unternehmen sollten dabei auf jeden Fall berücksichtigt werden.

Ein häufig praktizierter und sehr erfolgreicher Ansatz, Six Sigma im Unternehmen zu implementieren, sieht wie folgt aus:

- Entscheidung über die Art der Implementierung (Pilotbereiche, Rollout, Big Bang ...)
- Entscheidung und Auswahl über externe Unterstützung/des Beraters
- Aufsetzen des Six Sigma-Programm Office bzw. der Six Sigma-Abteilung zur Steuerung des Gesamtprogramms und zur Definition und Entwicklung der Six Sigma-Standards (insb. Projekt- und Programm- und Benefit-Reporting),
- Six Sigma-Einführungsworkshop für das Senior Management
- Champion-Training für ausgewählte Manager und Sponsoren
- Sammlung potenzieller Problemstellungen bzw. Projektideen, zur Verbesserung bestehender Prozesse (DMAIC-Methodik)
- Auswahl der besten 6 bis 15 Projekte anhand definierter Kriterien – aus etwa doppelt so vielen Projektideen. Die Anzahl ist abhängig von der Anzahl der Black Belt (BB)-Kandidaten.
- Nominierung einer ersten Welle aus 6 bis 15 BB-Kandidaten
- Training der Black Belt-Kandidaten parallel zur Projektdurchführung („just in time").
- Einsatz erfahrener Betreuer (Master/Black Belts), die vor Ort zur Verfügung stehen. Diese sind gleichzeitig Trainer und Coach für die Black Belt (und Green Belt)-Kandidaten.

In internationalen oder bundesweiten Organisationen kann zum Coaching auf Telefonkonferenzen sowie IT-Werkzeuge wie NetMeeting (Microsoft) oder Sametime (Lotus) zurückgegriffen werden. Trotzdem sollte eine direkte Betreuung vor Ort durch den Coach zumindest alle 14 Tage erfolgen.

Optional: Definition von zusätzlichen Green Belts (GB) je Projekt, um die Six Sigma-Durchdringung im Unternehmen zu beschleunigen. In diesem Fall projektbegleitende Schulung der GB-Kandidaten.

Beispiel: Six Sigma-Implementierung mit Mehrgenerationen-Plan für ein internationales Unternehmen > 1000 Mitarbeiter :

Zeitraum	Jahr 1	Jahr 2	Jahr 3	Jahr 4
Inhalt	Start Welle 1	Start Welle 2	Start Welle 3	Start Welle 4
	National, in definierten Bereichen (Service, Produktion....)	International, ggf. in weiteren Bereichen (Sales, Admin...)	International 3 BBs entwickeln sich zum MBB (2-3 Jahre)	International Welle 1 BBs wechseln zur Linie oder werden MBB
	Ausschließlich DMAIC Projekte	Ausschließlich DMAIC Projekte	DMAIC + DFSS Projekte mit Einbindung externer Kunden	DMAIC + DFSS Projekte mit Einbindung von ext. Lieferanten
	5 bis 12 Black Belts	10 bis 24 Black Belts	15 bis 36 Black Belts	Konstant ca. 15 bis 36 Black Belts
	2 bis 4 Master Black Belts	3 bis 5 Master Black Belts	3 bis 6 Master Black Belt	3 bis 6 MBBs
	Optional: 2 bis 4 Green Belts je Projekt	Optional: 2 bis 4 Green Belts je Projekt	Green Belts leiten eigene Projekte (von BB betreut).	> 40 Green Belts mit eigenen Projekten

7.7.2 Projektidentifikation und -auswahl

In der Regel gibt es heutzutage in Unternehmen stets zu wenig Ressourcen (Personal, Zeit, Geld) für die Lösung aller bekannten Probleme. Daher ist es sinnvoll, die wenigen Black Belts, die zur Verfügung stehen, auf die wirklich wichtigen Themen zu fokussieren, die einen Beitrag zum Erreichen der Unternehmensziele liefern.

Bereits die Trainingsprojekte sollten entsprechend ausgewählt werden, so dass sie einen messbaren Beitrag zur nachhaltigen Problemlösung leisten, aber gleichzeitig innerhalb von 3-6 Monaten abgearbeitet werden können. Ziel ist es, dass bereits das Trainingsprojekt die Investitionen in die BB-Ausbildung kompensiert (d.h. ROI > 1 bereits 12 Monate nach Projektabschluss).

Die folgende Checkliste hilft Ihnen bei der Identifizierung von Six Sigma-Projekten.

Checkliste zur Prozess-Evaluierung:

Kriterium	Beschreibung	+	0	-
Relevanz	Der Prozess ist wichtig für das Unternehmen, aber die aktuelle Prozess-Performance ist nicht (mehr) ausreichend (insb. Verletzung der Service Level)			
Wiederholbarkeit	Der Prozess wird häufig wiederholt/durchgeführt.			
Problemursachen	Für die Prozessprobleme sind die Ursachen nicht ausreichend bekannt. (Achtung: Lösungsideen für die Probleme sind keine Ursachen!)			
Komplexität	Die wesentlichen Problemursachen können innerhalb von 3-6 Monaten gefunden und beseitigt bzw. zumindest reduziert werden			
Automatisierungspotenzial	Es bestehen manuelle Tätigkeiten, die automatisiert werden können			
Informationsbeschaffung	Es existieren mehrere unterschiedliche Informationsquellen, die sich ggfs. sogar widersprechen			

Je mehr Kriterien mit einem „+" oder zumindest „0" bewertet werden, desto besser eignet sich das Thema für ein Six Sigma-Projekt mit der Option zur anschließenden Automatisierung (z.B. durch ein Workflow-Management-System).

Folgende Kriterien helfen bei der Identifizierung von Six Sigma-Projekten in transaktionalen Prozessen:

- Große Streuung im Service (Produkt-) Output
- Große Streuung bei den Arbeitsaufwänden im Prozess
- Prozesse mit vielen Schnittstellen und Beteiligten
- Prozesse mit hohem manuellen Aufwand
- Prozesse, die weniger leisten als erwartet
- Prozesse mit Mehrarbeit, die nicht vom Kunden gefordert ist
- Prozesse mit Durchlaufzeiten, die über den Erwartungen liegen
- Prozesse mit Express-Lieferungen und damit verbundenen Kosten (verspätete Bereitstellung durch Produktion)
- Jeder Prozess, der zusätzliches Personal braucht, um die geforderten Termine einzuhalten
- Prozesse mit hohen Kosten für schlechte Qualität (CoPQ = Cost of poor Quality).

Weiterhin sollten Sie bei der Projektauswahl Folgendes beachten:

- Klare Grenzen (Scope) mit definierten Zielen (SMART)
- Sind an den Unternehmenszielen „ausgerichtet"
- Werden durch den Kunden „gefühlt"
- Können mit anderen Projekten kombiniert werden
- Sind durch das Team realisierbar
- Hängen direkt mit dem eigenen Job zusammen (sollen also im eigenen Bereich durchgeführt werden!) – nur für Green Belts

Verwenden Sie zur Identifikation von CoPQ folgende Checkliste.

Beispiel: Kosten durch schlechte Qualität

Input-bezogene COPQ	Prozessabläufe wg. schlechter Qualität der Eingangsgrößen
	Verzögerungen w. verspäteter Lieferung von Eingangsgrößen
	Raum (m²)
Prozess-bezogene COPQ	Abfallprodukte
	Reparaturprozess(e)
	Ad-hoc Fehleranalyse
	Wartezeit
	Bewegungsabläufe
	Transport
	Produktion von nicht benötigten Gütern
	Kosten für Software
	Kosten für Rechnerzeit (CPU)
	Reporting von Fehlern an Kunden / Management
	Raum (m²)
	Begleitende nicht benötigte Prozesse in anderen Abteilungen
COPQ zur Vermeidung von Fehlern	4-Augen-Prinzip
	Eskalationsprozesse für Fehlerkorrekturen
	Mistake-proofing für IT-Interface (für manuelle Eingaben)
	Trainingskosten
	Wartungskosten (IT, ARIS)
	BB/GB - Projekte
Kosten der Fehleruntersuchung	Intensive Fehleranalyse
	Reporting für Audits
	Reporting für Management Information System (MIS)
Post-Prozess-bezogene COPQ	Garantien
	Bearbeitung von Kundenbeschwerden
	Kosten fehlerhafter Produkte (Zeit, Material, Organisation)
	Reproduktionskosten fehlerhafter Produkte (inkl aller COPQ)
	Rabatte
	Versicherungskosten
	Strafen / Bußgelder
	Preiseinbußen aufgrund schlechter Qualität
	Verlust von Kunden
Hohe Kostenblöcke der etb	Externe Unterstützung / Consultants
	Aushilfen
	Aufwand für Systemberatung
	Verluste aus Falschbuchung
	Nachrichtendienste
	Fernsprechgebühren
	Überstundenzahlungen
	Kosten für Fremdvergabe von Services
	Provisionen für Wertpapiere (Transportkosten, etc)
	Versicherungsprämien

Abbildung 72: CoPQ-Checkliste, (Quelle: Xchanging)

> **Tipp:**
> Während Black Belts überall im Unternehmen Projekte durchführen können und sollen, erzielen Green Belts aufgrund der geringen für das Projekt zur Verfügung stehenden Zeit (20%-50%) die besseren Ergebnisse, wenn Sie in Ihrem eigenen Fachbereich Six Sigma-Projekte leiten, die direkt mit ihrem Tagesgeschäft zusammenhängen. Zum einen bedeutet dies keinen Konflikt zwischen Projekt und Tagesgeschäft (es geht ja um das Gleiche), zum anderen hat der Green Belt in beiden Fällen denselben Chef.

Der Bereichsleiter und der Projekt Champion sollten bei Green Belt-Projekten die gleiche Person sein. Bei einem Ressourcenkonflikt kann in diesem Fall eine Person (der Bereichsleiter) die Priorisierung vornehmen und schnell eine Entscheidung treffen.

Priorisierung und Projektauswahl

Nachdem Sie eine geeignete Anzahl von Projektideen gesammelt haben, stellt sich die Frage der richtigen Auswahl. Ihre Projektideen haben voraussichtlich unterschiedliche Laufzeiten (Aufwände) sowie einen unterschiedlichen Kundennutzen. Ideal, also erste Wahl, sind die Projekte, die einen hohen Kundennutzen bei geringer Laufzeit (Aufwand) bieten. Im Gegensatz dazu sind Projektideen mit langer Laufzeit (>6 Monate) auf ihren voraussichtlichen Nutzen hin kritisch zu überprüfen (dritte Wahl).

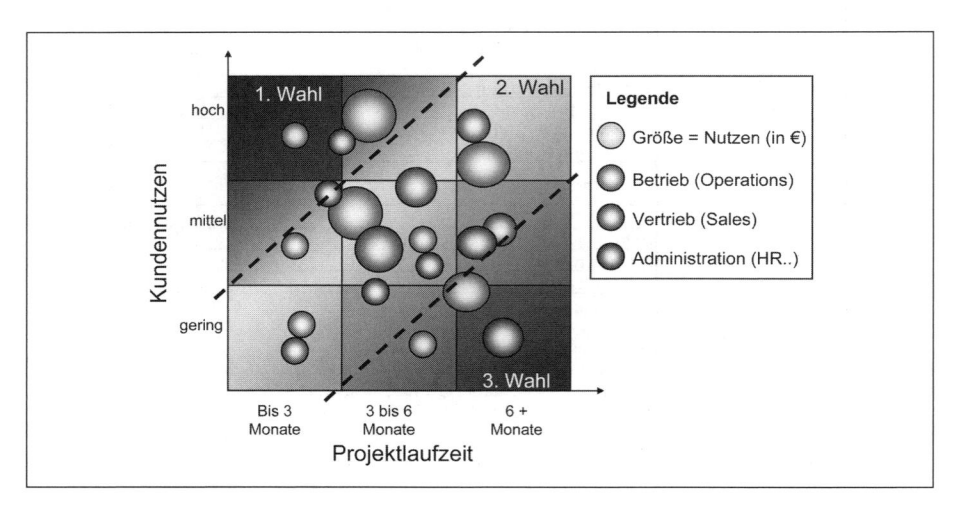

Abbildung 73: Beispiel einer Projektauswahl- („Pay-off") Matrix

Eine Auswahlmatrix wird wie folgt eingesetzt:

- Projekte identifizieren.
- Projekte entsprechend Laufzeit und erwartetem Kundennutzen in der Matrix zuordnen.
- Projekte auswählen und starten.
- Projektverlauf überwachen. Veränderungen bzgl. Laufzeit, Kundennutzen und Nutzen in € regelmäßig aktualisieren und Matrix als Werkzeug in der Six Sigma-Programmsteuerung (z.B. im Business Quality Council) verwenden.
- Projektportfolio regelmäßig überprüfen, gezielt „erste Wahl"-Projekte hinzufügen und „dritte Wahl"-Projekte vom Six Sigma-Programm fernhalten.

7.7.3 Projekt-Benefits und Härtegrade

Eine der wesentlichen Aufgaben von Six Sigma-Projekten ist die Generierung von „geldwerten Vorteilen" (sogenannten Benefits) für das Unternehmen. Dabei wird vielfach zwischen Hard Benefits und Soft Benefits unterschieden. Hard Benefits aus Six Sigma-Projekten sollten von der Finanzabteilung bzw. dem Controlling als neutralem Dritten schriftlich bestätigt („benefit approval") werden.

Folgende Arten von Projekt-Benefits werden in Six Sigma-Unternehmen anerkannt:

- Kosteneinsparung/„cost savings"
- Produktivitätssteigerung/„productivity increase"
- Erhöhter Umsatz/„incremental revenue"
- Cash flow-Effekte

Dagegen gerechnet werden die

- Implementierungskosten/„cost of implementation"

Der Nettobeitrag eines Six Sigma-Programms errechnet sich wie folgt: Vom Bruttoerfolg aus den Six Sigma-Projekten werden die Implementierungskosten und anschließend die Kosten für die Six Sigma-Organisation (+ Steuern) abgezogen.

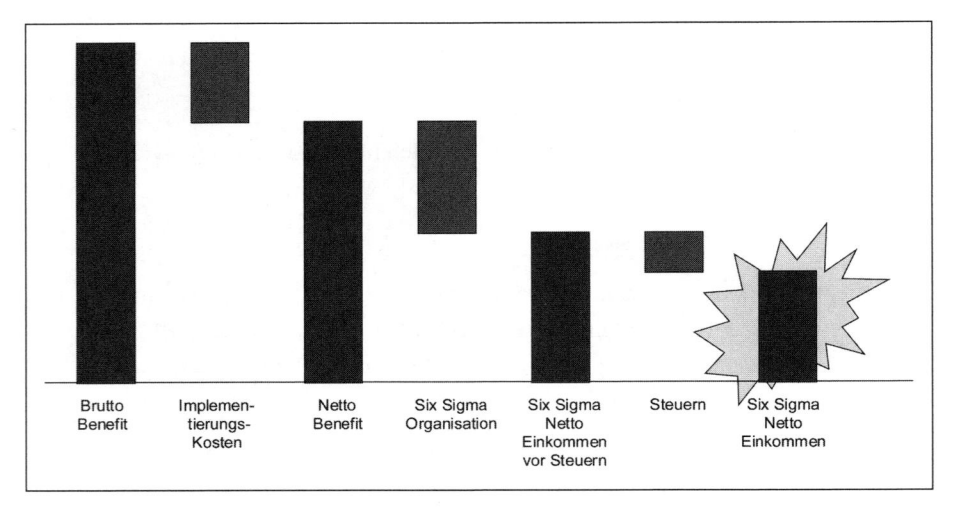

Abbildung 74: Six Sigma-Beitrag zum Unternehmenserfolg

Ein „Best Practice" in Bezug auf die Kalkulation von Projekt-Benefits ist zweifellos der Einsatz von sogenannten Härtegraden.

Härtegrad 1: Ein Lösungsvorschlag wurde generiert, beschrieben und grob bewertet.

Härtegrad 2: Der Lösungsvoschlag wurde kaufmännisch bewertet, technisch plausibilisiert und ein Implementierungsplan wurde erstellt.

Härtegrad 3: Die Umsetzung des Lösungsvorschlages wurde beschlossen und vom Linienverantwortlichen per Unterschrift bestätigt.

Härtegrad 4: Die Idee/Lösung wurde implementiert.

Härtegrad 5: Der Effekt der umgesetzten Lösung ist budgetwirksam eingetreten.

Über Härtegrade kann das Potenzial von Projekten sowie der Grad der Umsetzung in transparenter Weise dargestellt werden.

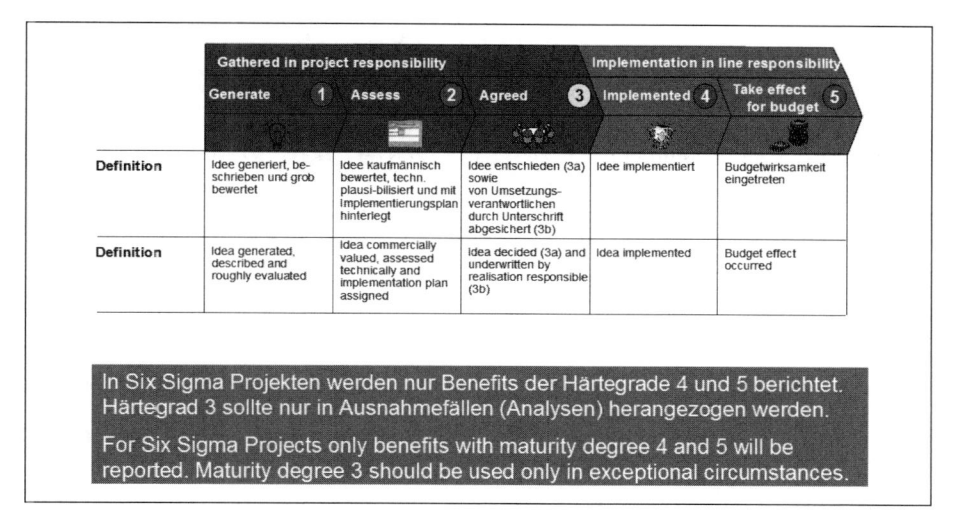

	Gathered in project responsibility			Implementation in line responsibility	
	Generate ①	Assess ②	Agreed ③	Implemented ④	Take effect for budget ⑤
Definition	Idee generiert, beschrieben und grob bewertet	Idee kaufmännisch bewertet, techn. plausi-bilisiert und mit Implementierungsplan hinterlegt	Idee entschieden (3a) sowie von Umsetzungsverantwortlichen durch Unterschrift abgesichert (3b)	Idee implementiert	Budgetwirksamkeit eingetreten
Definition	Idea generated, described and roughly evaluated	Idea commercially valued, assessed technically and implementation plan assigned	Idea decided (3a) and underwritten by realisation responsible (3b)	Idea implemented	Budget effect occurred

In Six Sigma Projekten werden nur Benefits der Härtegrade 4 und 5 berichtet. Härtegrad 3 sollte nur in Ausnahmefällen (Analysen) herangezogen werden.

For Six Sigma Projects only benefits with maturity degree 4 and 5 will be reported. Maturity degree 3 should be used only in exceptional circumstances.

Abbildung 75: Einsatz von Härtegraden für die Benefit-Kalkulation

Beispiel: Ein internationales Six Sigma-Projekt soll laut Definition nur in einem „Pilot"-Land ausgerollt werden. Das Potenzial dieses einen Landes wird in Härtegrad 5 (z.B. 200T€, ergebniswirksam) der Rest in Härtegrad 3 (2,5 Mio. €, beschlossene Lösung) ausgewiesen. Das tatsächliche Potenzial des Projektes ist somit wesentlich besser erkennbar.

Härtegrade eignen sich auch vortrefflich für das Programm- bzw. Projekt-Management von Six Sigma-Initiativen, denn sie zeigen die Entwicklung des Benefits parallel zum Projektverlauf. Darüber kann ein möglicher „Benefit-Schwund" im Laufe von Projekten nachgewiesen werden, insbesondere wenn zu Projektbeginn die Annahmen für den Business Case nicht genau berechnet werden konnten, weil zum Beispiel die Datenlage dies nicht hergab. Das wiederum sollte Auswirkungen auf die künftige Auswahl von Projekten haben.

Während der Six Sigma-Projektleiter (Black Belt oder Green Belt) für die Erreichung der Härtegrade 1 bis 4 verantwortlich ist, hat der Linienverantwortliche (meist der Projekt Champion bzw. der Process Owner) die Verantwortung, den Härtegrad 5 zu realisieren. Der Abbau von Beständen oder Personal oder die Stornierung von Anschaffungen kann nur von den zuständigen Managern veranlasst werden (Härtegrad 5). Der Black Belt oder Green Belt liefert dazu die notwendige Entscheidungsvorlage und überwacht die Umsetzung der Maßnahmen (Härtegrad 3 oder 4), zusammen mit dem zuständigen Prozessverantwortlichen.

> **Tipp**:
> Das Ziel sollte immer die Generierung von Benefits in den Härtegraden 4 und 5 sein. Nur in Ausnahmefällen sollte auch Härtegrad 3 verwendet werden. Auf die Härtegrade 1 und 2 kann in der Regel ganz verzichtet werden.

Allgemeine Regeln für die Anerkennung von Projektergebnissen durch das Controlling:

- Es wurde ein Six Sigma-Projektvertrag abgeschlossen.
- Das Projekt wurde durch einen Champion und/oder Process Owner unterstützt.
- Das Projekt wurde durch einen Master Black Belt, Black Belt oder Green Belt geleitet.
- Es wurde die Six Sigma-Methodik angewandt
- Es liegt eine Projektdokumentation vor, in der die Benefits an messbare Kriterien (CTQ) geknüpft sind.
- Das Projekt wurde durch Champion/Process Owner, MBB sowie Controlling abgenommen.

7.7.4 Projektlaufzeit

Die Projektlaufzeit für Six Sigma-Projekte nach der DMAIC-Methode (Prozessverbesserungen) sollte zwischen 3 und 6 Monaten liegen (je nach Komplexität und Abhängigkeit von der zu entwickelnden Lösung – z.B. IT). Bei General Electric und vielen anderen Unternehmen haben sich 3 bis 4 Monate (ohne Training) als guter Richtwert herauskristallisiert.

Für DFSS-Projekte (Prozessdesign-Methode) ist im Allgemeinen ein längerer Zeitraum einzuplanen. In der Praxis sind 6 bis 12 Monate ein guter Richtwert. Aber auch hier gilt die Abhängigkeit von der Größe des Projektes (Scope) und der Komplexität der Lösung.

Ein Trainingsprojekt dauert durch die damit verbundenen Ausbildungswochen etwa einen Monat länger. Das ist bei der Projektplanung entsprechend zu berücksichtigen.

Basierend auf Untersuchungen in mehreren Unternehmen wurde die nachfolgende Liste mit den Hauptgründen für Projektverzögerungen entwickelt, welche durch einen Erfahrungsaustausch mit Master Black Belts und Black Belts bestätigt wurde:

- Veränderung der Kunden/Management-Prioritäten
    a) Projektleiter (BB/GB) wird für andere Themen abgezogen
    b) Andere Projekte oder Initiativen werden höher priorisiert

- Unzureichende Unterstützung durch Teammitglieder und Champions (Das Kernteam sollte mindestens 20% – d.h. einen Tag pro Woche – seiner Zeit im Projekt arbeiten)

- Vergrößerungen des Projekt-Scopes während des Projektes

- Unzureichende Daten (Qualität und Quantität) für den ausgewählten Prozess

- Widerstand gegen Veränderung, insbes. bei der Umsetzung der Lösungen

Je länger es dauert, Ergebnisse zu erzielen und je „lästiger" die Projektarbeit parallel zum Tagesgeschäft wird, desto früher versuchen Teammitglieder aus dem Projekt auszusteigen. Deshalb sind kürzere Projektlaufzeiten zu bevorzugen sowie die Teambildungs-Fähigkeiten (soft skills) der Black Belts zu fördern.

> **Tipp**:
> Wartezeiten im Projekt werden bei Xchanging dadurch aufgefangen, dass jeder Black Belt zur gleichen Zeit mindestens zwei (bis maximal drei) Projekte leitet. Kommt es bei einem Projekt zum Leerlauf, da z.B. auf Daten oder Fertigstellung einer IT-Lösung gewartet wird, so kann gleichzeitig ein zweites Projekt schneller vorangebracht werden.

Eine saubere Projektdefinition in der DEFINE-Phase ist eine notwendige Voraussetzung für ein erfolgreiches Projekt, das im gesetzten Rahmen bleibt.

7.8 Six Sigma-Programmentwicklung

7.8.1 Innenfokus

Zu Beginn einer Six Sigma-Einführung liegt häufig eine Vielzahl von mehr oder weniger offensichtlichen Problemen vor, die durch Prozessverbesserungen gelöst werden können. Es ist nicht schwer, diese „niedrig hängenden Früchte" am Baum durch Six Sigma-Projekte zu pflücken. Ein Ergebnis dieses Vorgehens ist in der folgenden Abbildung dargestellt (dunkle Kästchen mit Aufschrift BB = Projekte).

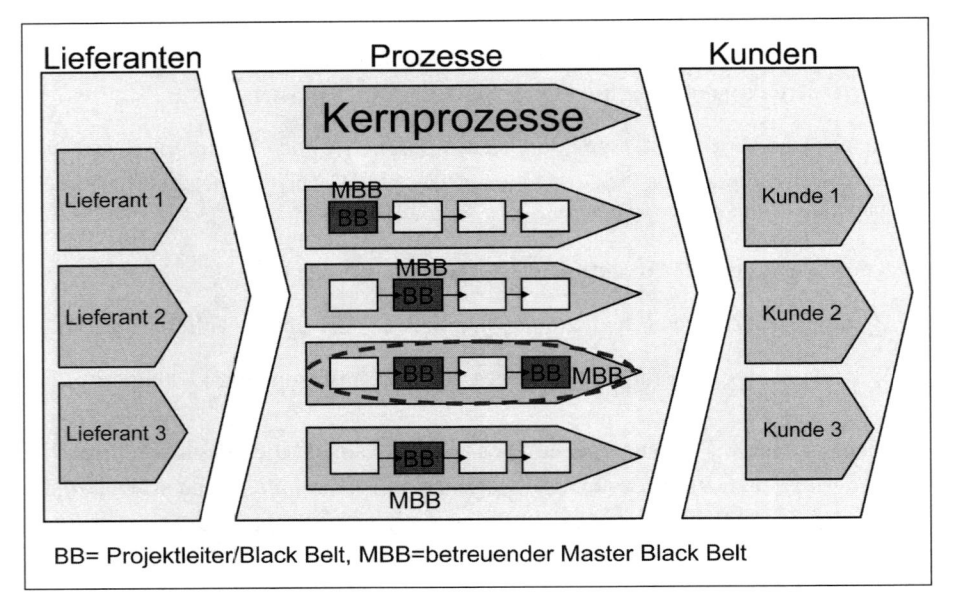

Abbildung 76: Ausgewählte Projekte decken nur Teile der Wertschöpfungskette ab

Projekte werden in unterschiedlichen Kernprozessen im Unternehmen durchgeführt. Im besten Fall werden mehrere Projekte aus dem gleichen Kernprozess durch einen gemeinsamen Master Black Belt betreut. Der Fokus liegt auf internen Prozessen. Häufig ist zu diesem frühen Zeitpunkt ein Kontakt zu externen Lieferanten und Kunden nicht erwünscht: Sie hören Aussagen wie: „Wir müssen zuerst unsere eigenen Hausaufgaben machen, bevor wir mit Six Sigma nach draußen gehen".

In dieser Phase sammeln Black Belts Projekterfahrung, Master Black Belts lernen das Unternehmen und dessen Kernprozesse kennen und die Projekt Champions (mittleres/höheres Management) bauen Vertrauen in das Six Sigma-Programm auf.

7.8.2 Fokussierung auf Kernprozesse

Während die ersten Projekte erfolgreich abgeschlossen werden, sollte man sich um den systematischen Aufbau einer Projektpipeline kümmern. Ein gutes Mittel, um neue Projekte zu identifizieren, ist die Konzentration auf vollständige Kernprozesse (Leistungserstellungprozesse quer durch das Unternehmen; über Organisationsgrenzen hinweg). Dabei werden mehrere aufeinander abgestimmte Six Sigma-Projekte gestartet, die durch den gleichen Master Black Belt betreut werden. Vereinzelt werden zusätzlich erste Prozesslandkarten mit Lieferanten und Kunden erarbeitet. Dies hilft bei der Identifizierung weiterer Projekte und fördert das Verständnis (Transparenz) untereinander.

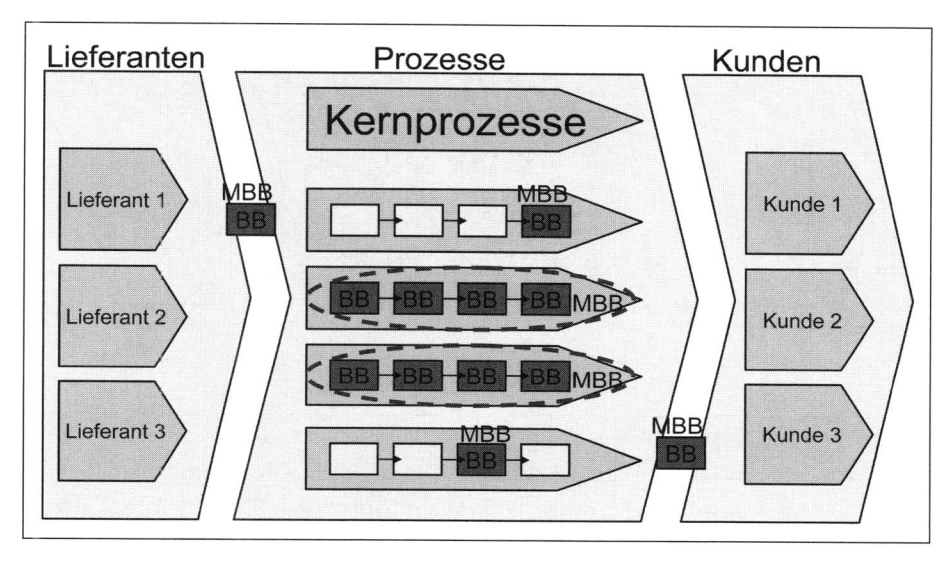

Abbildung 77: Bessere Effizienz und Effektivität durch Bündelung der Kräfte

Tipp:
Dieses Vorgehen sorgt für eine effizientere Betreuung der Black Belts (Green Belts) und häufig für bessere Projektergebnisse, da die Black Belts voneinander lernen und die Ergebnisse untereinander austauschen. Auch große komplexe Probleme können auf diese Weise schnell und effektiv angegangen werden.

7.8.3 Einbeziehung von Lieferanten und Kunden

Bei der internen Prozessoptimierung stellt sich bald heraus, dass die Qualität des Inputs durch die Lieferanten (häufig identisch mit dem Kunden) eine Hauptursache für die eigenen Kosten und Probleme ist. Deshalb werden Six Sigma-Projekte möglichst weit ‚vorne' in der Prozesskette aufgesetzt, so dass die Qualität am Anfang so hoch wie möglich ist. Dies reduziert spätere „Reparaturen" und Doppelarbeiten.

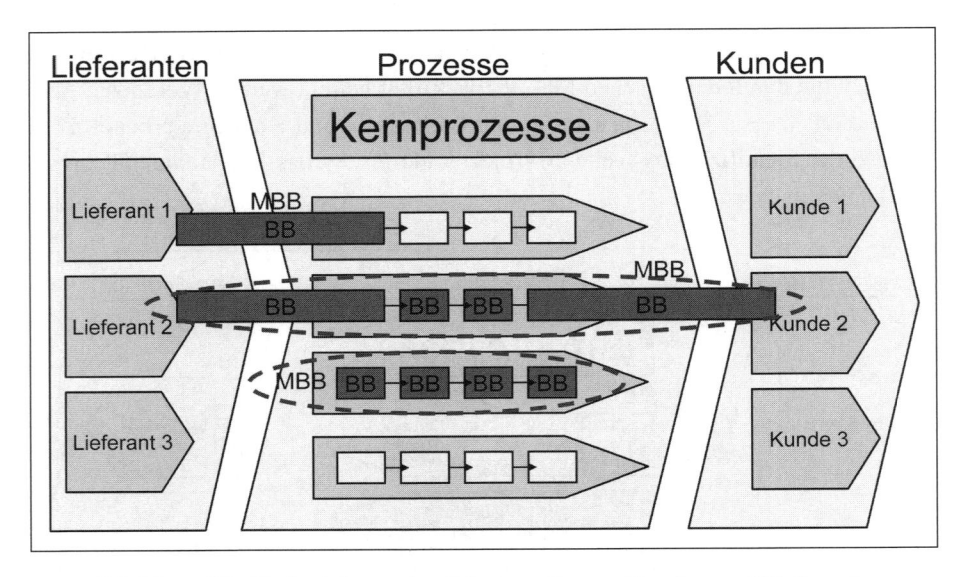

Abbildung 78: Einbeziehung der Schnittstellen zu Kunden und Lieferanten

Tipp:
Konzentrieren Sie sich auf die wichtigsten Kunden und Lieferanten. Nehmen Sie Kontakt mit Vertretern von deren Qualitätsinitiative bzw. Process Excellence-Programm auf. Bevorzugen Sie Lieferanten, die ebenfalls Six Sigma im Unternehmen anwenden. Sie sprechen dann eine gemeinsame Sprache und werden auf eine wesentlich höhere Akzeptanz für gemeinsame Aktivitäten (Projekte...) stoßen.

7.8.4 Beim Kunden für den Kunden

Eine ausschließlich interne Optimierung der Schnittstelle zu Kunden und Lieferanten bringt nur einen Teilerfolg (etwa 4 Sigma-Niveau). Um ein 6 Sigma-Niveau zu erreichen, müssen häufig Lieferanten und Kunden mit in die Prozessoptimierung eingebunden werden. Viele Lieferanten/Kunden benötigen dabei fachlich-methodische Unterstützung, um deren Prozesse so weit zu optimieren, dass diese mit den eigenen optimal zusammenpassen.

Dies wird durch gemeinsame Projekte bei Kunden und Lieferanten erreicht. Firmen wie General Electric stellen ihre Black Belts unentgeltlich ausgewählten Kunden zur

Verfügung, um dort bei der Optimierung der Prozesse zu helfen. Diese Initiative nennt sich „beim Kunden für den Kunden" (AC/FC - „At the Customer, For the Customer").

Dieses Vorgehen generiert eine hohe Kundenbindung, eine bessere Basis für eine langfristige Zusammenarbeit und geringere Kosten, und zwar auf beiden Seiten.

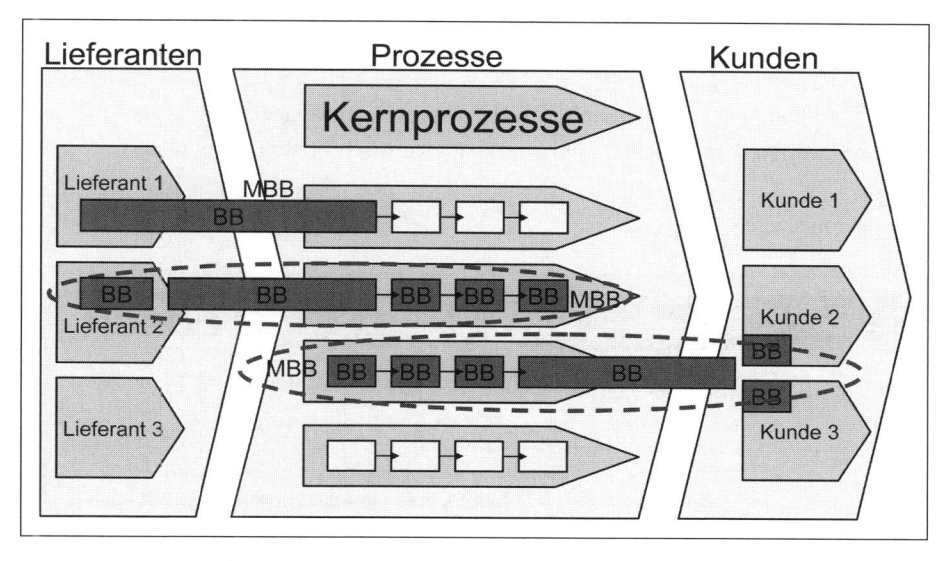

Abbildung 79: Gemeinsame Projekte bei Kunden und Lieferanten

Tipp: Lieferanten/Kunden sind zu Beginn bezüglich gemeinsamer Six Sigma-Projekte eher skeptisch. Niemand möchte sich gerne in die eigenen „Karten/Prozesse" schauen lassen. Hier gilt es, schrittweise durch gemeinsame Aktivitäten Vertrauen aufzubauen. Sobald dieses gelingt, entsteht ein entscheidender Wettbewerbsvorteil gegenüber anderen Unternehmen, da man seinen Kunden einen Mehrwert bietet, den diese sonst teuer einkaufen müssten und den andere Wettbewerber nicht anbieten können.

8 Beispiele erfolgreicher Six Sigma-Einführung

Wenn Sie vor der Einführung eines eigenen Six Sigma-Programms in Ihrem Unternehmen stehen, dann sind viele Fragen zu beantworten:

- Wie viel Einsparpotenzial (Benefit) sollte ein Six Sigma-Projekt bringen?
- Welche realistischen Ziele kann ich mit dem Six Sigma-Programm erreichen?
- Wie viel Zeit benötige ich voraussichtlich für die Einführung?

In dieser Situation ist es nützlich, auf die Erfahrungen anderer Six Sigma-Pioniere zurückzugreifen. Nachfolgend ein Auszug aus veröffentlichten Ergebnissen.

Einsparungsziele:

Six Sigma Forum, Fe, 21.10.03 — BOSCH

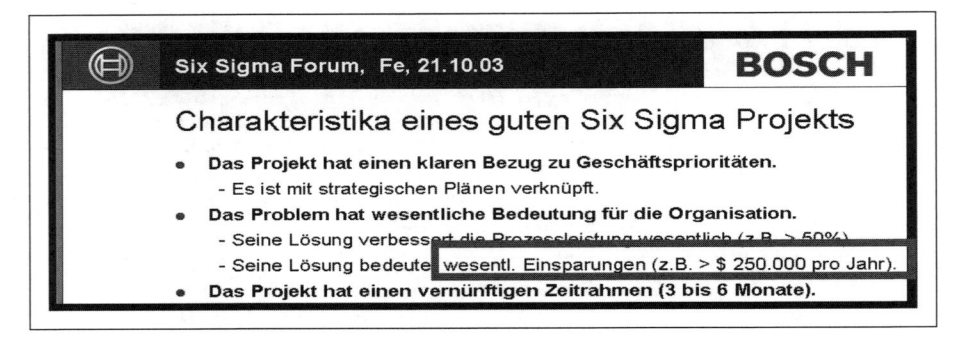

Charakteristika eines guten Six Sigma Projekts

- Das Projekt hat einen klaren Bezug zu Geschäftsprioritäten.
  - Es ist mit strategischen Plänen verknüpft.
- Das Problem hat wesentliche Bedeutung für die Organisation.
  - Seine Lösung verbessert die Prozessleistung wesentlich (z.B. > 50%).
  - Seine Lösung bedeutet wesentl. Einsparungen (z.B. > $ 250.000 pro Jahr).
- Das Projekt hat einen vernünftigen Zeitrahmen (3 bis 6 Monate).

Abbildung 80: Auszug aus Six Sigma-Forum

Ergebnisse:

General Electric

Die nachfolgende Grafik zeigt das Investment und die Ergebnisse des Six Sigma-Programmes im General Electric-Konzern. Im ersten Jahr der Einführung von Six Sigma konnte trotz des hohen Initial- und Entwicklungsaufwandes bereits ein Aufwand-Benefit-Verhältnis von 1:1 erzielt werden. Dieses 1:1-Verhältnis war auch der Zielwert des Konzerns an jedes einzelne GE-Business, welches mit der Six Sigma-Einführung startete.

Der Aufwand für Six Sigma verdoppelte sich im zweiten Jahr nicht zuletzt dadurch, dass mehr und mehr Geschäftseinheiten das Programm einführten und es an Durchdringung im Unternehmen gewann. Der Nutzen im zweiten Jahr war bereits doppelt so hoch wie der Aufwand im gleichen Jahr.

In den kommenden Jahren konnte das Aufwand-Nutzen-Verhältnis sogar auf 1:6 gesteigert werden. Alle diese Zahlen wurden von der Finanzabteilung des Konzerns geprüft und bestätigt und auch in den Geschäftsberichten veröffentlicht.

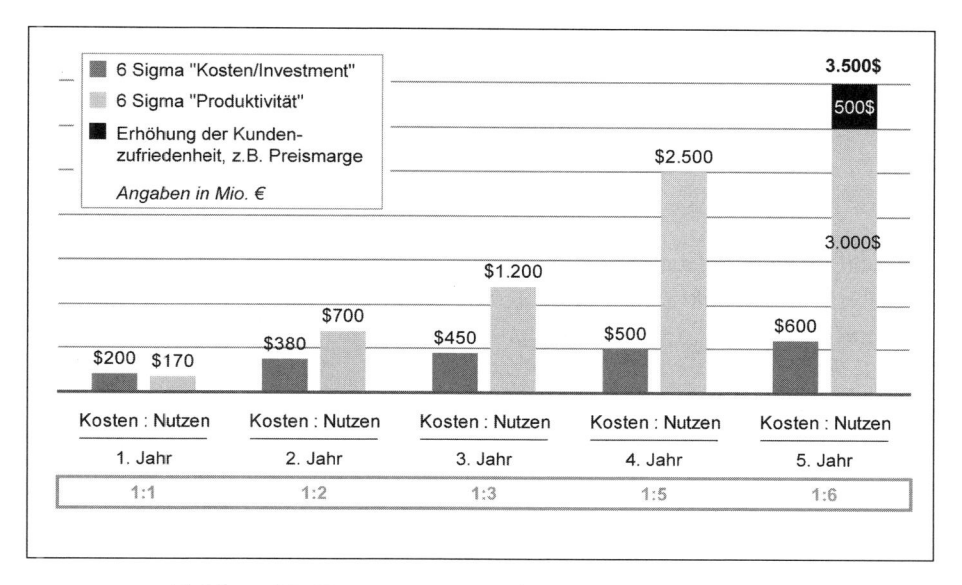

Abbildung 81: Kosten-Nutzen-Verhältnis, (Quelle: GE, 2000)

Motorola

Einsparungen durch Six Sigma in Höhe von 17 Milliarden $ zwischen 1986 und 2004 in den Bereichen: Sales and Marketing, Product Design, Manufacturing, Customer Service, Transactional Processes, Supply Chain Management

Ford

Six Sigma brachte etwa 52 Millionen $ Ergebnisverbesserung in 2000, und ca. 300 Millionen $ in 2001 hinzu. Einsparung durch Ausschussreduzierung in 2002 über mehr als 350 Millionen $.

(Quelle: www.isixsigma.com)

Implementierungsgeschwindigkeit:

> **The big picture**
>
> Citibank began its quality training initiative in 1997. From May 1997 to October 1997, more than 650 senior managers were trained. Between November 1997 and the end of 1998, another 7,500 employees attended sessions as part of senior-manager-led teams. By early 1999, 92,000 employees worldwide had been trained.

Abbildung 82: Beispiel Citibank, (Quelle: Internet)

3M

Die Initiative Six Sigma wurde bei 3M im Februar 2001 vom Top Management eingeführt. Ende 2003 waren bereits über 23.000 3M-Mitarbeiter in den Methoden und dem Prozess von Six Sigma geschult.

Der Stand bei 3M zum April 2004: Mehr als 9.000 Six Sigma-Projekte laufen weltweit und über 8.000 sind bereits abgeschlossen.

Anfang 2003 begann 3M, gemeinsam mit Kunden an Six Sigma-Projekten zu deren wichtigsten Geschäftsanforderungen zu arbeiten. Ein Jahr später, blickt 3M bereits auf über 160 teils aktive, teils abgeschlossene Kundenprojekte.

Six Sigma entwickelte sich schnell zu einem grundlegenden Bestandteil der Unternehmenskultur. Bis Ende 2004 wurden alle hierfür definierten Zielgruppen mit der Methodik und den Prozessen von Six Sigma-Prozessen vertraut gemacht.

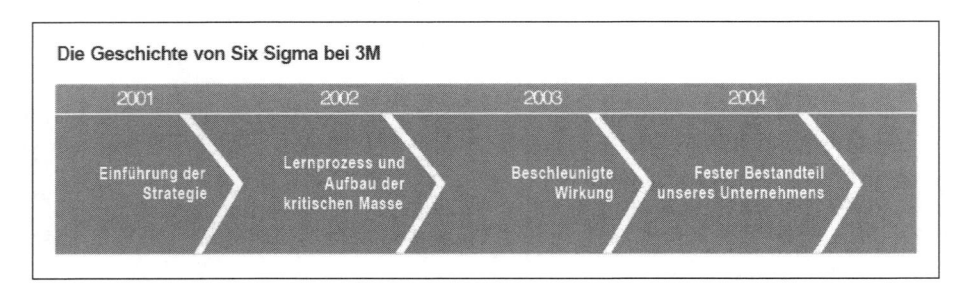

Die Geschichte von Six Sigma bei 3M

2001	2002	2003	2004
Einführung der Strategie	Lernprozess und Aufbau der kritischen Masse	Beschleunigte Wirkung	Fester Bestandteil unseres Unternehmens

Abbildung 83: Beispiel 3M in Deutschland, (Quelle: Internet)

SUN Microsystems

As many companies found in the 1980s, quality initiatives do not succeed if they are not well understood and adopted throughout the organization. To institutionalize **Sun Sigma**, Sun has created a **training program for all 37,000 Sun employees**, beginning with upper-level management. Scott McNealy and the executive staff have already completed Sun Sigma training, which includes two days of training on the Change Acceleration Process (CAP) aimed at shaping a vision of change and mobilizing commitment. Sun Sigma project team members will receive a total **of three weeks of training** between classroom time and on-the-job application of the training over three months.

In addition, Sun has **full-time Sun Sigma project leaders**, called **Black Belts** who lead individual projects and teams, and Master Black Belts, who coach and mentor teams and assist with employee training. **Sun Sigma team members are** referred to as **Green Belts**.

What is Sun Sigma?

Sun Sigma is Sun Microsystems' implementation of the Six Sigma business philosophy. It is a proven, rigorous, data-driven methodology that keeps Sun focused on meeting customer requirements. Sun Sigma is a company-wide effort, and Sun's standard method for doing business, both internally and externally.

Why is Sun doing Sun Sigma?

Sun Sigma creates an environment and foundation for creating, improving, controlling, and managing the important processes that define the customer experience in working with Sun. Sun Sigma is a rigorous means for identifying, examining, and measuring how well existing processes are meeting customer requirements, and for improving processes. Through attention to the customer experience, process becomes an engine for creating customer loyalty and sustaining Sun's growth and success.

How successful has Sun been in adopting Sun Sigma?

In its first two years of Sun Sigma practice, Sun trained over 60% of its employees in Sun Sigma, and more than 400 projects were launched. In FY02, Sun exceeded its corporate goal for Return on Sun Sigma (ROSS) savings by 160 percent.

How important is Sun Sigma to Sun's corporate culture?

Sun Sigma is a philosophy, a way of doing business that puts the needs of the customer at the forefront. The Sun Sigma philosophy must become systemic, be internalized so that viewing all aspects of design, development and deployment from the customer's perspective is reflexive.

(Quelle: www.sun.com)

8.1 Einführung bei einem Six Sigma-Pionier

Als der CEO einer bekannten amerikanischen Bank vor Jahren den damaligen CEO von General Electric (Jack Welch) nach dessen Erfolgsgeheimnis fragte, erhielt er die Antwort: „Wir sind so erfolgreich, weil wir Six Sigma im Unternehmen anwenden."

Wie viel Anteil auch immer Six Sigma wirklich am Erfolg von General Electric hat, es ist seit über 10 Jahren eine der Kerninitiativen und für General Electric viel mehr als eine Methodik zur Prozessverbesserung. Für GE ist Six Sigma eine niemals endende Reise, Kundenanforderungen wirtschaftlich zu erfüllen und Marktführer zu werden bzw. zu bleiben. Zusätzlich ist Six Sigma für GE aber auch ein statistisches Messinstrument, um die Leistungsfähigkeit der eigenen Prozesse optimal auf die Bedürfnisse der Kunden anzupassen.

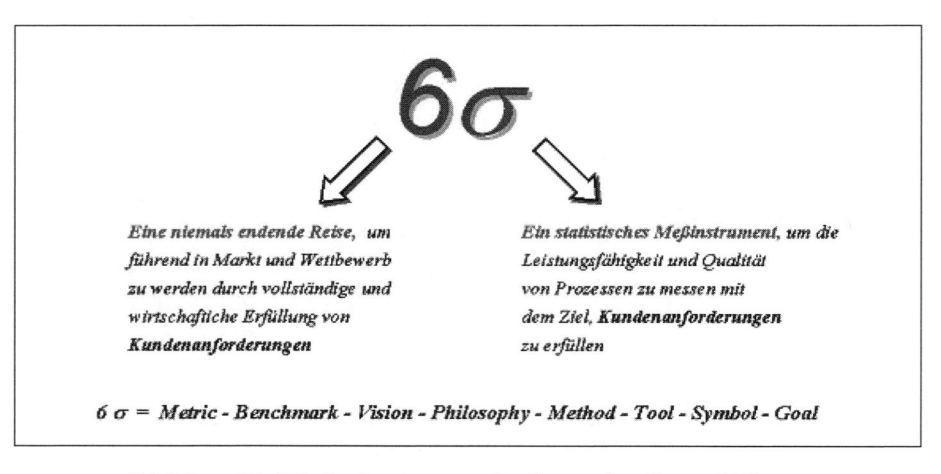

6σ

Eine niemals endende Reise, um führend in Markt und Wettbewerb zu werden durch vollständige und wirtschaftliche Erfüllung von Kundenanforderungen

*Ein statistisches Meßinstrument, um die Leistungsfähigkeit und Qualität von Prozessen zu messen mit dem Ziel, **Kundenanforderungen** zu erfüllen*

6 σ = Metric - Benchmark - Vision - Philosophy - Method - Tool - Symbol - Goal

Abbildung 84: Die Bedeutung von Six Sigma für General Electric

Mitte 1996 kaufte General Electric ein erfolgreiches IT Service Unternehmen in Deutschland und integrierte es in den Unternehmensbereich GE Capital. Das erworbene Unternehmen hatte bis dahin erste Erfahrungen mit Total Quality Management (TQM) gesammelt sowie zentrale Services ISO 9000 zertifizieren lassen. Six Sigma-Know-how war nicht vorhanden.

Zu Beginn herrschte eine eher kritische Stimmung. Es waren Stimmen zu hören wie „Wir haben TQM und ISO 9000 überlebt, Six Sigma werden wir auch überleben". GE musste sich etwas einfallen lassen, um die notwendige interne Unterstützung, insbesondere beim Management, sicherzustellen.

Im ersten Jahr wurde die Six Sigma-Organisation aufgebaut, das heißt Black Belts ausgebildet, Master Black Belts eingestellt sowie Erfahrung mit ersten Projekten gesammelt. Es ging darum, das Six Sigma-Bewusstsein ins Unternehmen zu tragen.

Im zweiten Jahr wurden die Kernprozesse kontinuierlich gemessen und Schwachstellen offengelegt. Parallel wurde den Prozessverantwortlichen das notwendige Prozess-Management-Wissen vermittelt. Die Black Belts vertieften gleichzeitig ihre Erfahrung in Six Sigma-DMAIC-Projekten.

Ab dem dritten Jahr ging es darum, Ergebnisse aus der konsequenten Implementierung von Six Sigma im Unternehmen nachzuweisen. Alle wichtigen Prozesse sollten kontinuierlich auf ein Weltklasse-Niveau gebracht werden.

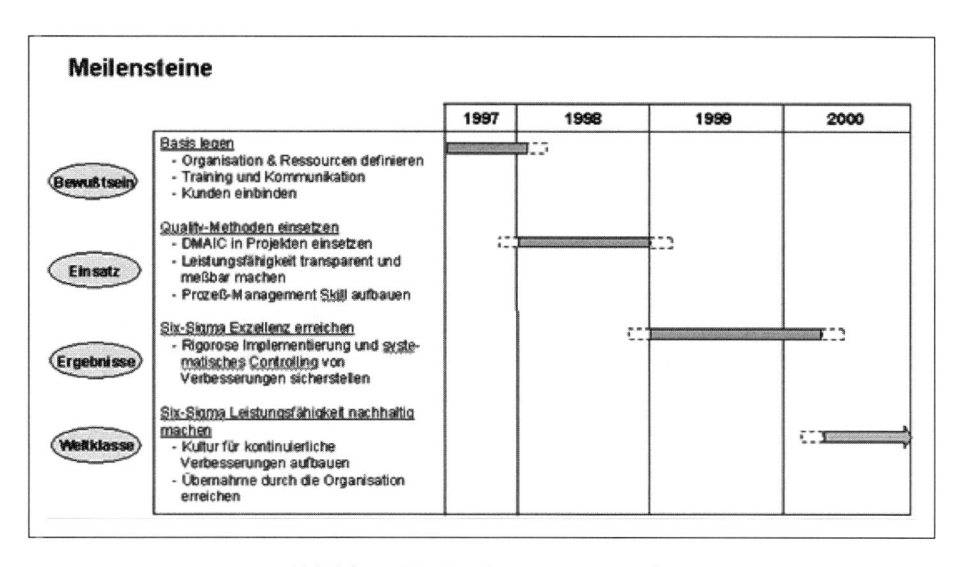

Abbildung 85: Implementierungsplan

Daneben dazu wurden die Ziele für das Management mit dem geplanten Six Sigma-Programm gekoppelt. Diese Ziele sollten sicherstellen, dass das Management das Six Sigma-Programm durch die richtigen Black Belt-Kandidaten und ein persönliches Commitment unterstützt. Aus diesem Grund wurde ein sogenanntes „Quality Scoring" für jede Geschäftsstelle (Standort) eingeführt. Dadurch wurden 30% des Geschäftsführerbonus direkt mit der Erreichung von Six Sigma-Zielen gekoppelt.

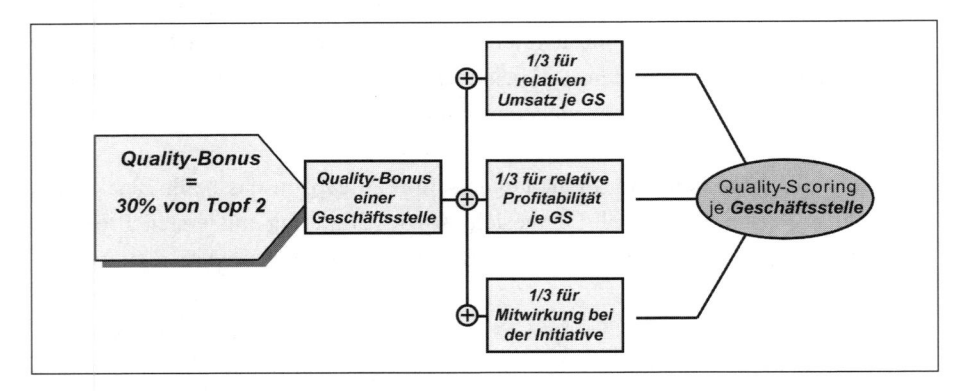

Abbildung 86: Belohnung des Managements in Abhängigkeit von Umsatz, Profitabilität und Unterstützung des Six Sigma-Programms.

Zusätzlich wurde ein zentrales Six Sigma-Team mit einem Programm Manager (Business Quality Leader) und extern rekrutierten Master Black Belts (MBB) aufgebaut. Diese MBBs waren für die Betreuung der Black Belts zuständig. Die Black Belts wurden dezentral in den einzelnen Geschäftsstellen organisiert.

Ein erstes Ziel war die Freistellung von 1,5% der Mitarbeiter als Black Belt-Kandidaten. Für eine Geschäftsstelle von 380 Mitarbeitern bedeutete dies z.B. ein Six Sigma-Team von 5 Black Belts. Bundesweit wurden in der ersten Welle rund 20 Black Belts ausgebildet. Obwohl GE die Vorgabe machte, die besten Mitarbeiter zu Black Belts zu entwickeln, erfolgte die Auswahl der Black Belt-Kandidaten sehr unterschiedlich. In einem Fall wurde der Six Sigma-Teamleiter für einen großen Standort von der Geschäftsführung bestimmt, die restlichen Teammitglieder konnten sich nach einer Informationsveranstaltung freiwillig melden. Das Ergebnis lässt sich sehr gut mit dem folgenden Satz beschreiben: „Auch Black Belts sind normal verteilt". Dadurch wurden Black Belt-Kandidaten nominiert, die für diese Aufgabe weniger gut geeignet waren, was man an den späteren Projektergebnissen unschwer feststellen konnte.

Die Ausbildung der Black Belts (BB) erfolgte durch externe Trainer in drei aufeinander aufbauenden Trainingswochen innerhalb von drei Monaten. Dazu wurde das zunächst nur in englischer Sprache verfügbare Trainingsmaterial von General Electric verwendet. In der ersten Woche wurden die Grundlagen für Define, Measure, Analyze vermittelt, in der zweiten Trainingswoche CAP (Change Acceleration Process = Soft Skills für Veränderungs-Management) und in der dritten Woche Improve und Control. MINITAB und statistische Analysen wie DoE (Design of Experiments) war Anfangs nur Bestandteil der Master Black Belt-Ausbildung (zwei zusätzliche Trainingswochen).

Da die BBs bundesweit verteilt waren, mussten die wenigen MBBs viel reisen. Dies erschwerte das Coaching und sorgte für eine lange Lernphase. Besonders schwer war es für die Black Belts, die alleine oder zu zweit an kleineren Standorten tätig waren.

Viele Werkzeuge wie z.B. Dokumentationsvorlagen und Standards mussten zuerst noch entwickelt werden. Da 1997 wenig Kenntnisse beim Einsatz von Six Sigma-Methoden für transaktionale Prozesse (Personal, Finanzen, Logistik, Service, Vertrieb) vorlagen, dauerten Projekte anstelle der angedachten drei Monate oft sechs oder mehr Monate.

Um sich zu Beginn auf die Black Belts konzentrieren zu können, wurden Green Belts erst ab dem zweiten Jahr ausgebildet.

Während die Management-Ziele für das erste Jahr hauptsächlich auf die ausreichende Bereitstellung von Ressourcen für das Six Sigma-Programm abzielten (sog. Infrastrukturziele), wurden die Ziele für die nachfolgenden Jahre mehr auf qualitative Punkte (Ergebnisziele) und Verbesserung der Kundenzufriedenheit festgelegt.

Ein weiteres wichtiges Thema war das Ausrollen von Projektergebnissen auf mehrere Standorte. Manager, die sich an solchen „Gruppenprojekten" oder Pilotprojekten beteiligten, wurden dafür besonders belohnt.

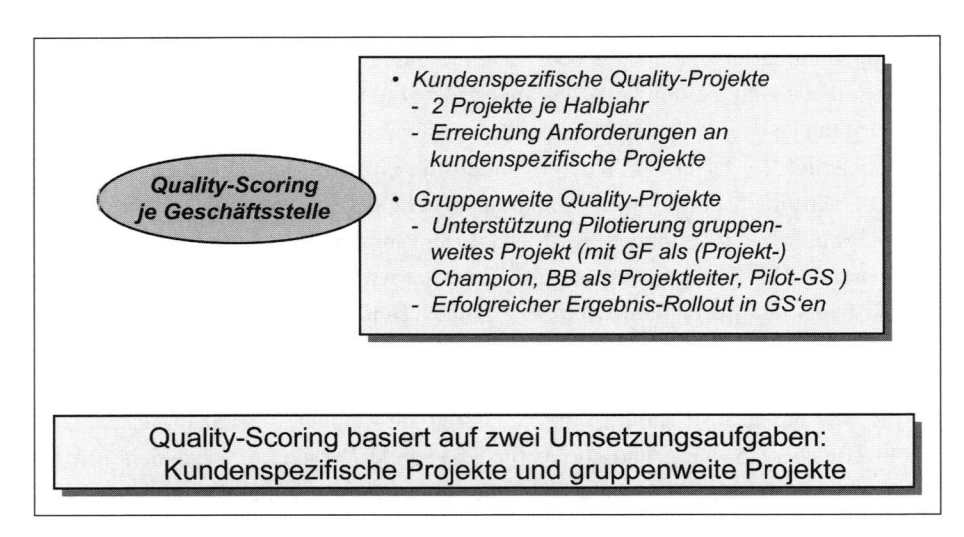

```
┌─────────────────────────────────────────────────────────────────┐
│                      ┌─────────────────────────────────────┐    │
│                      │ • Kundenspezifische Quality-Projekte│    │
│                      │   - 2 Projekte je Halbjahr          │    │
│                      │   - Erreichung Anforderungen an     │    │
│     ╭─────────╮      │     kundenspezifische Projekte      │    │
│     │Quality- │      │ • Gruppenweite Quality-Projekte     │    │
│     │Scoring  │      │   - Unterstützung Pilotierung grup- │    │
│     │je GS    │      │     penweites Projekt (mit GF als   │    │
│     ╰─────────╯      │     (Projekt-) Champion, BB als     │    │
│                      │     Projektleiter, Pilot-GS )       │    │
│                      │   - Erfolgreicher Ergebnis-Rollout  │    │
│                      │     in GS'en                        │    │
│                      └─────────────────────────────────────┘    │
│                                                                 │
│   ┌─────────────────────────────────────────────────────────┐   │
│   │ Quality-Scoring basiert auf zwei Umsetzungsaufgaben:    │   │
│   │ Kundenspezifische Projekte und gruppenweite Projekte    │   │
│   └─────────────────────────────────────────────────────────┘   │
└─────────────────────────────────────────────────────────────────┘
```

Abbildung 87: Quality-Scoring

Die Ziele 1999 wurden so erweitert, dass neben dem Engagement für bundesweite Projekte auch Projekte mit externen Kunden besonders honoriert wurde. Hintergrund war, dass sich Kunden von GE darüber beklagt hatten, dass Sie keine Verbesserung durch die Six Sigma-Programme spüren. Jetzt floss die Bewertung durch die externen Kunden in die Ziele mit ein (Kunden-Ranking).

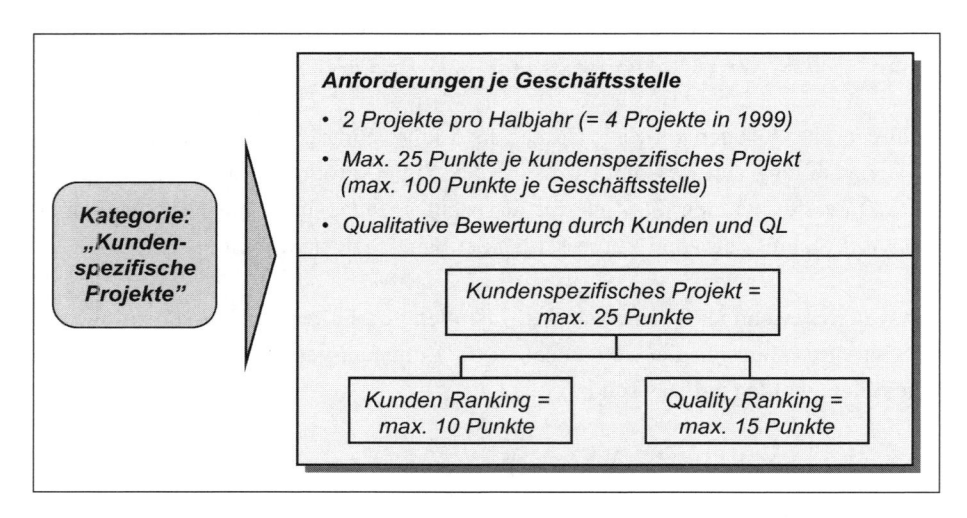

Abbildung 88: Zielvorgaben für die Six Sigma-Einführung an einem Standort (Geschäftsstelle)

Unter kundenspezifischen Projekten wurden Projekte mit direkter Einbindung externer Kunden verstanden. Bei der Einführung eines Six Sigma-Programms wird häufig der Fokus auf interne Prozesse gelegt, ohne dass externe Kunden eingebunden werden („Zunächst müssen wir unsere Hausaufgaben machen, bevor wir nach draußen gehen können").

Ziel von Six Sigma ist jedoch, dass die (externen) Kunden auch den Nutzen von Six Sigma spüren. Dazu ist deren zielgerichtete Einbindung notwendig. Idealerweise gibt der Kunde ein Feedback über seine Zufriedenheit schriftlich ab. Dies kann durch Einsatz eines Fragebogens (Scorecard) erfolgen.

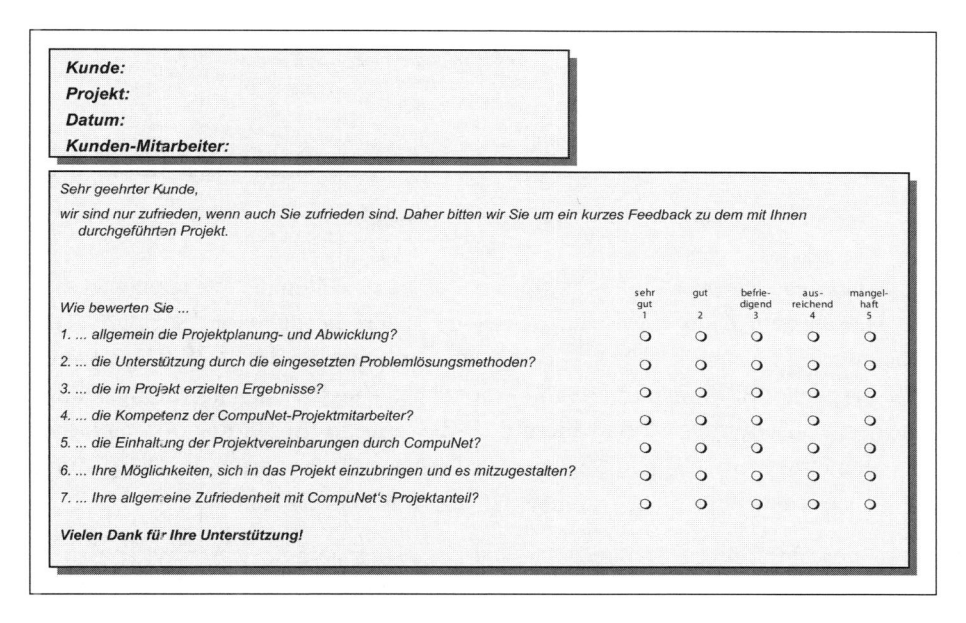

Abbildung 89: Messung der Kundenzufriedenheit mit Hilfe einer „Scorecard"

Qualitative Six Sigma-Management-Ziele 1999

Um die Six Sigma-Entwicklung von zentraler Stelle gezielt steuern zu können, ist die Definition von Six Sigma-Management-Zielen sinnvoll. Diese Ziele sollen in folgendem Beispiel sicherstellen, dass gemeinsame Projekte mit externen Kunden durchgeführt werden, der Kunde aktiv eingebunden wird und notwendige Six Sigma-Ressourcen bereitgestellt werden.

Bei General Electric werden bis zu 40 % des Management-Bonus mit solchen Kriterien verknüpft.

Kriterium	Nachweis (Beispiele)
• Qualitäts-Projekt für **identifizierten Kunden mit spezifischem Problem** (aus Top-10 Ranking der GS)	• Kunde benannt • Kunde ist über das Projekt informiert • Kundenspezifisches Problem ist beschrieben und dokumentiert • Verbesserungsziele sind definiert
• Kunde in Lösungserarbeitung **aktiv eingebunden** und **erhält Feedback**	• Kunde ist in die Erarbeitung der Problemlösung involviert • Follow-up Meetings vereinbart • Dashboard/Control Charts zum Nachhalten der Verbesserung etabliert und regelmäßig mit Kunden diskutiert/ausgetauscht
• **"Six-Sigma Basics"**: Projekt wird durch einen **Black Belt oder Green Belt geleitet** und **Six-Sigma Methodik wird eingesetzt**	• BB/GB ist trainiert • Fortschritts-Monitoring mit Champion (Basis PTR) durchgeführt/Projekt Dokumentation erstellt • Standard-Reporting zu Projektabschluss (Basis PTR) erstellt

PTR = Project Tracking Report (zur Projektfortschrittsmessung)

Abbildung 90: Six Sigma-Management-Ziele

Die Erfahrungen aus der Einführungsphase wurden gezielt in die Weiterentwicklung der Management-Ziele eingesetzt. So wurde sichergestellt, dass „Schlupflöcher" geschlossen und eventuelle Ungerechtigkeiten zwischen großen und kleinen Standorten ausgeglichen wurden. Zu Beginn war die gerechte Behandlung von Standorten mit vielen oder wenigen Mitarbeitern oder die gerechte Bewertung von einfachen oder komplexen Six Sigma-Projekten ein Problem. Außerdem sollte die gesamte Punktebewertung ohne großen administrativen Aufwand erfolgen.

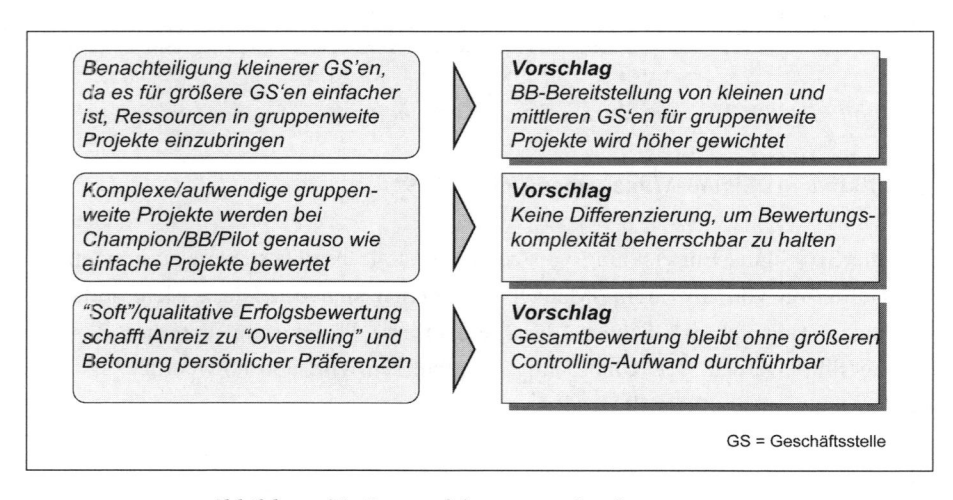

Benachteiligung kleinerer GS'en, da es für größere GS'en einfacher ist, Ressourcen in gruppenweite Projekte einzubringen	**Vorschlag** BB-Bereitstellung von kleinen und mittleren GS'en für gruppenweite Projekte wird höher gewichtet
Komplexe/aufwendige gruppenweite Projekte werden bei Champion/BB/Pilot genauso wie einfache Projekte bewertet	**Vorschlag** Keine Differenzierung, um Bewertungskomplexität beherrschbar zu halten
"Soft"/qualitative Erfolgsbewertung schafft Anreiz zu "Overselling" und Betonung persönlicher Präferenzen	**Vorschlag** Gesamtbewertung bleibt ohne größeren Controlling-Aufwand durchführbar

GS = Geschäftsstelle

Abbildung 91: Lernerfahrung aus Implementierung

Bei Unternehmen mit mehreren Standorten ist der bundesweite Einsatz von Six Sigma wichtig. Der einmalige Aufwand in ein Projekt kann sich durch das Ausrollen auf weitere Standorte oder Geschäftsfelder in einen vielfachen Nutzen transferieren. Ein Standortmanager für Frankfurt hat aber ohne Ziele wenig Interesse an einem Ergebnisrollout am Standort München. Im Gegenteil, wenn er dafür einen seiner Six Sigma-Spezialisten zur Verfügung stellt, fehlt ihm dieser für eigene Projekte. Um diese Fehlentwicklung zu vermeiden, sind gruppenweite (bundesweite) Ziele notwendig.

Beispiel: Qualitäts-Bewertung eines „Gruppen- Projektes"

Quality-Scoring Ergebnis-Rollout gruppenweite Projekte										
STATUS: 25. FEBRUAR 1999										
							Ranking Kategorien:			
Projekt: Fiktives Beispiel							Exzellent		10	Punkte
							Okay		5	Punkte
Champion/Evaluator: Max Mustermann							Unbefriedig.		0	Punkte
Datum: 31.03.99							Maximales Scoring je GS: 10 Punkte			
	München	Nürnberg	Stuttgart	Saar-brücken	Ludwigs-hafen	Frankfurt	Köln/Aachen	Essen	Berlin/Leipzig	Hannover	Hamburg/Kiel
Projekt-Unterstützung durch GF's	10	5	5	0	10	10	5	10	10	10	10
Einführung und Ausstattung Process Owner	0	0	10	10	5	10	10	5	0	0	10
Bereitstellung für Rollout benötigte Ressourcen (incl. BB/GB)	5	5	10	5	5	10	10	10	5	5	5
Umsetzung der Rollout-Terminplanung in GS	0	10	5	10	5	0	5	10	5	5	10
Umsetzung der inhaltlichen Rollout-Maßnahmen in GS	10	10	10	10	10	10	10	10	10	10	10
Konsequenz in der Einführung der standardisierten Prozesse	0	5	5	5	5	0	5	10	10	10	10
Regelmäßiges Monitoring der Lösung/Einsatz Control Charts	5	5	5	5	5	5	5	5	5	5	5
Verbesserung der Performance-Kenngröße auf GS-Ebene	10	10	10	10	5	10	10	10	5	5	5
Beitrag zum Gruppenerfolg des Projektes (z.B. Net Benefit)	10	10	10	10	10	10	10	10	10	10	10
Gesamt-Scoring	5,6	6,7	7,8	7,2	7,2	6,7	7,8	8,9	6,7	6,7	8,3

Abbildung 92: Bewertung des Managements zur Six Sigma-Beteiligung

Nachdem die erste Generation von Black Belts erfolgreich ausgebildet und eine zweistellige Zahl von Six Sigma-Projekten abgeschlossen waren, konnten Green Belts und Sales Green Belts ausgebildet werden. Green Belts wurden vor allem Mitarbeiter des mittleren Managements (Bereichsleiter, Teamleiter). Um bei GE Karriere zu machen, wurde es zunehmend wichtiger, zumindest ein Green Belt (später ein zertifizierter GB) zu sein. Zu Sales Green Belts wurde Vertriebsmitarbeiter ausgebildet, die die Methodik an der Schnittstelle zum externen Kunden anwenden sollten. Das dreitägige Training hatte jedoch später kaum zu Six Sigma-Projekten geführt.

Die Green Belt-Schulungen wurden zu Beginn durch externe Trainer durchgeführt und später von den Master Black Belts (Black Belts) übernommen. Das Gleiche galt auch für die Black Belt- Schulung. Zusätzlich wurden eintägige Six Sigma „Awareness" (Einführungs-) Schulungen für alle Mitarbeiter eingeführt. Die Methodik wurde anhand eines Beispielprojektes in einer halbtägigen Veranstaltung allen Mitarbeitern nähergebracht und zum festen Bestandteil für die Einführung neuer Mitarbeiter.

Ein Black Belt (BB) sollte nach 2 bis 3 Jahren wieder zurück in die Linie wechseln oder, wenn die Leistung besonders gut war, den Pfad zum Master Black Belt (MBB) einschlagen. Nach weiteren 2 bis 3 Jahren als Master Black Belt musste wieder zurück in die Linienorganisation auf eine geeignete Position gewechselt werden. GE wollte es dadurch vermeiden, „Elfenbeintürme" aufzubauen.

Obwohl das Personalentwicklungsmodell bei GE dafür sorgen sollte, dass guten BB/MBB am Ende ihrer „Dienstzeit" eine Perspektive im Unternehmen angeboten wird, waren diese häufig auf sich allein gestellt, um eine geeignete Anschlussverwendung im Unternehmen zu finden. Inzwischen wurde Six Sigma auch von weiteren Unternehmen eingeführt, die sich darum bemühten, ausgebildete BBs und MBBs von GE für ihre eigenen Programme zu gewinnen und mit attraktiven Angeboten zahlreiche qualifizierte Six Sigma-Experten abwarben.

Eine Reorganisation führte im Jahre 2000 dazu, dass alle Black Belts und Master Black Belts in einer gemeinsamen Unternehmenseinheit als Stabsfunktion zentral organisiert wurden. Die deutschlandweit verteilten Six Sigma-Experten wurden in regionalen Teams organisiert, die durch einen MBB betreut wurden. Zusätzlich übernahmen die Master Black Belts die Betreuung definierter Funktionen wie Einkauf, Personalwesen, Vertrieb, System Engineering.

Dies verbesserte die interne Kommunikation sowie die Betreuung der Black Belts. Six Sigma-Projekte wurden zudem konsequenter an der Unternehmensstrategie ausgerichtet.

Parallel dazu wurde das Six Sigma-Programm von Jahr zu Jahr weiterentwickelt und Erfahrungen (Best Practices) zwischen den Unternehmenseinheiten ausgetauscht. Dies führte z.B. zu einer stärkeren Integration von statistischen Werkzeugen wie MINITAB in die Ausbildung der Black Belts und Master Black Belts. Außerdem wurde die Lernkurve bei neuen Black Belt-Kandidaten wesentlich beschleunigt, so dass diese komplexere Projekte in kürzerer Zeit erfolgreich abschließen konnten.

Um Six Sigma langfristig erfolgreich zu etablieren, wurden die Schwerpunkte und der Fokus jedes Jahr neu definiert, sozusagen „Six Sigma von Jahr zu Jahr neu erfunden". Das Interesse beim Management, dem Six Sigma-Team sowie den Mitarbeitern blieb damit erhalten. Auf der folgenden Seite finden Sie vier Beispiele solcher Six Sigma-Fokusinitiativen.

Digitization: Nachdem Prozesse standardisiert und die Varianz (Prozessstreuung) reduziert wurde, werden diese automatisiert. Neben dem Digital Cockpit gehören Dokumenten-Management, Workflow- und eCatalog-Systeme zu den Schwerpunkten.

AC/FC: AC/FC steht für 'At The Customer/For The Customer'. Mit Hilfe von Workshops und dedizierten Six Sigma-Projekten wurden externen Kunden dabei unterstützt, ihr Geschäft besser zu bewältigen. Gleichzeitig wird GE als sicherer Partner erkannt und als bevorzugter Partner ausgewählt.

Customer Centricity (CC): Neben den bekannten Scorecards und dem Verständnis der eigenen Erbringungsgenauigkeit (SPAN) in der Produktversorgung sowie im Serviceumfeld gehören alle Prozesse und Schnittstellen zum Kunden zu Customer Centricity. Ziel ist es, die Streuung (Varianz) weiter zu senken und die wirklichen Kundenbedürfnisse vollständig zu erfüllen. Das CC-Motto bei GE lautet: „Gib dem Kunden, was er möchte, wann er es möchte! – Aber profitabel!"

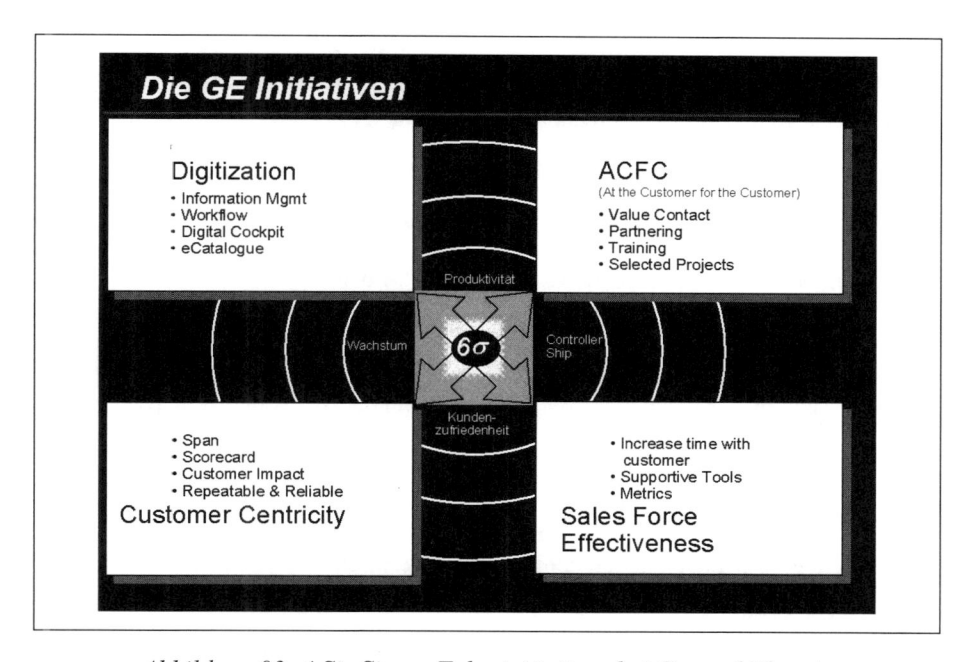

Abbildung 93: 4 Six Sigma-Fokusinitiativen bei General Electric

Zwei wichtige flankierende Bausteine, um Six Sigma langfristig erfolgreich im GE-Konzern zu etablieren, sind **CAP** und **EMS**:

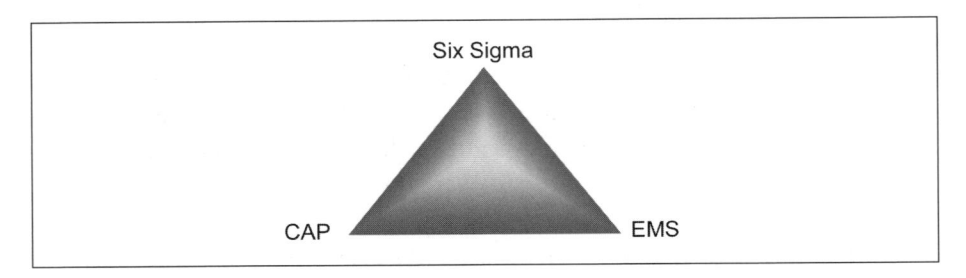

Abbildung 94: EMS-Employee Management System

Bei EMS handelt es sich um das Personalentwicklungsmodell von GE. Es ist so ausgelegt, dass Mitarbeiter mit Six Sigma-Kenntnissen gezielt gefördert werden. Ab dem mittleren Management ist eine Green Belt-Ausbildung/Zertifizierung erforderlich, ab CEO häufig sogar eine Black Belt- oder Master Black Belt-Zertifizierung.

Fazit: Was können wir von General Electric lernen?

- Zukünftige Führungskräfte wurden zuvor Six Sigma Leader
- MBB/BB wurde als Karrierepfad etabliert
- Aktive Unterstützung von Six Sigma durch das Top Management (z.B. Six Sigma-Ziele entsprechen 40% des Bonus)
- Fokus auf Ergebnisbeitrag, Benefits bestätigt durch die Finanzorganisation
- Wirkungsvolles Coaching-Konzept implementiert
- Six Sigma als gemeinsame Sprache im Unternehmen
- Sehr erfolgreiches externes Marketing

Was kann man besser machen als bei GE zu Beginn der Six Sigma-Initiative:

- Zu viel Bürokratie abbauen
- Zu viele, zu intensive Trainings
- Zu viele gute Leute an andere Unternehmen verloren
- Zu sehr US-fokussiert
- Auswahlprozess für Six Sigma (Black Belt)-Kandidaten

8.2 Six Sigma-Einführung in einem DAX-Konzern

Ein deutscher DAX-Konzern hatte schrittweise bei verschiedenen Unternehmensteilen Six Sigma implementiert. 2004 stand die Six Sigma-Einführung beim größten Unternehmensteil an. Die Six Sigma-Einführung wurde mit einem externen Partner vorgenommen.

Im März 2004 wurde mit einem Analyseprojekt begonnen, in dem erste Projektideen geprüft und sogenannte „Steckbriefe" (Project Charter) für jedes Projekt erstellt wurden. Ziel war es, innerhalb von fünf Wochen die Grundlage für die darauf folgende Six Sigma-Implementierung zu legen. Dazu wurden 12 Projekte mit entsprechenden Kandidaten benötigt.

Die Analyse beinhaltete einen Großteil der DEFINE-Phase sowie Teile von MEASURE und ANALYSE. Nur so war es möglich, eine fundierte Entscheidung bezüglich der auszuwählenden Six Sigma-Projekte zu treffen. Parallel zur Projektdefinition wurden zusammen mit dem Berater die Black Belt-Kandidaten ausgewählt. Die erste „Six Sigma-Welle" für diesen Unternehmensteil umfasste 12 Black Belts und ca. 40 Green Belts. Green Belts waren Teilprojektleiter der Black Belt-Projekte. Der Six Sigma-Programm Manager wurde gleichzeitig zum Black Belt ausgebildet.

Die Besonderheit dieser Implementierung liegt darin, dass es sich um ein internationales Team mit Schwerpunkt Europa handelte. Aus diesem Grund wurden die Black Belt-Schulungen in Englisch durchgeführt, Green Belt-Schulungen in Deutsch und Englisch.

Die Betreuung wurde von 4 Master Black Belts übernommen. Der Berater hatte gleichzeitig die Projektleitung für die Six Sigma-Einführung und unterstützte den Programm Manager beim Aufbau der Six Sigma-Organisation im Unternehmen.

Die Projekte der ersten Welle hatten folgende Schwerpunkte:

Logistik: Optimierung Fuhrpark (Auslastung, Routenoptimierung), Optimierung von Lieferprozessen an Kunden, Reduzierung Lagerhaltungskosten

Produktion: Optimierung von Anlagen (Betriebskosten, Verfügbarkeit), Energie-Management, Reduzierung Instandhaltungskosten

Arbeitssicherheit: Reduzierung Arbeitsausfall durch Unfälle

Die Six Sigma-Einführung wurde nach neun Monaten im Plan erfolgreich abgeschlossen.

Was kann man als Fazit aus diesem Projekt ziehen?

Die Betreuung von internationalen Six Sigma Teams ist wesentlich aufwendiger als die Implementierung an einem Standort. Dies muss man bei der notwendigen Anzahl von Betreuern (MBBs) und der Laufzeit berücksichtigen.

Das Six Sigma-Training ist eine wichtige Grundlage für eine erfolgreiche Implementierung. Noch wichtiger ist jedoch ein qualitativ hochwertiges Coaching durch erfahrene MBBs vor Ort. Ideal ist es, wenn die Trainer auch gleichzeitig die Coaches sind.

Die Auswahl der Black Belt-Kandidaten sowie deren Qualität hat einen großen Einfluss auf den notwendigen Six Sigma-Betreuungsaufwand. Je besser die Kandidaten für die Aufgabe geeignet sind, desto weniger Aufwand/Kosten entstehen bei der Six Sigma-Implementierung.

Es ist kontraproduktiv, wenn im Unternehmen gleichzeitig mehrere andere Programme laufen, welche die notwendigen Projektressourcen blockieren.

Eine „just in time"-Ausbildung für Black Belts/Green Belts ist optimal. Da sich Projekte aber unterschiedlich schnell entwickeln, sind diese zu definierten Meilensteinen nicht immer gleich weit. Dies erfordert ein professionelles Programm-/Projekt-Management.

Stehen Black Belt-Kandidaten früh fest, dann sollten diese bei der Projektdefinition eingebunden werden. Dies steigert die spätere Akzeptanz beim Black Belt und minimiert dass Risiko, Wissen zwischen Vorabanalyse und Projekt zu verlieren.

8.3 Six Sigma-Einführung bei einer europäischen Transaktionsbank

Bei einer Transaktionsbank kommt es darauf an, die Backend-Transaktionen ohne direkten Endkundenkontakt mit möglichst geringer manueller Nacharbeit und unter Anwendung industrieller Standards abzuwickeln.

„Wir müssen weltweit die Besten in der Wertpapierabwicklung sein und uns auch dann noch immer weiter verbessern."

David Andrews, CEO Xchanging

Die Xchanging-Mission in der Wertpapierabwicklung

„Xchanging steht für effiziente Abwicklung von Wertpapiertransaktionen, standardisierte Abläufe; und eine höchst leistungsfähige Technologie erlaubt Millionen von Transaktionen pro Tag.

Unsere Kunden schätzen ein beständig gutes Preis-Leistungs-Verhältnis, denn sie erhalten zu wettbewerbsfähigen Preisen zertifizierte Qualität. Wir pflegen langfristige Geschäftsbeziehungen."

Dabei ist die sichere, schnelle und kostengünstige Verarbeitung sowie Bereitstellung von Informationen ein wesentlicher Erfolgsfaktor. Dies bedeutet, dass der interne Informationsfluss sowie die Schnittstelle zu Mandanten optimal funktionieren muss.

Xchanging betreibt sieben sogenannte Business Xcellence-Felder (Kompetenzen), die dazu entwickelt wurden, dieses Ziel möglichst effizient zu erreichen. Es handelt sich dabei um die Kompetenzen:

- Service
- Sourcing
- Technology
- People
- Implementation/Program Management
- Environment und
- Process (Six Sigma & Lean)

Jedes Kompetenzfeld verwendet die aktuell besten Methoden und Spezialisten am Markt, um in den definierten Bereichen optimale Ergebnisse zu erzielen. Die sieben Felder sind aufeinander abgestimmt und wirken gemeinschaftlich. Dabei ist der Gesamtwirkungsgrad größer als die Summe der einzelnen Kompetenzfelder. So arbeitet zum Beispiel die Process Competency sehr eng mit den Kompetenzfeldern Service, Technology und People zusammen.

Die Process Xcellence (Six Sigma) Strategie lautet: Prozesse zuerst vereinfachen, dann zu konsolidieren, zu standardisieren und erst danach zu automatisieren. Es erfolgt grundsätzlich keine Automatisierung von schlechten Prozessen, wie es leider viel zu oft im BPM-Umfeld geschieht

Für die damalige etb (European Transaction Bank) als Wertpapier-Backoffice der Deutschen Bank stellte die ISO 9001-Zertifzierung eine Basis für die Erfüllung dieser Anforderungen dar. Zur Optimierung von Prozessen wurden etb-intern bis Anfang 2004 ausschließlich KVP-Methoden (Kontinuierlicher Verbesserungsprozess) eingesetzt. Mit dem Einstieg von Xchanging im Juni 2004 wurde parallel zu KVP die Six Sigma-Methodik eingeführt.

Es zeigte sich, dass sich Six Sigma und IS0 9001 gegenseitig unterstützen und fördern. Während ISO 9001 ein Qualitäts-Management-System beschreibt (WAS soll getan werden), ist Six Sigma eine Methode zur Verbesserung von Geschäftsprozessen (WIE soll es getan werden). Eine Gemeinsamkeit beider Systeme ist die kontinuierliche Verbesserung, basierend auf faktengetriebenen Entscheidungen mit dem Fokus auf Kundenanforderungen.

Das folgende Bild zeigt die zeitliche Entwicklung von KVP, ISO 9001 sowie Six Sigma bei der etb sowie deren Zusammenspiel.

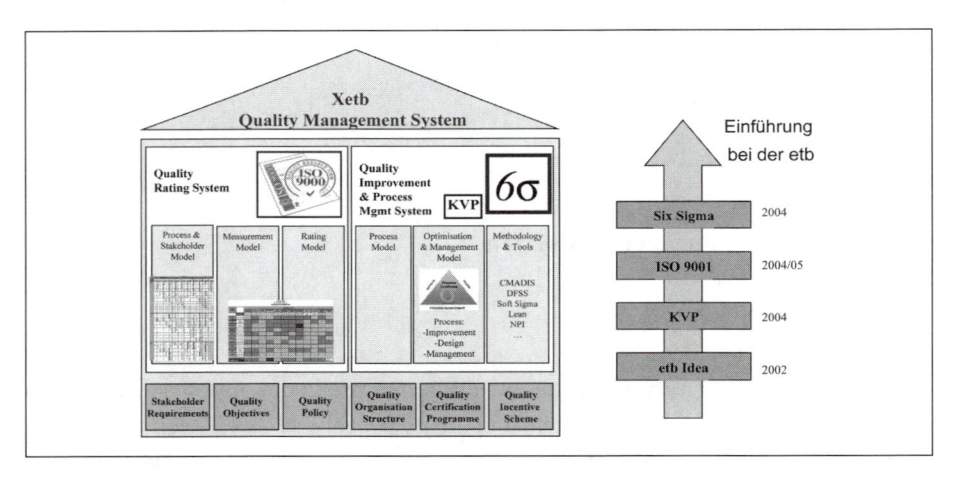

Abbildung 95: Das Zusammenspiel zwischen Six Sigma, KVP und ISO 900x, (Quelle: Xchanging)

Prozessverantwortliche helfen dabei, die durch Six Sigma-Projekte erreichten Verbesserungen nachhaltig zu implementieren. Six Sigma-Projekte liefern im Gegenzug den ISO 9000-Audits notwendige Ansatzpunkte, um die Nachhaltigkeit von Prozessverbesserungen messen zu können. Sind Black Belts gleichzeitig zertifizierte ISO-

Auditoren, so können die gleichen Personen Prozessverbesserungen implementieren und im Rahmen von ISO 900x auditieren.

Die ISO 9001-Audits können dabei als „Keil" verstanden werden, der verhindert, dass die durch Six Sigma erreichte Qualitäts-/Prozessverbesserung wieder auf ein altes Niveau „zurückrollt".

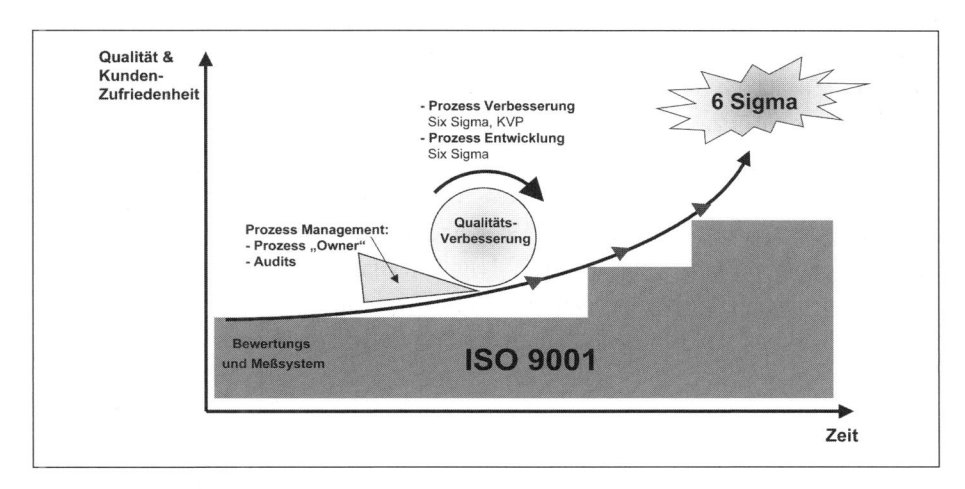

Abbildung 96: Qualitäts-Management bei Xchanging, (Quelle: Xchanging)

Xchanging setzt auf eine Weiterentwicklung der DMAIC-Methodik, den sogenannten CMADIS-Cycle. CMADIS steht für: Contract, Measure, Analyse, Develop, Implement und Sustain.

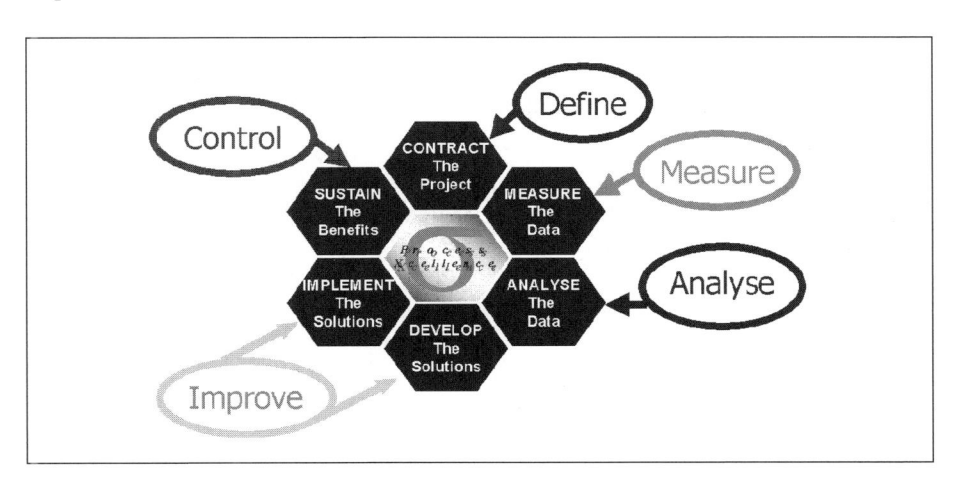

Abbildung 97: Xchanging-Methode für Six Sigma-Projekte CMADIS=DMAIC

Bei CMADIS handelt es sich um eine Kombination der DMAIC-Methodik mit Lean Management-Methoden. Außerdem wurde die IMPROVE-Phase in zwei separate Phasen aufgeteilte (DEVELOP und IMPLEMENT). Diese logische Trennung hat sich in der Praxis als sehr vorteilhaft erwiesen und hilft gerade bei der Steuerung von langen und komplexen Verbesserungsphasen.

Bei der Xchanging Transaction Bank XTB (Nachfolger der etb) wurde 2004 mit einer ersten Welle von 15 Black Belts (1,5% der Belegschaft) und 13 Green Belts gestartet. Zusätzlich wurden 6 Mitarbeiter des Xchanging Kunden und Partners Deutsche Bank AG zu Black Belts ausgebildet.

Xchanging stellte zum Start drei erfahrene Master Black Belts zur Verfügung, um die Black Belts/Green Belts auszubilden sowie das Process Xcellence-Team aufzubauen (Programm Management). Green Belts und Black Belts wurden gemeinsam in drei einwöchigen Trainings ausgebildet. Zusätzlich nahm jeder an einem zweitägigen Lean Training teil. Ein „Muss" für jedes Projekt im administrativen Umfeld!

Für jeden Black Belt/Green Belt wurde vor dem Beginn des Trainings ein DMAIC-Projekt ausgewählt und definiert, in dem die Six Sigma-Methodik eingesetzt und erlernt wurde. Nach Abschluss des ersten Projektes wurden den Xchanging Black Belts schrittweise zwei parallel laufende Projekte zugewiesen. Eventuelle Leerlaufzeiten in einem Projekt können somit flexibel im zweiten Projekt genutzt werden. Die Erfahrung zeigt, dass der Gesamtwirkungsgrad von BBs bei zwei gleichzeitig laufenden Projekten am höchsten ist. Ab dem dritten parallel laufenden Projekt fällt die Effizienz hingegen wieder ab.

Auf den folgenden Seiten werden einige Projektbeispiele vorgestellt, die zeigen, dass die Six Sigma-Methodik auch bei Transaktionsbanken sehr erfolgreich eingesetzt werden kann.

Beispiel eines der ersten Xchanging Six Sigma-Projekte, durchgeführt von einem Green Belt parallel zum Training.

Contract (Define)-Phase:

- **Problemdarstellung:**
  Der bestehende Prozess „Erstellung von Kundenanschreiben" beinhaltet viele Nacharbeiten, welche zu einer langen Durchlaufzeit führen.

- **Projektziel:**
  Reduzierung der Durchlaufzeit um 50%, max. sind 24 Stunden.

- **Hauptkennzahl:**
  Durchlaufzeit ab Erhalt der vollständigen Information bis zur Erfassung des Kundenanschreibens im Papyrus-System.

- **Nebenkennzahl:**
  Anzahl der Standardanschreiben

- **Einsparungen:**
  Hard savings: 240.000 EUR
  Soft savings: erhöhte Kundenzufriedenheit

Abbildung 98: Bestandteile des Projektauftrags (Steckbrief)

Measure/Analyze:

Die aktuelle Prozessfähigkeit (auf Basis des neuen SLA) liegt bei nur 1,3 Sigma.

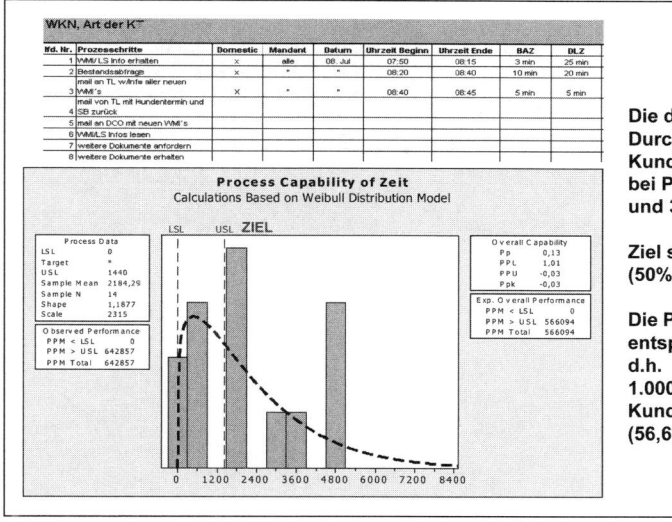

Die durchschnittliche Durchlaufzeit für Kundenanschreiben beträgt bei Projektstart 36 Stunden und 34 Minuten.

Ziel sind 24 Stunden (50% Reduktion).

Die Prozessfähigkeit entspricht 1,3 Sigma, d.h. 566.000 Fehler auf 1.000.000 erstellte Kundenanschreiben (56,6% Fehlerrate).

Abbildung 99: Ermittlung der Prozessqualität zu Projektbeginn, (Quelle: Xchanging)

Anmerkung: Für die Analyse standen nur wenige verwertbare Daten zur Verfügung. Das Beispiel zeigt trotzdem anschaulich, wie Six Sigma bei Finanzprojekten eingesetzt werden kann.

Develop/Implement (Improve)-Phase:

Der neue Prozess beinhaltet nur noch 36 Prozessschritte, was einer Halbierung gegenüber dem früheren Prozess entspricht. Die Anzahl der beteiligten Fachbereiche wurde von 5 auf 1 gesenkt („Struktur folgt Prozess!") und die Anzahl der in den Prozess involvierten Mitarbeiter von 25 auf 9 gesenkt.

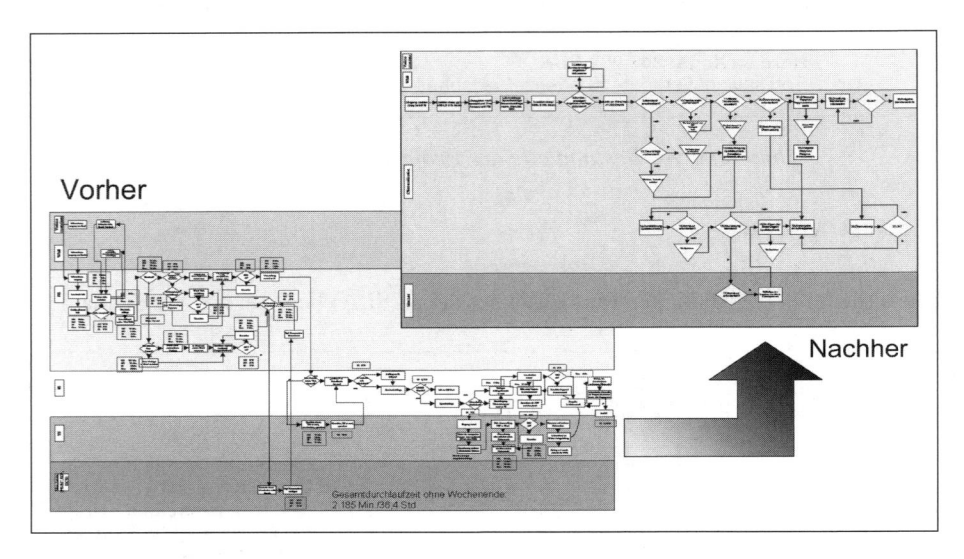

*Abbildung 100: Prozessvergleich vor und nach der Optimierung,
(Quelle: Xchanging)*

Sustain (Control)-Phase:

Die durchschnittliche Durchlaufzeit konnte um 76% reduziert werden.

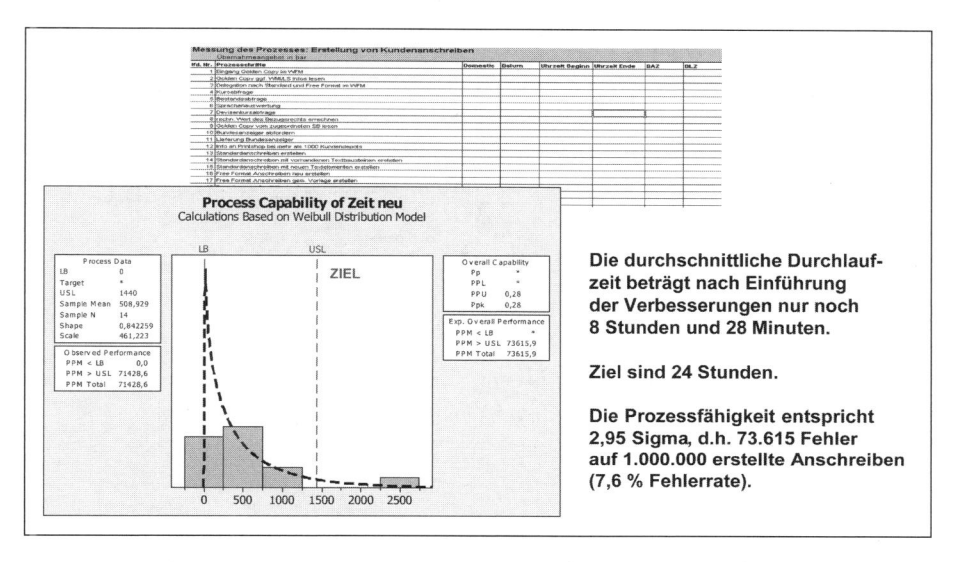

Abbildung 101: Ermittlung der Prozessqualität nach der Optimierung, (Quelle: Xchanging)

Der neue Prozess erfüllte die Zielvorgabe (Durchlaufzeit < 24h) im Betrachtungszeitraum zu 100%. Gut zu erkennen ist in diesem Beispiel die hohe Variation des früheren Prozesses, der durch Sofortmaßnahmen während des Projektes bereits sichtbar reduziert werden konnte, aber erst nach einer – ebenfalls im Bild erkennbaren – Lernkurve bei der Implementierung in einen stabilen neuen Prozess mit deutlich verminderter Variation und Fehlerquote umgewandelt werden konnte.

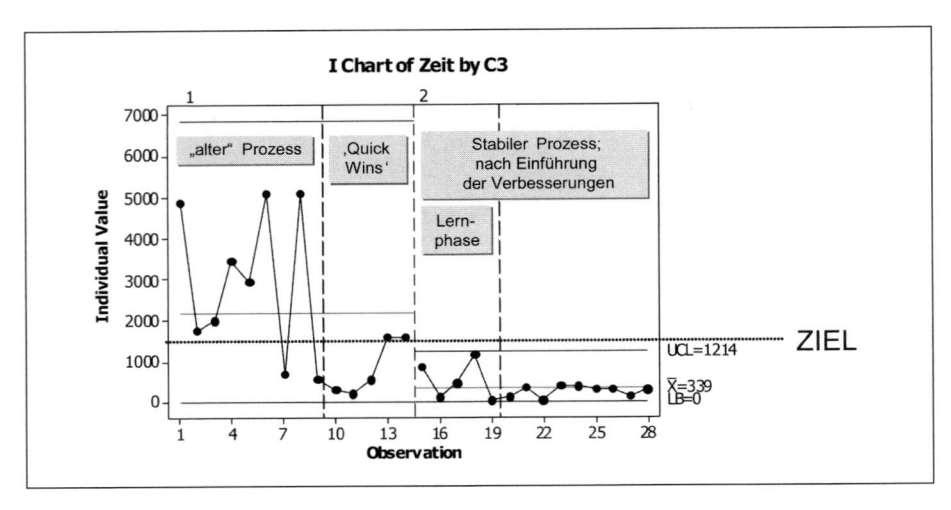

Abbildung 102: Sicherstellung der Prozessnachhaltigkeit mit Hilfe einer Regelkarte (Control Chart), (Quelle: Xchanging)

Ergebnis:

Verschlankung durch Spezialisierung

Kriterium	Alter Prozess	Neuer Prozess	Verbesserung um ...
Anzahl Prozessschritte:	69	36	48 %
Beteiligte Fachbereiche:	5	1	80 %
Involvierte Mitarbeiter:	25	9	64 %
Durchschnittl. Durchlaufzeit:	36:34 Std.	8:28 Std.	76 %

Abbildung 103: Prozessleistung vor und nach der Optimierung

Weitere Xchanging/etb-Projektbeispiele:

Gezielte Änderungen im Prozess zur Sortierung der Ablage für AG-Hauptversammlungen führte zum Wegfall von 890 Stunden ungeliebter Sortierarbeit für die beteiligten Mitarbeiter.

Vorher

Bearbeitungszeit 225 sek
davon Sortierung 100 sek

je Formular

Änderung der Sortierung

- Sortierung jetzt nur nach der ersten Stelle der Filialnummer (vorher komplette Depotnummer)

Nutzen / Effekt pro Jahr

- 900 Stunden weniger Sortierarbeit (bei 35.000 Belegen)
- 10 Stunden Mehraufwand für die Suche (3-5 x im Jahr)

Nachher

Bearbeitungszeit 120 sek
davon Sortierung 8 sek

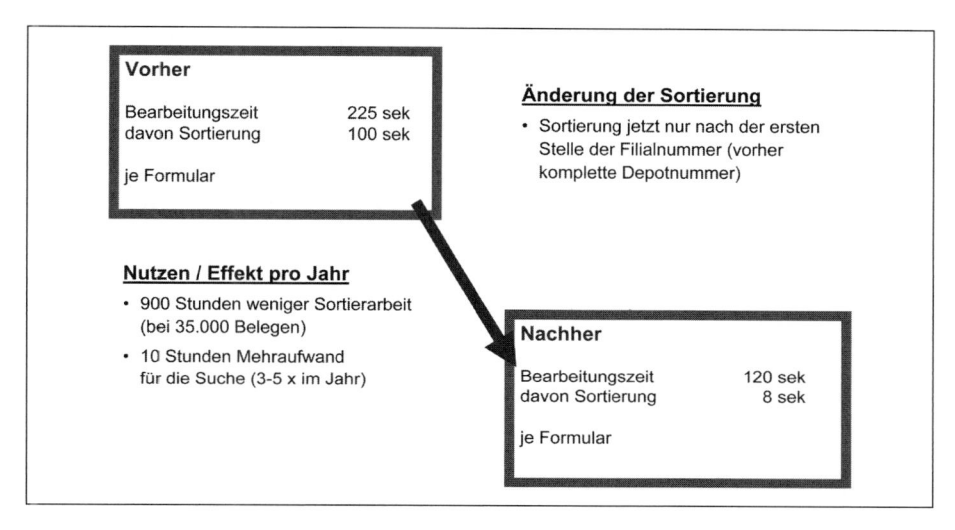

je Formular

Abbildung 104: Beispiel HV-Ablage, (Quelle: Xchanging)

Nach der Optimierung des Prozesses für Quellensteuererstattungen waren die Durchlaufzeit um 25% und die Prozesskosten um 60% gesunken und die Kunden von Xchanging konnten sich über schnellere Erstattungen freuen.

Problembeschreibung	Ergebnisse
• Zeitaufwendige manuelle Tätigkeiten und Nachbearbeitung führen zu einer Bearbeitungszeit für eine Schweizer Quellensteuerposition von etwa 21,5 Minuten.	• Reduzierung der Prozessschritte Schweiz von 90 auf 38 (d.h. um 60%)
Projektziel	
• Reduzierung der Bearbeitungszeit um ca. 25%	• Reduzierung der Prozesskosten um 59% u.a. durch Nutzung des verfügbaren Softwareproduktes „Bankline"

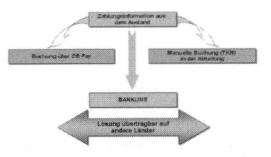

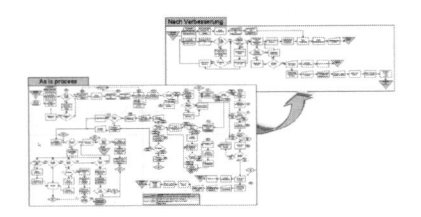

Abbildung 105: Ergebnis des Quellensteuer-Optimierungsprojektes, (Quelle: Xchanging)

Status und Ergebnisse des Six Sigma-Programmes in der Xchanging Transaction Bank im ersten Jahr:

- 3 Master Black Belts (Vollzeit) aktiv
- 15 Black Belts (Vollzeit) aktiv
- 10 Green Belts (Teilzeit) aktiv
- 34 laufende Projekte
- 3 Mio. EUR jährliche Einsparungen bereits aus den ersten 10 abgeschlossenen Projekten
- 63 Mitarbeiter wurden je 2 Tage in der Six Sigma-Methodik geschult (Management, Projekt Champions etc.)
- 780 Mitarbeiter haben an einer Einführungsveranstaltung zu „Process Xcellence/Six Sigma" teilgenommen (120 Min. Dauer)

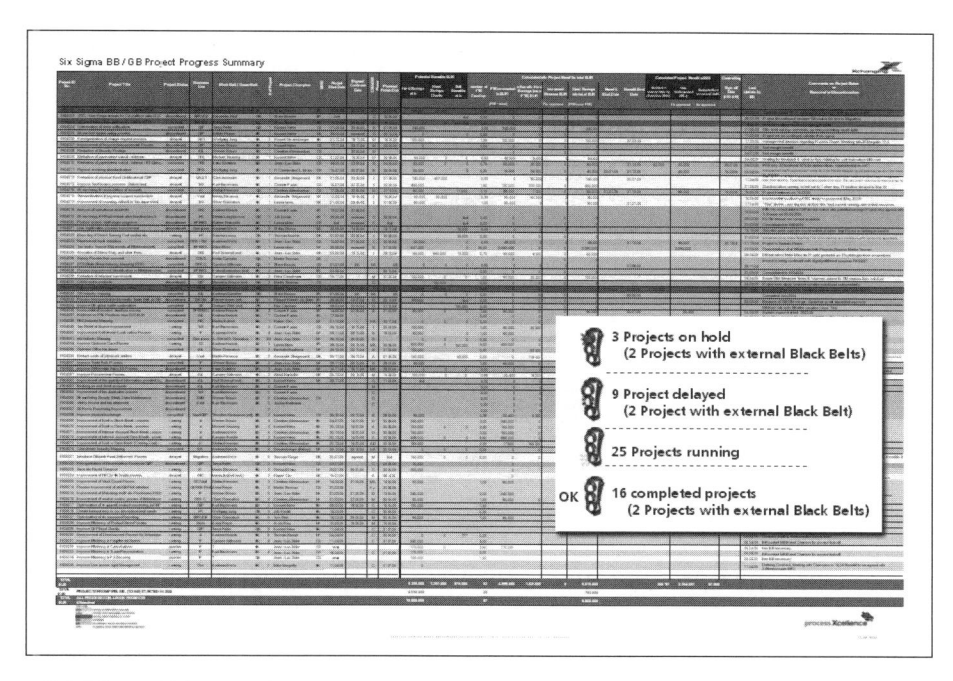

Abbildung 106: Projekt-Reporting mit „Ampelsystem" - ein auf MS Excel basierender Vorläufer der heutigen Projektdatenbank (i-nexus), (Quelle: Xchanging)

In der obigen Abbildung ist zu erkennen, dass nicht alle gestarteten Projekte erfolgreich abgeschlossen wurden. Eine Analyse aller abgebrochenen Projekte nach neun Monaten ergab, dass die meisten Projekte (80%) innerhalb der ersten beiden Projektphasen (DEFINE/MEASURE) beendet werden. Dies ist insgesamt ein gutes Zeichen, da Projekte nicht unnötig lange weitergeführt werden, wenn sich wichtige Rahmenbedingungen geändert haben.

Wesentliche Ursachen für einen Projektabbruch waren:

- Das Projekt wird wesentlich weniger Benefit erzielen als ursprünglich erwartet (wesentlich weniger als die definierte Untergrenze von 100 k€ für Black Belt-Projekte).

- Das ursprüngliche Problem/Projektziel existiert nicht mehr.

- Wichtige Projektressourcen wie der Black Belt oder Green Belt wurden abgezogen (für andere Initiativen oder Tagesgeschäft).

- Der ursprüngliche Projektrahmen (Scope) ist zu groß definiert worden. Das Projekt wird z.B. in mehrere Teile aufgeteilt und neu gestartet.

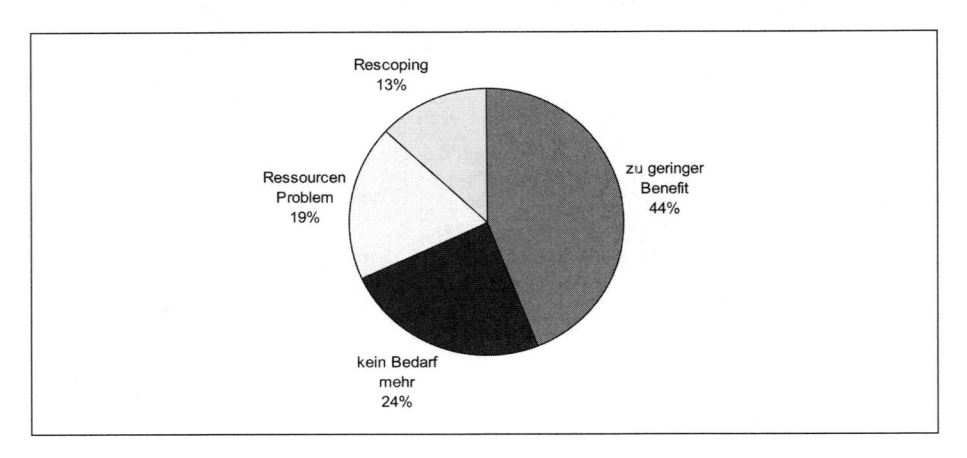

Abbildung 107: Abbruchgründe für Six Sigma-Projekte

Durch einen geänderten Projektselektionsprozess, stärkere Einbindung des Managements sowie eine bessere Qualifizierung von Projekt Champion sowie Black/Green Belt, konnte die Abbruchrate innerhalb weniger Monate signifikant reduziert werden.

9 Zusammenfassung

Basierend auf den Erfahrungen unterschiedlicher Unternehmen, von denen einige als Fallbeispiel in diesem Buch enthalten sind, wurden die folgenden Faktoren als erfolgskritisch für eine Six Sigma-Einführung ermittelt:

Senior Management-Unterstützung

Six Sigma hat wie viele andere Programme zunächst einmal investiven Charakter, das heißt, es kostet Geld. Six Sigma ist nur mit der Unterstützung der Geschäftsführung erfolgreich zu implementieren, da diese die notwendigen Ressourcen (finanziell, personell) bereitstellen muss und idealerweise durch persönliches Engagement als Vorbild fungiert. Die Minimalanforderung hier ist ein einzelner Sponsor aus dem Top Management, am besten der CEO.

Auswahl des richtigen Partners bei der Implementierung

Um eine möglichst schnelle und wirkungsvolle Einführung von Six Sigma zu erreichen, benötigt man einen geeigneten Partner, der bereits über das notwendige Wissen verfügt. Dabei ist neben dem methodischen Wissen (Training) besonders auf ein kompetentes Coaching und Programm-Management zu achten. Der externe Partner sollte Erfahrungen zur Six Sigma-Einführung in Produktionsunternehmen als auch in Dienstleistungsunternehmen mitbringen.

Definition und Auswahl der richtigen Six Sigma-Projekte

Der Erfolg von Six Sigma ist direkt abhängig vom Erfolg der durchgeführten Projekte. Dabei ist entscheidend, dass die Aufgabenstellung zur Methodik passt und das jeweilige Projekt einen signifikanten Beitrag zur Erreichung der Unternehmensziele leistet.

Auswahl der besten Six Sigma (Black Belt)-Kandidaten

Die Qualität der Projektergebnisse, die Projektleufzeit und der notwendige Coachingaufwand sind sind unmittelbar abhängig von der Qualität der Projektleiter (Belts). Je besser die Kandidaten, desto geringer Kosten, umso schneller die Lernkurve und umso besser das Ergebnis aus der gesamten Six Sigma-Initiative.

Richtige Organisation der Six Sigma-Ressourcen

Die Erfahrung zeigt, dass Master Black Belts und Black Belts, die sich für einen definierten Zeitraum von 2 bis 3 Jahren zu 100% um Six Sigma-Projekte kümmern, den höchsten Wirkungsgrad und Payback für das Unternehmen erzielen. Eine Konzentration der Kräfte ist auch hier die beste Strategie. Dabei sollte die Six Sigma-Organisation als zentrales Profit oder Cost Center organisiert sein und direkt an die Geschäftsführung/Vorstand berichten. Dadurch kann einfacher sichergestellt werden, sich auch um strategische und fachbereichsübergreifende Themen zu kümmern und dass im gesamten Unternehmen Projekte durchgeführt werden statt nur in dem Fachbereich, dem Six Sigma organisatorisch zugeordnet wurde.

Integration von Six Sigma in die Personalentwicklung (HR)

Um die besten Six Sigma-Kandidaten auch langfristig im Unternehmen zu halten, ist zusammen mit der Personalentwicklung eine entsprechende Karriereplanung notwendig. Nur wenn für die Kandidaten der ersten „Six Sigma-Welle" eine ansprechende Anschlussverwendung gefunden wurde, gelingt es auch in den darauffolgenden Wellen gute Kandidaten für Six Sigma zu begeistern. Ausgebildete Master Black Belts und Black Belts sind auf dem Markt auch für andere Unternehmen begehrt.

Six Sigma-Marketing

Ein erfolgreiches Programm benötigt kontinuierlich neue Projekte und Ressourcen. Eine regelmäßige Kommunikation von erfolgreichen Projekten trägt dazu bei, die Projektpipeline zu füllen. Zudem hilft ein professionelles Marketing dabei, den Six Sigma-Gedanken im Unternehmen zu verbreiten und nachhaltig zu implementieren. Zugleich wird verhindert, dass Six Sigma das Image eines „elitären Clubs" oder Elfenbeinturms bekommt.

Werden alle diese Erfolgsfaktoren entsprechend berücksichtigt, dann sollte dem Erfolg Ihres Six Sigma-Programms kaum noch etwas entgegenstehen.

10 Anhang

10.1 Six Sigma-Glossar

Begriff	Erläuterung
Average	Durchschnitt/Mittelwert.
Balanced Scorecard	Ein Werkzeug, das die Strategie einer Organisation übersetzt. Unterteilungen in: Vision, aktuelle Initiativen, Geschäftsprozesse und Geschäftsergebnisse.
Benchmarking	1. Eine Technik, um die eigenen Unternehmenspraktiken, Prozesse und Produkte mit denen der Weltbesten zu vergleichen, einschließlich denen anderer Branchen. 2. Eine Technik, die eingesetzt wird, um eine Basislinie der bestehenden Leistungsfähigkeit eines Prozesses festzulegen.
BB (Black Belt)	Vollzeitmitarbeiter in der Six Sigma-Organisation; Projektleiter für Six Sigma-Verbesserungsprojekte; Experte in der Anwendung von Six Sigma-Methodiken und Werkzeugen.
Baseline	Null-Linie: Dokumentierter, d.h. gemessener Ausgangspunkt für Prozessverbesserungen.
Best Practice	Derzeit beste im eigenen oder in fremden Unternehmen angewendete Methode, Werkzeug oder Prozess.
Business Case	Begründung eines Projektes.
Business Quality Council (BQC)	Ständiges Gremium, bestehend aus Vorstandsmitgliedern/Geschäftsführern sowie dem Quality Leader. Fällt strategische Entscheidungen zu Six Sigma.
Business Quality Analyst (BQA)	Six Sigma-Mitarbeiter, der für das Controlling der Einzelprojekte und der Six Sigma-Gesamtinitiative verantwortlich ist (NetBenefit- bzw. Six Sigma-Ergebnisrechnung).
Brainstorming	Technik zur Ideen-Sammlung in einer Gruppe.

CAP (Change Acceleration Program)	Trainingsprogramm und Werkzeugkasten zum Management von Veränderungen, mit dem Schwerpunkt auf den „weichen" Faktoren zur Unterstützung und Beschleunigung des Wandels.
Cause And Effect/ Cause And Effect Diagram	Ursache und Wirkung/Ursache und Wirkungs-Diagramm, auch „Fischgrät-Diagramm" genannt.
Charter (Team Charter, Projekt Charter)	Projektbeschreibung; gleichzeitig Auftrag an das Projektteam.
Champion/Sponsor	Auftraggeber für ein Six Sigma-Projekt. Diese Person muss in der Lage sein, bereichsübergreifende Entscheidungen zu treffen oder Mitarbeiter und Mittel für das Projekt zur Verfügung zu stellen. Es handelt sich dabei meist um einen Geschäftsführer oder Bereichsleiter.
CMADIS	Weiterentwicklung der DMAIC-Methodik durch die Firma Xchanging (Contract, Measure, Analyse, Develop, Improve, Sustain).
Common Causes of Variation	Allgemeine Ursachen der Streuung.
Control Chart	Regelkarte, die aussagt, ob ein Prozess unter statistischer Kontrolle ist.
Control Limits (Upper, Lower)	Kontrollgrenzen (obere, untere).
Control plan	Plan zur Überwachung und Steuerung des Prozesses nach der Umsetzung der Verbesserungen aus einem Six Sigma-Projekt (s. IMPROVE-Phase im DMAIC).
Council	Vgl. → Business Quality Council.
Cost-Benefit-Analysis	Analyse von Kosten im Vergleich zum erwarteten Nutzen (insbesondere von Verbesserungen).
CTE (Critical to Efficiency)	Für den (internen) Kunden erfolgskritisches Qualitäts- und Serviceniveau, welches die Kundenzufriedenheit bestimmt.
CTQ (Critical To Quality)	Qualitätskritische, messbare Anforderung des Kunden, welche erfüllt werden muss. Sie bestimmt die Kundenzufriedenheit.

Customer	Kunde, damit sind sowohl externe Kunden als auch interne Kunden (z.B. andere Unternehmensbereiche) gemeint.
Data Collection Plan	Plan zur Datenerfassung; standardisiertes Formular (s. Measure-Phase im DMAIC).
Defect	Fehler, d. h. der Fall, wenn die durch den Kunden gestellte Anforderung (CTQ) nicht erfüllt ist.
Defect opportunities	Fehlermöglichkeiten: jede Möglichkeit, einen Fehler (s. defect) zu machen und dadurch die Kundenanforderungen nicht zu erfüllen; wichtig für die Sigma-Berechnung.
Deliverable	Dokumentiertes Ergebnis eines Teilschrittes in Six Sigma-Projekten.
DFSS	„Design for Six Sigma". Auch „DMADV" genannt; vgl. auch → DMAIC.
DMADV	Six-Sigma-Methodik für das Erzeugen von neuen Prozessen. „D-M-A-D-V" (Define-Measure-Analyse-Design-Verify) bezeichnen die Anfangsbuchstaben der fünf Phasen dieser Methodik. Vgl. auch → DFSS.
DMAIC	Six Sigma-Methodik zur Optimierung bestehender Prozesse (Define, Measure, Analyse, Improve, Control).
DPMO (Defect per Million Opportunities)	Fehler pro eine Million (Fehler-) Möglichkeiten; wird zur Berechnung der Prozessleistungsfähigkeit (in Form eines Sigma Wertes) verwendet.
DPU	Defects per Unit = Zahl der fehlerhaften Einheiten (Geräte/Rechnungen).
Dashboard	Werkzeug für die übersichtliche Überwachung und Messung der internen Prozesse. Wird im Deutschen häufig auch „Visualisierungsbord" genannt.
Fishbone diagram (Fischgrät-Diagramm)	Standardwerkzeug zur Darstellung von Fehlerursachen, auch als Ishikawa-Diagramm bekannt.
Flowchart	Ablaufdiagramm zur standardisierten Darstellung von Prozessen.

Fourblocker	Darstellung des Project Charters auf einer Seite, die in vier Blöcke (= Four Blocks) unterteilt ist. Enthält die Projektkurzbeschreibung.
GB (Green Belt)	Teilzeit-Projektleiter (20%-50%) für Verbesserungsprojekte nach der Six Sigma-Methodik.
Histogramm	Diagrammform zur Darstellung einer Häufigkeitsverteilung. Nützlich, um mehrere Einflüsse und Effekte zu priorisieren und die wichtigen von den weniger wichtigen zu unterscheiden.
Improvement Team	Bezeichnung für das Verbesserungteam/Projektteam in Six Sigma-Projekten.
Improvements	Verbesserungen.
ISO 9000/ISO 9001	Normen für die Dokumentation von Prozessen.
Lessons Learned	Lernerfahrungen aus Six Sigma-Aktivitäten, die in künftigen Aktivitäten genutzt werden sollen; Grundlage für einen kontinuierlichen Verbesserungsprozess.
MBB (Master Black Belt)	Vollzeit-Coach, Trainer und Projektleiter für Verbesserungsprojekte nach der Six Sigma-Methodik. Experte in Statistik, Projekt-Management-Methoden sowie im Einsatz von „Soft Sigma". Unterstützt Champions und Black Belts bei der Durchführung der Qualitätsprojekte.
Measures	Messgrößen.
Mean	Arithmetischer Mittelwert (Summe geteilt durch Anzahl).
Median	Geographisches Mittel/Zentralwert (50% der Messwerte sind oberhalb bzw. unterhalb des Medians).
MINITAB	Eine Software mit umfangreichen Statistikfunktionen, die zur Datenanalyse verwendet wird.
Moment Of Truth	Moment der Wahrheit. Zeitpunkt eines Prozesses, in dem direkter Kundenkontakt besteht.

Net Benefit	In Geld messbarer Erfolg von Six Sigma-Projekten. Positiv zählen Erfolge aus „zusätzlichem Umsatz, Produktivitätssteigerungen und Kostensenkungen", negativ zählen die „Kosten der Umsetzung".
Normalverteilung	Idealisierte Form einer Häufigkeitsverteilung. Auch als Glockenkurve oder Gaußkurve bekannt. Grafische Darstellung von Messwerten, bei der die mittleren Werte häufiger vorkommen als die äußeren Werte.
Onepager	Projektkurzbeschreibung auf einem einseitigen Standardformular; s. auch Fourblocker, Charter.
Opportunity	(Fehler-) Möglichkeit. Jeder Fall der auftreten könnte, der messbar ist und eine Kundenanforderung nicht erfüllt.
Pareto	Pareto-Prinzip: 80% der Probleme entstehen durch 20% Ursachen.
Process	Eine Reihe von miteinander verbundenen Aktivitäten, die einen gesteigerten Wert erbringen.
Process Capability	Fähigkeit eines Prozesses, ein Produkt in einer konstanten Weise zu liefern (wenig Variationen).
Process Management System	Management-System zur Steuerung von Prozessen mit dem Ziel, den Prozess mit hoher Zuverlässigkeit und Fehlerfreiheit zu betreiben.
Process Map	Prozesskarte/Ablaufdiagramm
Process Owner	Mitarbeiter, der für einen Prozess/Teilprozess und dessen langfristige Leistungsfähigkeit verantwortlich ist. Stellt Nachhaltigkeit der Prozessverbesserungen sicher.
Process Variation	Streuung in den über die Zeit gemessenen Ergebnissen eines Prozesses. Die Variation kann aufgrund „natürlicher" (common cause) oder „besonderer" (special cause) Ursachen hervorgerufen werden.

Programm Manager	Six Sigma-Leiter. Verantwortlicher für die Six Sigma-Implementierung im Unternehmen und für das Gesamtprogramm. Wird häufig auch Six Sigma Director, Business Excellence Head oder Deployment Manager genannt.
Project Charter (Charter, Team Charter), Steckbrief, Contract	Kurze Übersicht (Einseiter) über ein Six Sigma-Projekt. Enthält Angaben zu: „Business Case", „Problembeschreibung", „Zielbeschreibung", „Projektumfang und -abgrenzung", „Projektteam und Projektmeilensteine".
Quality	1. „Qualität": Die vom Kunden bewerteten Eigenschaften eines Produktes. Quality kann Faktoren beinhalten wie Pünktlichkeit, Größe, Zeit, Zuverlässigkeit oder andere. 2. Der Fachbereich „Quality" im Unternehmen; ein interner Dienstleister für die anderen Bereiche.
Quality Leader	Gesamtverantwortlicher für die Umsetzung von Six Sigma im Unternehmen. Siehe Programm Manager.
Range	Spannweite.
Requirements	Kundenanforderungen, relevant für die Zufriedenheit des Kunden (Kunden„anforderungen" sind wichtiger als Kunden„wünsche").
Rework	Handlungen, die erforderlich sind, um durch einen Arbeitsprozess entstandene Fehler zu beseitigen.
Root cause analysis	Analyse von Abläufen (process door) und der gemessenen Daten (data door), um Fehlerursachen zu erkennen und zu bewerten.
Run Chart	Verlaufsdiagramm; Darstellung von Messwerten über die Zeit.
Sales Green Belt	Vertriebsmitarbeiter mit direktem Kundenkontakt und Schwerpunkt auf Six Sigma-Kenntnissen für die Kundenschnittstelle.
Sample	Stichprobe. Untersuchte Teilmenge einer Grundgesamtheit. Die Stichprobe soll die Grundgesamtheit repräsentieren.

Scatter Diagram	Streudiagramm zur Darstellung von Abhängigkeiten zwischen zwei Variablen (z.B. einer Eingangs- und einer Ausgangsgröße).
Scope	Umfang des Six Sigma-Projektes: „In scope" ist alles, was im Projekt betrachtet wird. „Out of scope" ist alles, was nicht betrachtet wird.
Scorecard	Instrument (Fragebogen) für die subjektive Bewertung von Produkten u. Services durch den Kunden. Siehe auch „Voice of the Customer" (VOC).
Shareholder	Kapitalgeber des Unternehmens.
Should be process map	Darstellung des Sollprozesses, i.a. der Ablauf nach Umsetzung der Verbesserungen aus einem Six Sigma-Projekt.
Sigma	1. Griechisches Symbol, steht für die Einheit der Standardabweichung. 2. Maß für die Leistungsfähigkeit von Prozessen.
SIPOC (=COPIS)	Supplier, Input, Process, Output, Customer: High-Level-Prozessbeschreibung in 5 bis 7 Prozessschritten. Ein Six Sigma-Werkzeug zur standardisierten Darstellung eines Prozesses mit dessen Start- und Endpunkt, den Eingangs- und Ausgangsinformationen sowie Kunden und Lieferanten.
Six Sigma	1. Sechs Sigma bedeuten statistisch gesehen nur 3,4 Fehler (s. defect) bezogen auf 1 Mio. Möglichkeiten, Fehler zu machen (d.h. die Anforderungen des Kunden nicht zu erfüllen). 2. Qualitätsbewusstsein und Management-Philosophie.
SLA (Service Level Agreement)	Vereinbarung von definierten Leistungen zwischen „Lieferant" und „Kunde".
Special Cause Of Variation	Spezielle Ursache der Streuung.
Specification Limits (USL= upper specification limit; LSL= lower specification limit)	Spezifikationsgrenzen. Grenzwerte für die Kundenzufriedenheit (s. auch CTQs) (USL = obere Spezifikationsgrenze; LSL = untere Spezifikationsgrenze).

Span	Differenz zwischen Kundenerwartung und Kundenwunscherfüllung, z.B. Zeitdifferenz zwischen dem vom Kunden gewünschten Liefertermin und dem tatsächlichen Liefertermin.
Sponsor	Six Sigma-Unterstützer auf Geschäftsführungs-/Vorstandsebene, häufig auch Projekt Champion.
Stakeholder	Personen und Mitarbeiter, welche in einem Prozess involviert sind oder Interesse daran haben, dass der Prozess reibungsfrei läuft.
Standard Deviation	Standardabweichung (Streuung der Daten um den Mittelwert).
Survey	Systematische Kundenumfrage oder Interviews.
Tracking	12-monatige Nachverfolgung des tatsächlichen Projektnutzens (Net Benefit) eines Six Sigma-Projektes.
Team Charter	s. Projekt Charter.
Tollgate	Meilenstein zwischen zwei Phasen in einem Six Sigma-Projekt.
TQM (Total Quality Management)	Ein übergreifender Geschäftsansatz (Philosophie), der Kundenorientierung, Mitarbeiterbeteiligung und Fehlerbeseitigung einschließt.
Unit	Einheit. Gegenstand oder Information, der/die den Prozess durchläuft.
Value-Added Work	Schritte, die essenziell für die Erstellung eines Produktes oder Services sind, die den Kundenwünschen und Anforderungen entsprechen. Der Kunde muss bereit sein, dafür zu zahlen. Der Schritt wird beim ersten Mal schon richtig durchgeführt. Der Schritt bringt das Produkt oder den Service weiter zur Fertigstellung.
Varianz/Variation	Streuung (s. Process Variation).
Vital few (oder rote X)	Die „wenigen Wichtigen"; zumeist im Zusammenhang mit Fehlerursachen verwendet.

VOC (Voice Of The Customer)	Sammlung von Kundenaussagen zur Qualität der erhaltenen Produkte oder Dienstleistungen. Diese werden direkt beim Kunden erhoben. Aus diesen oft pauschalen, undifferenzierten und unzureichend spezifizierten Aussagen werden die → CTQs definiert und daraus Messgrößen für die Kundenzufriedenheit abgeleitet.
Workbook	Projektdokumentation für Six Sigma-Projekte.
X's	Dies sind die Einflussfaktoren auf das Prozessergebnis (Y). Die Xe mit dem größten Einfluss auf das Ergebnis (Y) werden als „rote X", „vital view" oder „Big X" bezeichnet.
Y's	Dies sind die Prozessergebnisse. Als „Big Y" werden wichtige Unternehmensziele/-ergebnisse bezeichnet.
Yellow Belt	Mitarbeiter, der aufgrund seiner Funktion eine vertiefende Six Sigma-Schulung erhält und häufig Kontakt mit Six Sigma-Projekten hat.

10.2 Fragen und Antworten

Frage: Ist Six Sigma nur für Großunternehmen, oder auch für kleine Mittelländische Unternehmen geeignet?

Die Methodik lässt sich genausogut für kleine Unternehmen (z.B. bis 400 Mitarbeiter) wie für große einsetzen. Da kleinen Unternehmen jedoch weniger Budget für eine Six Sigma-Einführung zur Verfügung steht, können häufig nur wenige Six Sigma-Spezialisten ausgebildet, geschweige denn für Prozessverbesserung freigestellt werden. Unterschiede gibt es daher im Programm Management und der Organisation der verfügbaren Six Sigma-Ressourcen (Black Belts, Green Belts). Eine Möglichkeit für kleinere Unternehmen, Six Sigma erfolgreich einzusetzen, ist die Ausbildung von 2 Black Belts, die direkt an die Geschäftsführung berichten und zu 100% für diese Aufgabe freigestellt werden. Diese betreuen nach einigen erfolgreichen eigenen Projekten je bis zu 4 Green Belts in der Organisation. Dadurch wird die Methodik im Unternehmen ohne große zusätzliche Investitionen verbreitet. Die

Ausbildung der Green Belts erfolgt durch die eigenen Black Belts. Die Black Belts wiederum werden durch externe Institute ausgebildet. Wichtig ist, dass den Black Belts bei den ersten Projekten ein qualitativ hochwertiges Coaching zur Verfügung steht. Ohne dieses besteht ein hohes Risiko für einen Fehlschlag bei der Six Sigma-Implementierung.

Frage: Ist Six Sigma nicht „alter Wein in neuen Schläuchen"?

Es ist richtig, dass im Six Sigma-Werkzeugkasten viele bekannte Werkzeuge zu finden sind. Dies ist auch beabsichtigt, da Six Sigma gezielt das Beste im Bereich Prozess-/Projekt-Management, Statistik und Lean Management vereint. Dies ist gerade für Neueinsteiger ein großer Vorteil, da auf bestehendem Wissen aufgesetzt wird und somit nicht alles neu ist. Die Lernkurve ist kürzer und der Erfolg stellt sich schneller ein. Die Vernetzung der bekannten Werkzeuge zu wirkungsvollen Methodiken (z.B. DMAIC, DFSS) stellt den eigentlichen Wert von Six Sigma dar, nicht aber das einzelne altbewährte Tool selbst.

Frage: Six Sigma lässt sich gut in häufig wiederkehrenden Prozessen anwenden. Macht Six Sigma auch Sinn bei Prozessen, die nur einmal im Jahr durchgeführt werden (z.B. strategische Planung, Anlagenbau etc.)?

Sicherlich hat die Six Sigma-Methodik insbesondere bei häufig wiederkehrenden Prozessen ihre Stärken. Die Praxis hat jedoch gezeigt, dass auch bei Prozessen mit einer sehr langen Durchlaufzeit die Methodik anwendbar ist (z.B. wenn ein Produkt nur einmal im Jahr hergestellt wird). In diesen Fällen ist allerdings die Pilotierung sowie die Messung des Projekterfolgs langwierig. Oftmals enthält ein langer Prozess eine Reihe von Unterprozessen, die häufiger zur Anwendung kommen. Daher sollte geprüft werden, ob sich der Einsatz von Six Sigma in Bezug auf diese Teilprozesse lohnt. Sollten Sie die Wahl haben, so sind häufig wiederkehrende Prozesse mit kurzer Durchlaufzeit für Six Sigma-Projekte die erste Wahl.

Frage: Wie wichtig ist das Coaching im Vergleich zum Training von Black Belts?

Das Coaching in Six Sigma-Projekten ist für Black Belts wie auch Green Belts erfolgskritisch. Es ist viel wichtiger als z.B. die eigentliche Black Belt-Schulung. Der Coach hilft beim gezielten Einsatz der Methodik in der jeweiligen Projekt-/Problemsituation. Für einen schnellen und langfristigen Six Sigma-Erfolg im eigenen Unternehmen ist ein qualitativ hochwertiges Coaching ein Muss. Erfahrungen belegen etwa ein Verhältnis von 80:20 im Vergleich zwischen Coaching und Training in Bezug auf den Projekterfolg.

Frage: Ich habe bereits ISO 900x sowie TQM/KVP im Unternehmen im Einsatz. Brauche ich da zusätzlich noch Six-Sigma?

Wenn Ihnen die aktuelle Qualitätsorganisation alle Prozessprobleme nachhaltig und messbar löst, dann brauchen sie natürlich nichts „Zusätzliches" mehr. In den meisten Unternehmen ist dieses derzeit allerdings nicht der Fall. Die gute Nachricht: Six Sigma und ISO 900x ergänzen sich ideal. Während ISO 9000x beschreibt WAS getan werden soll, beschreibt Six-Sigma WIE das Ziel erreicht wird (liefert also die dazu notwendigen Werkzeuge). Beide Qualitätsansätze ergänzen sich. Um die Komplexität im Unternehmen möglichst gering zu halten, sollten jedoch nicht mehrere Prozessoptimierungsmethoden parallel zum Einsatz kommen. Die aktuelle TQM/KVP-Organisation sollte deshalb mittelfristig in die Six Sigma-Organisation integriert werden.

Frage: Garantiert mir der Einsatz von Six Sigma den Erfolg?

Nein, nicht automatisch. Six Sigma ist kein Zauberstab, sondern erfordert Professionalität und Disziplin. Six Sigma kann ein großer Erfolg, aber auch ein Reinfall werden. Es hängt ganz von der Art und Weise Ihrer Einführung ab. Sie können klein oder im großen Stil anfangen, alles selbst versuchen oder von Anfang an einen erfahrenen Partner zu Rate ziehen. Es hängt alles von Ihren Zielen, Ihrem verfügbaren Budget und dem „Leidensdruck" ab, den Ihr Unternehmen im aktuellen Wettbewerb spürt. Eine schriftlich definierte und auf Ihr Unternehmen abgestimmte Roadmap sowie ein erfahrener Partner bei der Einführung können das Risiko eines Fehlschlages allerdings beträchtlich reduzieren.

10.3 Ist Ihr Unternehmen bereit für Six Sigma?

Die folgende Checkliste kann Ihnen dabei helfen, die „Six Sigma"-Fähigkeit Ihres Unternehmens zu bestimmen. Für jede Frage gibt es maximal 6 Punkte:

- 6 Punkte = „vollständig erfüllt";
- 3 Punkte = „teilweise erfüllt";
- 0 Punkte = „nicht erfüllt".

Frage	Punkte
1. Ist Ihre Organisation stabil und wird sich in nächster Zeit nicht dramatisch verändern (Reorganisationen)?	
2. Ist der CEO bereit, Six Sigma zu einer seiner Top-Prioritäten zu machen?	
3. Hat die Unternehmensführung Erfahrung in der erfolgreichen, nachhaltigen Implementierung unternehmensweiter Programme?	
4. Sind statistische Prozesskontrollen, Kennzahlensysteme und Lean-Methoden bereits implementiert?	
5. Ist das Unternehmen bereit, bis zu 10% der eigenen personellen Ressourcen in Six Sigma zu investieren?	
6. Können die besten Projektleiter und „high potentials" für Six Sigma-Projekte bereitgestellt werden?	
7. Ist das Senior Management-Team bereit, 2 Tage seiner Zeit für den Start des Six Sigma-Programms zu investieren und Six Sigma-Projekte aktiv zu unterstützen (z.B. als Projekt Champion)?	
8. Kann die zweite Führungsebene ebenfalls für eine Teilnahme an einem zweitägigen Six Sigma-Champion Training gewonnen werden?	
9. Ist Teamarbeit im Unternehmen verbreitet?	
10. Basieren Entscheidungen primär auf Fakten, Daten und Ergebnissen von Analysen?	
11. Sind Arbeitsabläufe in Form von Prozessen dokumentiert und Zuständigkeiten klar geregelt?	

Auswertung:

- Ab 41 Punkte = Sie können sofort starten.

- Zwischen 30 und 40 Punkte = Nur starten, wenn die Management-Unterstützung sichergestellt ist.

- Unter 30 Punkte = Sie sollten zuerst die Rahmenbedingungen verbessern.

10.4 Projektbeispiele (DMAIC und DFSS)

Grundsätzlich können alle vorhandenen Prozesse mit Hilfe der DMAIC-Methodik verbessert werden. Nachfolgend finden Sie eine Liste von Projekten, welche die Autoren in den unterschiedlichen Unternehmen bereits erfolgreich durchgeführt bzw. als Coach begleitet haben. Die Auflistung erfolgt nach Fachbereichen/ Funktionen:

Finanzwesen (Finance/Controlling/Accounting):

- Verbessere die Forecast-Genauigkeit
- Verbessere Zahlungsprozesse an Lieferanten und Hersteller
- Verbessere „Days Sales Outstanding (DSO)" - durchschnittliche Zeit von Rechnungsstellung bis Bezahlung durch den Kunden.
- Reduziere „Offener Posten" (unbezahlte Rechnungen)
- Reduziere die Durchlaufzeit bei der Gehaltsabrechnung
- Optimiere die Payment/Collection-Prozesse (Aufwand/Zeit)
- Reduziere die Transaktionskosten
- Reduziere die Durchlaufzeit/Aufwände für Reconciliation (Ausgleichung von Konten)
- Optimiere interne/externe Reporting-Prozesse (Aufwand, Qualität, Zeit)
- Reduziere bezahlte Mehrarbeit
- Optimierung der Prozesse (Durchlaufzeit, Qualität, Kosten):
- Reduzierung Durchlaufzeit Kontoeröffnung
- Kontobuchung/Auslieferung an Kunden
- Scheck-/Kreditkartenausstellung
- Reduziere Durchlaufzeit Scheckwertstellung
- Reduziere Durchlaufzeit Kreditantragsbewilligung
- Reduziere Durchlaufzeit Wertpapierabwicklung

Personalwesen (Human Resources):

- Reduziere die Personalbeschaffungskosten
- Reduziere die Aus- und Weiterbildungskosten
- Verbessere die Transparenz bzgl. „Headcount"
- Risikoreduzierung bei Arbeitnehmerüberlassung
- Reduziere Durchlaufzeit/Aufwand im Zahlungsanweisungsprozess
- Optimiere den Stammdatenpflegeprozess
- Reduziere Zeit/Aufwand, um Mitarbeiter einzustellen
- Reduziere Zeit/Aufwand, um Versicherungsfälle zu bearbeiten

- Verbessere Mitarbeitereinführungs- und Orientierungsprozess
- Verbessere Pünktlichkeit und Qualität der Mitarbeiter-Beurteilungsgespräche (Performance Reviews)
- Reduziere die ungewollte Fluktuation (für definierte Bereiche)
- Optimiere die Trainingseffizienz
- Steigere die Mitarbeiterzufriedenheit
- Reduziere Arbeits-/Wege-Unfälle
- Optimiere den Personalentwicklungsprozess
- Optimiere Mitarbeiter „Exit"-Prozess (Qualität, Aufwand, Riskio)

Vertrieb (Sales):

- Erhöhe die Umsatzgenerierung mit neuen Dienstleistungen/Produkten
- Verbessere die Effektivität im Vertrieb (mehr verkaufsaktive Zeit, weniger interne Aufwände)
- Verbessere die Qualität im Angebotsprozess (z.B. Hitrate)
- Optimiere Pricing-Prozess (optimalen Angebotspreis finden)
- Reduziere Aufwand/Dauer für Angebotserstellung
- Erhöhe die Hit Rate im Angebotsprozess (Quote Aufträge zu Angebote)
- Reduziere die Dauer und den Aufwand, um eine Bestellung zu erfassen
- Reduziere Fehler und Nacharbeit in Bezug auf Bestellungen
- Reduziere die Durchlaufzeit für Kundenkredite von Anfrage zum Angebot
- Verbessere die Durchlaufzeit von der Bestellung bis zur Rechnungsstellung
- Steigere die Kundenzufriedenheit (Folgeaufträge...)

Logistik (Shipping/Receiving)/Sourcing:

- Optimiere den unternehmensweiten Fuhrpark (Kostenreduzierung)
- Reduziere Transportkosten (optimale Route, hohe Auslastung)
- Reduziere Lagerhaltungskosten
- Minimiere Lieferzeit und Konfigurationszeit/-aufwand
- Verbessere die Pünktlichkeit bei Lieferungen
- Verbessere die Genauigkeit der Dokumentation (Lieferscheine)
- Reduziere logistikbedingte Ausfallzeiten in der Produktion
- Verbessere die Lieferantenqualität
- Senke die Retourenquote
- Senke die Abschreibungsquote
- Erhöhe den Lagerumschlag ohne Reduzierung der Verfügbarkeit
- Verbessere den Planungsprozess für A/B/C-Teile bzw. Produkte

Service (z.B. Call Center):

- Optimierung des Service Levels für den Helpdesk (Erreichbarkeit, Lösungsquote, Weiterleitungsquote, Strafzahlungen)
- Optimierung Lösungsquote bei Technikern (erfolgreiche Reparatur beim ersten Einsatz)
- Reduzierung der Server-Installationskosten
- Reduzierung Aufwände (Personalkosten) bei Prozess und Durchlaufzeiten
- Einhaltung der Service Level-Vereinbarung bei Änderungsanfragen (Change Requests)
- Steigere/Reduziere durchschnittliche „talk time" mit dem Kunden
- Reduziere die Anzahl abgebrochener „Calls"
- Erhöhe die Anzahl gelöster Calls pro Mitarbeiter pro Zeiteinheit
- Verringere die Anzahl bzw. Quote der Calls im Second Level (Third Level)

Produktion (auch auf Service übertragbar):

- Optimierung der Produktionsprozesse (Produktivitätssteigerung, Reduzierung Personal, Reduzierung Lagerkosten)
- Optimierung Betriebskosten
- Minimierung Instandhaltungskosten
- Maximierung Verfügbarkeit/Leistungsraten
- Minimierung Ausschuss/Fehler/Nacharbeit im Prozess
- Optimierung Durchlaufzeiten
- Reduzierung Aufwände oder Entsorgungskosten im Prozess

IT (Informationstechnologie)

- Reduzierung von Netzwerk/Server/Anwendungsausfallzeit
- Verbessere den Zugriff bzgl. entfernter Standorte
- Verbessere Systemzuverlässigkeit/„Uptime"
- Reduziere IT-Supportaufwand
- Verbessere Mitarbeiterzufriedenheit mit IT-Equipment

Die DFSS-Methodik (Prozess-Design) kommt zum Einsatz, wenn der bestehende Prozess an seine Leistungsgrenze stößt und wirtschaftlich nicht weiter verbessert werden kann. In diesem Fall sollte man grundsätzlich neu über den Prozess nachdenken.

DFSS ist auch dann sinnvoll, wenn man nicht auf einen bestehenden Prozess aufsetzen kann, sondern Prozesse und Produkte/Services von Grund auf neu entwickeln möchte bzw. neue Dinge im Unternehmen einführen und es „gleich beim ersten Mal richtig" machen möchte.

Beispiele für DFSS-Projekte:

- Entwicklung neuer Dienstleistungen/Produkte
- Verkürzung „Time to Market" für ausgewählte Produkte
- Design einer neuen Vertriebskampagne mit höherer Erfolgsquote
- Einführung einer Firmenkreditkarte mit zugehörigem Prozess
- Einführung einer Firmenwagenregelung mit zugehörigem Prozess
- Einführung Internet-Jobbörse mit zugehörigem Prozess
- Einführung Jobkatalog mit Gehaltsbändern und Prozess
- Entwicklung von Software

Darüber hinaus könnten viele der unter DMAIC genannten Prozessverbesserungsthemen Inhalt von entsprechenden DFSS-Projekten sein.

10.5 Hilfreiche Werkzeuge

10.5.1 Projektfortschritts-Checkliste für DMAIC

Um den Black Belts und Green Belts einen „roten Faden" für die Projektleitung an die Hand zu geben, wurde die nachfolgende Checkliste für DMAIC- und DFSS-Projekte entwickelt. Die einzelnen Punkte („Deliverables") werden schrittweise abgearbeitet. Wenn alle Punkte abgehakt sind, ist eine Phase abgeschlossen. Optional kann der betreuende Master Black Belt zusätzlich ein Meilenstein-Gespräch („Tollgate Review") mit dem BB/GB führen.

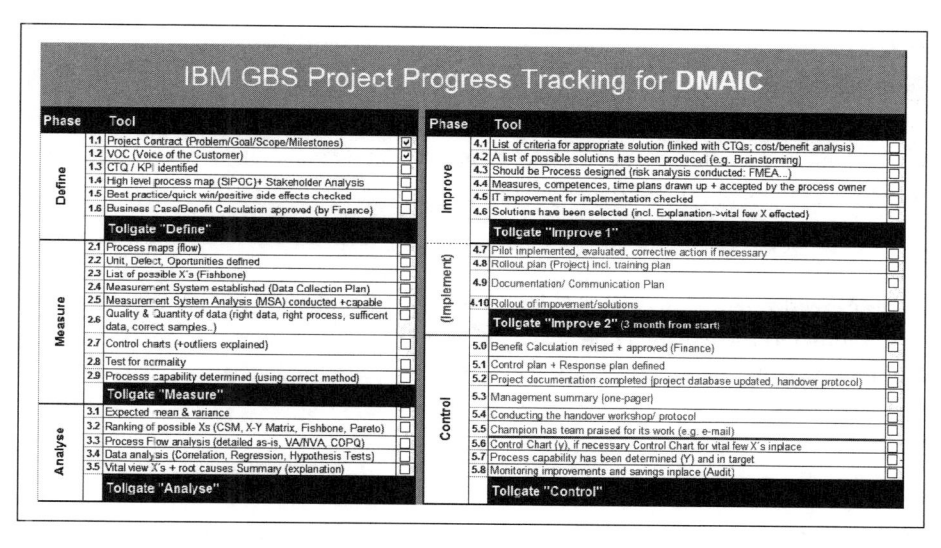

Abbildung 108: Six Sigma-DMAIC Checkliste, (Quelle: IBM, 2006)

Dieses Hilfsmittel ist nicht nur für Black Belts und Green Belts geeignet, die ihre ersten Six Sigma-Projekte leiten. Auch Master Black Belts sollten diese Checkliste immer zur Hand haben, um in Coachingterminen schnell auf eventuelle Lücken in der Projektdokumentation hinweisen zu können. Gleichzeitig lassen sich mit Hilfe dieser Checkliste leicht die nächsten Schritte im Projekt definieren.

10.5.2 Projektunterstützung mit IT (Unified Messaging)

Werden Six Sigma-Projekte über verschiedene Standorte verteilt durchgeführt (national oder international), so kann dies zu erheblichen Reiseaufwänden (und damit Kosten) führen.

Viele Firmen investieren viel Geld in Videokonferenzanlagen, um diesem Problem entgegenzuwirken. In der Praxis bringen diese Anlagen allerdings häufig nur geringen Nutzen. Viel wichtiger, als sein Gegenüber zu sehen, ist, dass die Projektdokumentation oder die Ergebnisse (in elektronischer Form) gemeinsam durchgegangen werden können. Dabei hilft die herkömmliche Videokonferenzanlage nicht!

Ein sehr gutes Mittel, um auch bei verteilten Projekten eine Betreuung zu ermöglichen, ist der Einsatz von sogenannten „Unified Messaging"-Werkzeugen wie *NetMeeting* von Microsoft oder *Sametine* von Lotus.

Diese Werkzeuge sind meist im Lieferumfang des Betriebssystems oder E-Mail-Systems (MS Outlook, Lotus Notes) enthalten und bedeuten damit keine zusätzlichen Investitionen. Außer der gemeinsamen Nutzung von Bildschirminhalten/Dokumenten können auch Sprache und Bilder (Zeichnungen oder Video bei installierter Web-Cam) übertragen werden.

> **Tipp:**
> Diese Werkzeuge sind wirklich ihr Geld wert. Schulungen und Einweisungen sind direkt am Arbeitsplatz der Anwender möglich. Über deren eigene PCs ohne Reiseaufwand.

10.5.3 SigmaXL – Analysen mit MS Excel anstelle von MINITAB

Bei SigmaXL handelt es sich um ein MS Excel Add-in (Makro), das statistische Analysen zu einem Bruchteil der Kosten von MINITAB (statistisches Standard-Analyse-Werkzeug) durchführen kann.

Es eignet sich besonders gut für Process Owner, Teammitglieder und die meisten Analysen, die Black/Green Belts in Projekten benötigen.

Vorteile:

- Wesentlich geringerer Preis als MINITAB
- Sehr einfache Bedienbarkeit
- Einfachere Datenaufbereitung für Analysen (als MINITAB)
- Höhere Akzeptanz bei Nutzern, da MS Excel bereits bekannt
- Produkt muss im Unternehmen nicht extra zertifiziert werden, da MS Excel in vielen Unternehmen bereits Standardausstattung ist.

Nachteile:

- Maximale Anzahl Datenzeilen geringer als bei MINITAB (abhängig von MS Excel)
- Auswertungen optisch weniger ansprechend
- Version von SigmaXL ist abhängig von der MS Excel Version. Sollte Ihr Unternehmen eine ältere Excel-Version benutzen, so kann nur eine ältere SigmaXL-Version mit eingeschränktem Funktionsumfang verwendet werden.

SigmaXL-Referenzen: American Express Financial, AON, Bechtel, Boeing, Boston University, Cisco, Federal Reserve Bank of Atlanta, Fleet Bank, Xchanging.

> **Tipp**:
> Eine kostenlose 30-Tage-Testversion zum Herunterladen sowie weitere Informationen finden Sie im Internet unter folgender Adresse: http://www.SigmaXL.com

Detail-Information über Sigma XL (nicht zu verwechseln mit „Green Belt XL for Six Sigma" von SPC Software):

SigmaXL® Releases Version 5.1

Compatible with Office 2007 and Windows Vista

SigmaXL is now compatible with all versions of Excel from 2000 to 2007 including all international language versions. Priced at just $199, SigmaXL has all the functionality most professionals need.

As an Excel Add-in this tool is easy to use and ideal for training.

New features include: Excel 2007 and Windows Vista compatible; DMAIC Templates - Team/Project Charter, SIPOC Diagram, Data Measurement Plan, Quality Function Deployment, Pugh Concept Selection Matrix, Control Plan, in addition to Cause & Effect Matrix and Failure Mode & Effects Analysis; Classical or DMAIC Menu Layout; additional Descriptive Statistics - Skewness and Kurtosis with p-values; Control Chart Selection Tool to simplify the selection of appropriate control chart based on data type.

- Data Manipulation
- Calculators & Templates
- Graphical Tools
- Measurement System Analysis
- Statistical tools
- Design of Experiments
- Process Capability
- Control Charts
- Reliability/Weibull Analysis
- EZ-Pivot Dialog
- Classical aor DMAIC menu layout

For full features list please visit www.sigmaxl.com

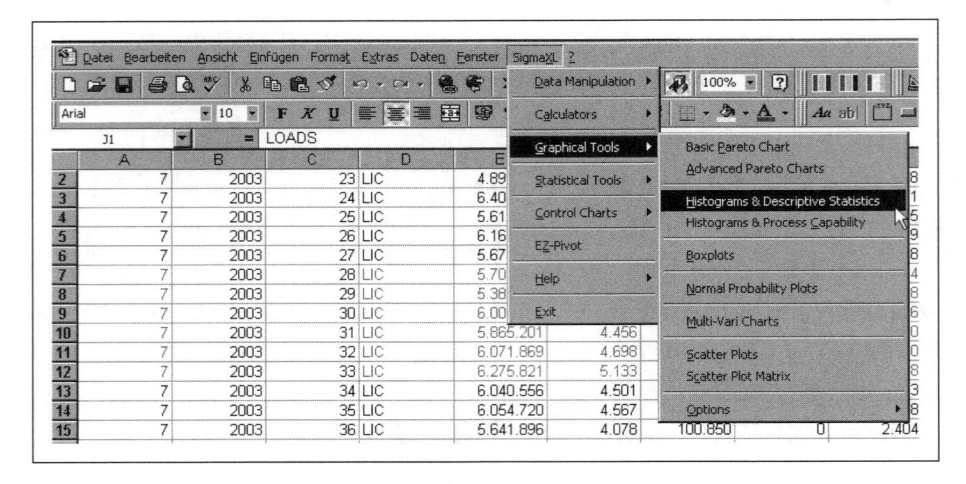

Abbildung 109: SigmaXL-Einbindung in MS Excel, (Quelle: SigmaXL)

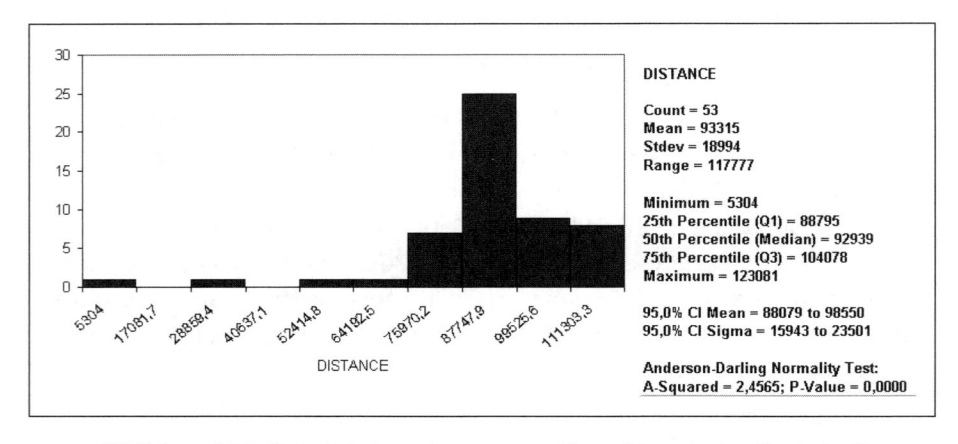

Abbildung 110: Beispiel einer Auswertung über „Descriptive Statistics",
(Quelle: SigmaXL)

Process Sigma Calculator - Discrete Data		
Number of Units Processed	N	1000
Total Number of Defects	D	10
Number of Defect Opportunities per Unit	O	1
Defects per million opportunities	dpmo	10000,0
Defects as percentage		1,00%
Process Sigma Level	Sigma	3,83

Abbildung 111: Process Sigma-Rechner, (Quelle: SigmaXL)

10.5.4 Programm-/Projekt-Management-Datenbank (i-nexus)

Zu Beginn einer Six Sigma-Initiative wird das Programm Management und das Reporting in den meisten Fällen aufwendig und manuell mit den vorhandenen Office-Anwendungen wie MS Excel, Word und Powerpoint erstellt.

Beim Ausbau des Programmes auf viele Projekte und Belts sowie auf eine Vielzahl von Standorten wird der Wunsch nach einem eleganteren und weniger manuelle Arbeit erfordernden Programm Management-Werkzeug zunehmend lauter und auch der Bedarf zunehmend konkreter.

Viele Unternehmen machen nun den klassischen Fehler, sich selbst etwas zu programmieren. Dabei gibt es sehr professionelle Lösungen am Markt, die flexibel konfigurierbar und schnell einsatzfähig sind. Eines dieser Werkzeuge ist der Programm Manger von i-nexus/i-solutions.

Diese web-basierte Applikation verwaltet den gesamten Lebenszyklus des Programmes beginnend mit der Bewertung von Projektideen über die Projekt-Pipeline, das Projekt-Management und Fortschritts-Reporting, das Programmreporting inkl. der Financial Benefits sowie die Knowhow-Datenbank mit den Werkzeugen, Methodiken und Vorlagen. Eine solche Applikation trägt auf handwerklicher Ebene entscheidend dazu bei, das Six Sigma-Programm effizienter zu steuern sowie den Wirkungsgrad (ROI) des Gesamtprogrammes zu erhöhen.

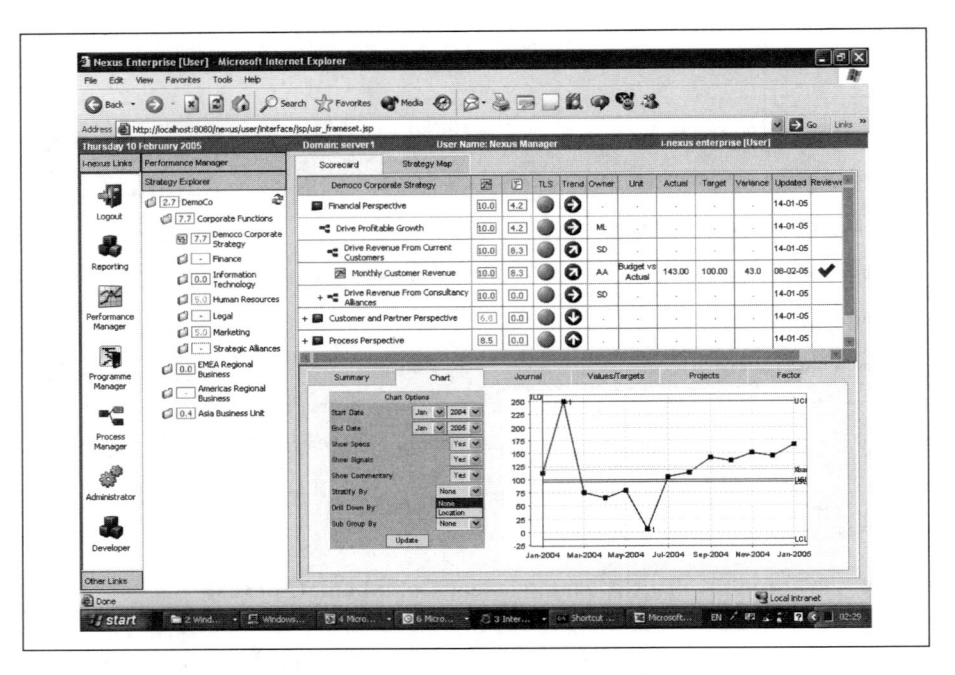

Abbildung 112: Six Sigma-Projektdatenbank (internetbasiert)

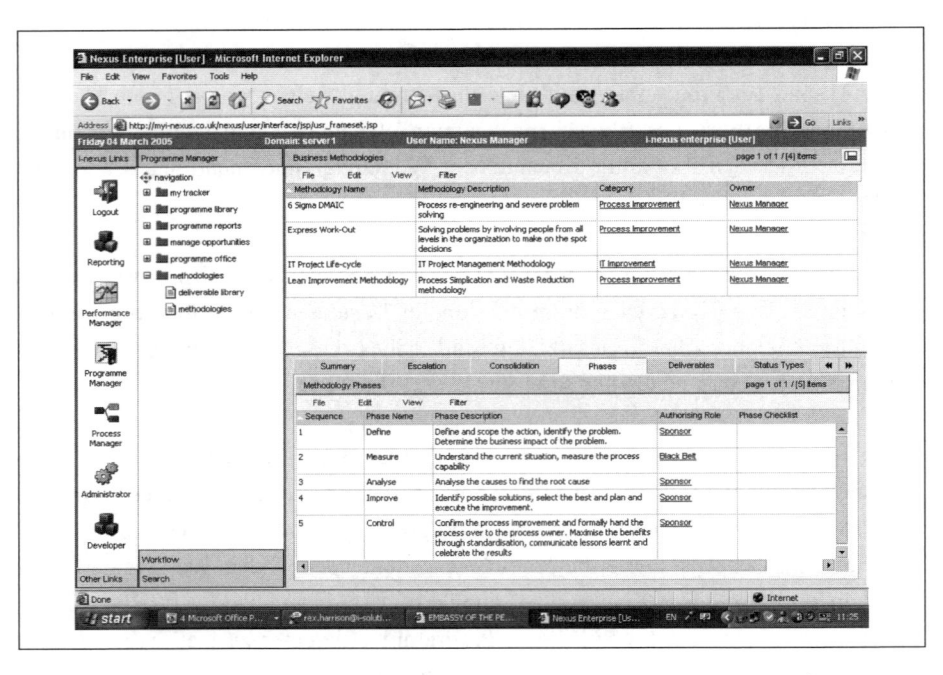

Abbildung 113: Six Sigma-Projektdatenbank (Internet Frontend)

Eine internet-/intranetbasierte Projektdatenbank eignet sich außerdem sehr gut für den Aufbau einer Projektpipeline. Jeder Mitarbeiter erfasst seine Ideen in dieser Datenbank selbständig.

Eine Beurteilung der Projektideen nach einem selbst definierten Kriterien- und Bewertungskatalog ist ebenfalls in diesem System möglich und führt zu einer priorisierten Liste von Projektideen, die dann ausgedruckt oder elektronisch weitergeleitet werden kann. Anschließend entscheidet ein Gremium, welche der Ideen in Form eines Six Sigma-, eines KVP- oder eines IT-Projektes durchgeführt werden sollen. Der Einsatz einer Hauspost, das Abtippen von Zetteln, das Kopieren von Texten aus MS Word/Excel Dateien oder e-Mails entfällt. Um Projektideen einzugeben ist keine Benutzer-ID/Kennwort erforderlich. (Für die Nutzung der Projektdatenbank hingegen schon.)

Die notwendigen Informationen für das Einreichen einer Projektidee werden auf das notwendige Minimum reduziert. Mitarbeiter/Ideengeber sollen nicht durch zu viel Administrationsaufwand abgeschreckt werden. Das Anhängen von Dokumenten ist möglich.

10.5.5 Übungen und Simulationen

10.5.5.1 Lean Management-Simulation

Ob „Capital Courier" bei General Electric, „Move It" Courier bei IBM oder „Union Xpress" bei Xchanging. All diese Simulationen basieren auf der gleichen Idee: Optimiere bestehende (administrative) Prozesse unter Zuhilfenahme von Lean- und Six Sigma-Werkzeugen. Dieses Training ist entweder Bestandteil der Black Belt-Ausbildung oder wird als separates zwei- bis dreitägiges Training für Manager, Champions oder Green Belts angeboten.

Hintergrund der Prozess-Simulation (Fallstudie):

Stellen Sie sich vor, Sie sind z.B. Mitarbeiter in einem Reisebüro. Zusammen mit anderen Kollegen haben Sie eine klar definierte Aufgabe in einem Prozess, der Kunden ausgestellte Reisetickets in Rechnung stellen soll. Jeder Mitarbeiter kennt nur seine Aufgabe. Es ist nicht transparent, was der Kollege in der Ihnen vorgelagerten Abteilung macht oder was die nachfolgende Abteilung mit dem eigenen Arbeitsergebnis anfängt. Es gibt Arbeitsschritte, die vielleicht keinen Sinn ergeben, aber vom Kunden gewünscht sind. Alle Beteiligte geben sich Mühe, aber es dauert ewig, bis

Kundenaufträge abgearbeitet sind. Zusätzlich erhält man noch viele Kundenreklamationen. Der Prozess ist ineffizient, langsam, nicht profitabel und das Management klagt über fehlende Transparenz. Manche Kollegen kommen mit ihrer Arbeit nicht hinterher, andere haben fast nichts zu tun.

Vielleicht kommt Ihnen die Situation bekannt vor? Bei den meisten Teilnehmern ist dies jedenfalls der Fall und dies erklärt auch den großen Erfolg, den dieses zwei- bis dreitägige Training immer wieder erzielt.

Durch den schrittweisen Einsatz von Lean Management und Six Sigma-Methoden wie „Voice of the Customer", „Work in Process", „Analyse von Aufwänden und Durchlaufzeiten", „Prozess-Mapping", „Identifizierung nicht wertschöpfender Prozess-Schritte", „Parallelisierung von Aufgaben", „Reduzierung von Wegezeit", „Komplexitätsreduzierung" und so weiter wird der Prozess schrittweise verstanden, gemessen und optimiert.

Für die Teilnehmer ist es am Ende der Übung immer wieder überraschend, wie man ohne zusätzliches Personal oder den Einsatz von IT-Tools signifikante Qualitäts- und Produktivitätszuwächse erreichen kann, was die Richtigkeit des Zitates von Deming in der Einleitung dieses Buches sowie die Strategie zur Prozessoptimierung erneut und eindrucksvoll bestätigt.

Neben dieser Simulation gibt es eine weitere zum Thema „Supply Chain Management". Das „Bierspiel" zeigt sehr anschaulich die Vernetzung von Systemen und lässt die Spieler erkennen, dass der „Feind" oft nicht draußen zu finden ist, sondern in uns selbst. Diese Simulation lässt sich sehr gut in bestehende Six Sigma-Trainings integrieren.

10.5.5.2 Supply Chain Management-Simulation: Das Bierspiel

Quelle: Prof. John D. Sterman, Sloan School of Management, Massachusetts Institute of Technology (MIT)

Die Spielidee:

Jedes Team spielt zusammen für ein Teamergebnis. Jedes Team repräsentiert ein Produktions- und Verteilungssystem. Die Brauerei braut Bier, welches über Verteiler, Großhändler und Einzelhändler an den Kunden verkauft wird. Jede Position (vertreten durch ein Teammitglied) verwaltet seinen eigenen Lagerbestand und seine Bestellungen.

Produktion und Lieferung laufen von oben (Brauerei) nach unten (Kunde). Es hat sich eine Verzögerung von 2 Wochen ergeben.

Lager- und Auftragsrückstände (Lieferunfähigkeit) sind mit Kosten verbunden.

Die einzelnen Positionen steuern ihren Lagerbestand durch Bestellungen (die Brauerei durch Produktion) und sind in ihren Entscheidungen frei. Jeder kann so viel oder wenig bestellen, wie er will. Die Kundenbestellungen sind vorgegeben (Kartendeck) und nur der Einzelhändler erfährt sie jeweils von Woche zu Woche.

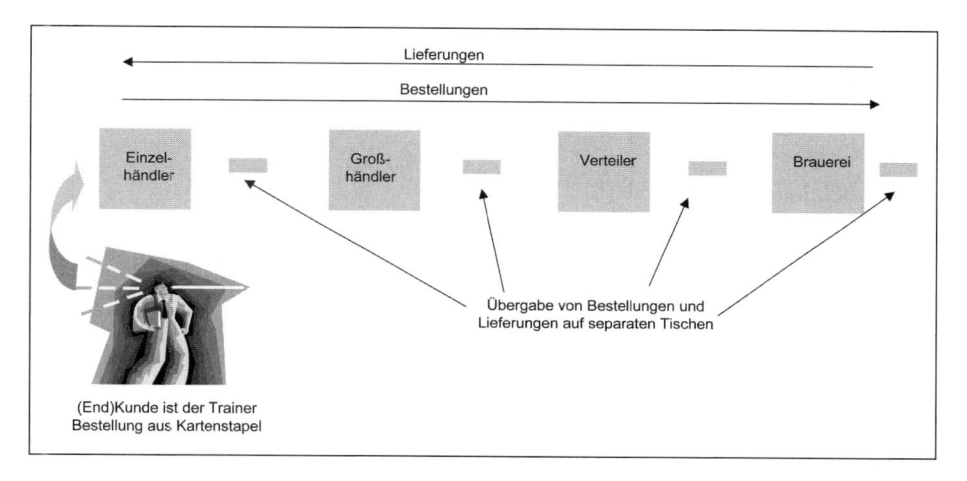

Abbildung 114: Aufbau der „Bierspiel"-Simulation

Das Ziel:

Ziel des Spiels ist es, die Kosten möglichst niedrig zu halten. Da die Kosten für Lieferunfähigkeit doppelt zu hoch sind, wie für Lagerbestand, empfiehlt es sich wohl, einen kleinen Lagerbestand als Puffer zu halten (Lagerbestand am Spielbeginn ist 12). Das Team mit den niedrigsten Gesamtkosten gewinnt und erhält die Kasse.

Die Spielregeln:

Damit Sie möglichst viel von diesem Spiel profitieren und lernen können, halten Sie sich an folgende Spielregeln:

- Sprechen Sie nicht mit anderen Spielern. Die einzige Kommunikation läuft über die Zahl auf dem Bestellzettel.
- Nur der Einzelhändler kennt die Bestellungen des Kunden. Sorgen Sie dafür, dass dies so bleibt.
- Versuchen Sie nicht herauszufinden, was andere bestellen, finden Sie Ihre eigene Strategie.

Ergebnisanalyse:

Tatsächlicher versus vermuteter Kundenbedarf. Dokumentieren Sie den vermutlichen Kundenbedarf grafisch (Einzelhändler nehmen nicht teil, da diese den tatsächlichen Bedarf kennen).

- Vermutungen der Großhändler
- Vermutungen der Verteiler
- Vermutungen der Brauereien
- Tatsächlicher Kundenbedarf

Vergleichen Sie das (sicherlich überraschende) Ergebnis des tatsächlichen Kundenbedarfs. Diese Simulation zeigt sehr gut, wie Systeme funktionieren und sich gegenseitig beeinflussen.

Angestrebter Lerneffekt:

- Lernen aus Daten
- Effekt mangelnder Kundeninformationen
- Systemisches Denken fördern (in Prozessen denken)
- Notwendigkeit von Kommunikation aufzeigen
- „Schuld" nicht bei anderen suchen
- Verhalten unter Druck testen
- Teambildung

> **Tipp:**
> Eine detaillierte Beschreibung finden Sie im Internet unter
> http://web.mit.edu/jsterman/www/SDG/beergame.html

Ein weiteres „Highlight" der Six Sigma-Übungen ist sicherlich die M&M-Übung. Diese kleine Übung zeigt dem Auditorium in 15-20 Minuten, wie Sie den Sigma-Wert einer Tüte mit M&Ms in unvergesslicher Weise ermitteln können.

Von Xchanging auf verschiedenen Veranstaltungen gezeigt, führt diese Übung stets zu einem sehr positiven Feedback der Teilnehmer.

10.5.5.3 Six Sigma auf süße Art berechnen: Die M&M-Übung

Dieses Kapitel beschreibt, wie Sie das Thema Six Sigma auf „süße" Art Mitarbeitern und Kunden näherbringen können. Diese Übung wurde schon häufig erfolgreich auf Mitarbeiterveranstaltungen, auf Konferenzen und in Schulungen mit bis zu 200 Teilnehmern gleichzeitig eingesetzt:

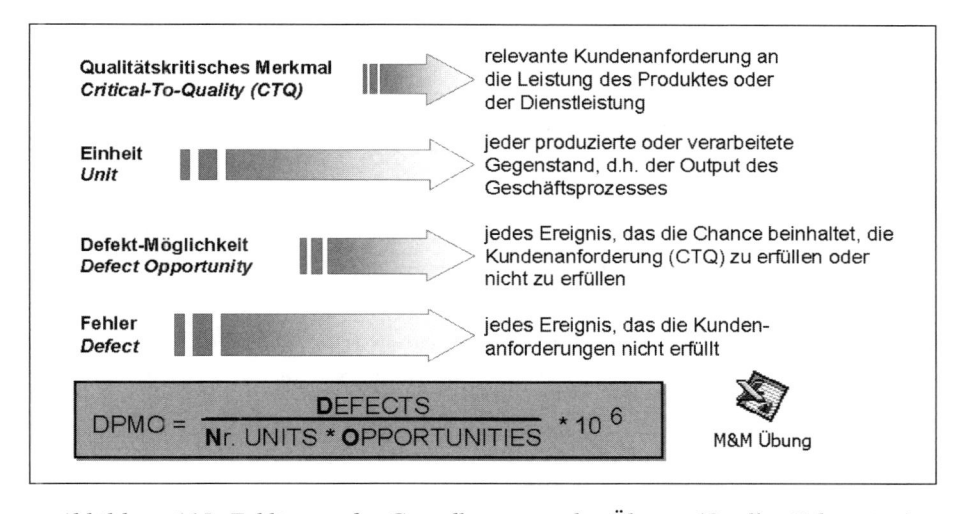

Qualitätskritisches Merkmal *Critical-To-Quality (CTQ)*	relevante Kundenanforderung an die Leistung des Produktes oder der Dienstleistung
Einheit *Unit*	jeder produzierte oder verarbeitete Gegenstand, d.h. der Output des Geschäftsprozesses
Defekt-Möglichkeit *Defect Opportunity*	jedes Ereignis, das die Chance beinhaltet, die Kundenanforderung (CTQ) zu erfüllen oder nicht zu erfüllen
Fehler *Defect*	jedes Ereignis, das die Kundenanforderungen nicht erfüllt

$$DPMO = \frac{DEFECTS}{Nr.\ UNITS * OPPORTUNITIES} * 10^6$$

M&M Übung

Abbildung 115: Erklärung der Grundlagen vor der Übung, (Quelle: Xchanging)

Danach werden die braunen M&M Tüten (45g) ausgeteilt. Die Tüten dürfen von den Teilnehmern geöffnet und gezählt werden (aber nicht aufgegessen werden!).

Das Ergebnis wird an einem Flipchart (Histogramm) dokumentiert. Die X-Achse enthält die Anzahl M&M je Tüte, die Y-Achse die Anzahl Tüten. Bei einer großen Anzahl Teilnehmer reicht es, eine Stichprobe abzufragen.

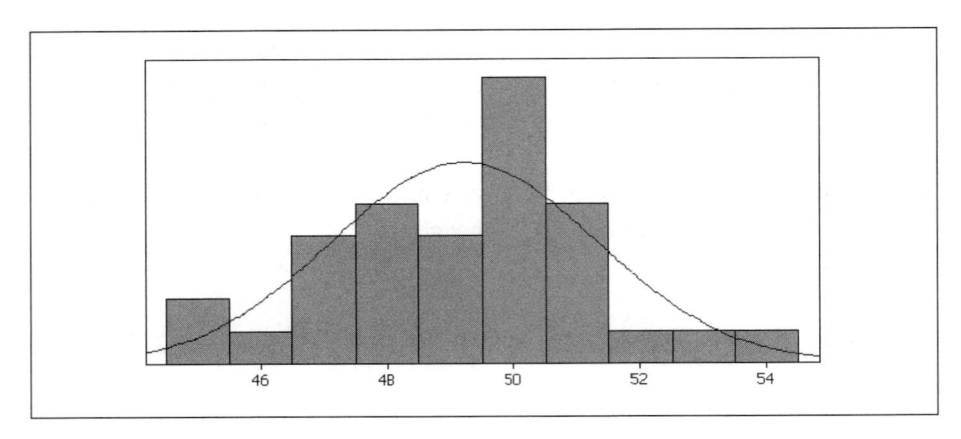

Abbildung 116: Flipchart-Beispiel für M&M-Verteilung

Jetzt werden die Teilnehmer gefragt, ob sie wissen, wie viele M&Ms in einer Packung enthalten sein müssen und die Antworten werden auf einem Flipchart notiert.

Ein M&M wiegt 1 Gramm. In einer Tüte sind 45 Gramm. Damit müssen 45 M&Ms in einer Tüte sein. Der Hersteller füllt mehr M&Ms in die Tüten, ohne dass der Kunde dies besonders wertschätzt.

Schauen Sie sich das Histogramm an – die Füllmenge ist sehr unterschiedlich verteilt. Das zeigt uns, dass der Füllprozess verbesserungswürdig ist.

Für die Ermittlung des Sigma-Wertes benötigen wir die Fehler oder Defekte des Inhalts. Die Teilnehmer definieren als Kunden diese Fehler. „Welche Fehler an einem M&M würden Sie definieren?"

Moderieren Sie auf die drei folgenden Fehlermöglichkeiten hin:

- Zerbrochen/Beschädigt/Unförmig
- Das „m" ist nicht oder schlecht lesbar
- Eine unerwünschte Farbe (meistens Blau, da künstlich, oder Braun)

Jedes M&M kann demnach bis zu drei Fehler haben!

Ermitteln Sie nun die Fehler je Fehlerklasse (1., 2., 3.) mit Hilfe des Auszählens durch die Teilnehmer

Zerbrochen = x; „m"-Fehler = y; Falsche Farbe = z

Jetzt wird eine Stichprobe der Daten erfasst und in einem vorbereiteten Excel-Sheet dokumentiert. Der Sigma-Wert wird von Excel über eine hinterlegte Formel automatisch berechnet.

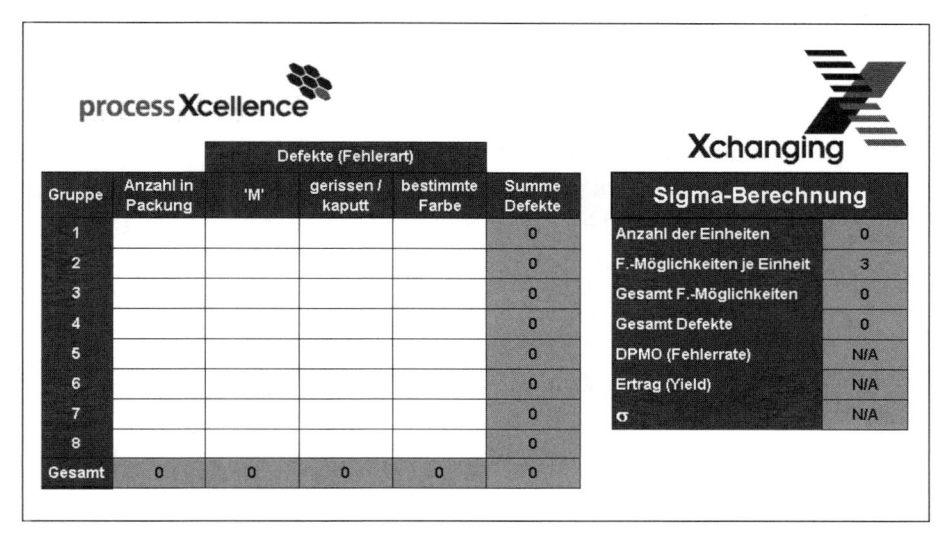

Gruppe	Anzahl in Packung	Defekte (Fehlerart)			Summe Defekte
		'M'	gerissen / kaputt	bestimmte Farbe	
1					0
2					0
3					0
4					0
5					0
6					0
7					0
8					0
Gesamt	0	0	0	0	0

Sigma-Berechnung	
Anzahl der Einheiten	0
F.-Möglichkeiten je Einheit	3
Gesamt F.-Möglichkeiten	0
Gesamt Defekte	0
DPMO (Fehlerrate)	N/A
Ertrag (Yield)	N/A
σ	N/A

Abbildung 117: Auswertungstabelle, (Quelle: Xchanging)

Erörtern Sie mit den Teilnehmern folgende Fragen:

- Welcher Fehler kann am einfachsten behoben werden? Antwort: Die unerwünschte Farbe wird nicht mehr hergestellt.

- Welcher Fehler tritt am häufigsten auf und was wären geeignete Folgemaßnahmen?

- Wann ist ein „m"-Fehler ein Fehler und wann nicht? Hinweis auf unterschiedliche Interpretation der Anwesenden in Bezug auf die Lesbarkeit des „m"s.

Was machen Sie als Black Belt mit diesen Daten/Analysen?

- Segmentieren
- Priorisieren

Probleme nach deren Wichtigkeit und Komplexität schrittweise angehen und lösen.

Zum Schluss dürfen die Teilnehmer die M&Ms essen.

Übungen dieser Art erklären Six Sigma anschaulich und holen das Thema aus der theoretischen, statistikbeladenen Ecke in den Mittelpunkt des Unternehmens. Insbesondere durch die M&M-Übung wird Six Sigma für alle Mitarbeiter „begreifbar" und steigert die Akzeptanz, in Six Sigma-Projekten mitzuwirken.

Im folgenden Kapitel finden Sie eine Vielzahl von Tipps und Tricks für die Implementierung eines Six Sigma-Programms. Nutzen Sie die Erfahrung aus unterschiedlichen Unternehmen und Branchen, um den Start und die Weiterentwicklung Ihres Lean Six Sigma-Programms zu unterstützen.

11 Literaturempfehlungen

Die Suche nach „Six Sigma" bei www.amazon.de liefert Anfang 2007 bereits über 300 Fundstellen, d.h. Bücher zu diesem Thema. Sollten Sie sich für weitere Literatur zu den Themen Six Sigma und Soft Skill interessieren, so empfehlen wir Ihnen neben diesem Buch hier die nachfolgende Lektüre:

Deutschsprachige Bücher:

- Six Sigma – Konzeption und Erfolgsbeispiele
  Armin Töpfer (Herausgeber)
  Springer Verlag

- Six Sigma umsetzen
  Kjell Magnusson und andere
  Hanser Verlag

Englischsprachige Bücher:

- The Six Sigma Way
  Peter Pande and others
  McGraw-Hill

- Lean Six Sigma for Service
  Michael L. George
  McGraw-Hill

- Leading Six Sigma
  Ronald D. Snee, Roger W. Hoerl
  FT Prentice Hall

- The Six Sigma Revolution
  George Eckes
  John Wiley & Sons Inc.

- Making Six Sigma last
  George Eckes
  John Wiley & Sons Inc.

- Six Sigma Beyond the Factory Floor
  Ronald D. Snee, Roger W. Hoerl
  Pearson Prentice Hall

- Six Sigma Leadership Handbook
  Rath & Strong, AON Consulting
  John Wiley & Sons Inc.

- Lean Six Sigma That Works
  Bill Carreira & Bill Trudell
  Amacom

- The New Six Sigma – A Leader's Guide
  Matt Barney, Tom McCarty
  Motorola University

- Lessons in Six Sigma – 72 Must-Know Truths for Managers
  Debashis Sarkar
  Response Books, Sage Publications

- What is Six Sigma?
  Pete Pande, Larry Holpp
  McGraw-Hill

- What is Lean Six Sigma?
  Mike George, Dave Rowlands, und Bill Kastle
  McGraw-Hill

- The GE Way Fieldbook
  Robert Slater
  McGraw-Hill

Literaturempfehlungen für Soft Skills und zum Change-Management:

- Der Minuten Manager (Zielsetzung und aktives Feedback)
  Blanchard, Johnson

- Der Minuten Manager schult Hochleistungsteams (Teambildung)
  Blanchard, Carew, Parisi-Carew

- Der Minuten Manager und der Klammer-Affe (Selbst-/Zeitmanagement)
  Blanchard, Oncken, Burrows

- Die fünfte Disziplin (Lernende Organisation)
  Peter Senge

- Werkzeuge für das Change Management –
  Prozesse erfolgreich optimieren und implementieren
  Heiner Spalink

- The Team Handbook (Change Management)
  Scholtes, Joiner, Streibel

- Bereit zur Veränderung – Unwege der Projektarbeit
  Straub, Forchhammer, Brachinger-Franke

- The Dance of Change
  Peter Senge

11.1 Hilfreiche Internetseiten

Inzwischen gibt es eine ganze Reihe von interessanten Seiten mit weiterführenden Informationen im Internet zum Thema Six Sigma sowie einige englischsprachige und auch deutschsprachige Diskussionsforen.

Da Google.de Anfang 2007 bereits über 1.37 Millionen Treffer zum Suchwort „Six Sigma" liefert, möchten die Autoren den geschätzten Lesern gerne Zeit und Sucharbeit ersparen und eine kleine Auswahl von Seiten im Web empfehlen.

www.isixsigma.com

Die wohl beste Six Sigma-Seite im Internet. Ob Einsteiger oder Experte, alle finden Hilfe und wichtige Informationen unter ISIXSIGMA.COM. Experten veröffentlichen regelmäßig Artikel, die Sie sogar als „e-Newsletter" abonnieren können. Die Seite umfasst inzwischen mehrere tausend Artikel und eine gute Suchfunktion. Sie können mit Experten „chatten", kostenlose Demoversionen nützlicher Quality-Tools herunterladen, einen Sigma-Rechner nutzen oder nach der Erklärung von Begriffen suchen. Auch eine Jobbörse für Six Sigma-Experten ist vorhanden.

http://www.onesixsigma.com/

Onesixsigma.com bezeichnet sich als einziges, unabhängiges Six Sigma-Experten Informationsportal mit Fokus auf Europa. Es fällt jedoch auf, dass die angebotenen Stellen fast ausschließlich von ein und derselben Personalberatung stammen (Pacific International). Ähnlich der isixsigma.com Seite erhalten Sie hier Informationen über Six Sigma-Werkzeuge, Veranstaltungen, freie Stellen, Newsletter oder Artikel.

www.bestpracticedatabase.com

Wenn Sie bereits mit den Six Sigma-Grundlagen vertraut sind, aber nach Erfahrungsberichten anderer Unternehmen suchen, so werden Sie vielleicht unter dieser Webseite fündig. Leider sind jedoch die meisten Dokumente nur gegen eine geringe Service-Gebühr zugänglich.

www.ge.com/sixsigma/

Diese Seite gibt einen kleinen Einblick, wie der Six Sigma-Pionier General Electric (GE) Six Sigma im Unternehmen versteht und einsetzt.

http://www.isssp.com/index.asp?page=index.asp

Die internationale Vereinigung für Six Sigma-Experten (International Society of Six Sigma Professionals/ISSP) finden Sie unter www.ISSSP.COM. Schwerpunkt dieser Webseite ist die Weiterentwicklung von Six Sigma. Deshalb werden hier auch Konferenzen, Symposien und Workshops angeboten. Leider sind die Artikel nur für Mitglieder (kostenpflichtig) zugänglich.

www.xing.com (www.openBC.com)

Die inzwischen in Europa sehr bekannte Seite für globales Netzwerken (vormals: openBC) bietet eine deutschsprachige Gruppe bzw. ein Forum zum Thema „Six Sigma", in der Anfang 2007 bereits über 1300 Mitglieder angemeldet waren. Der Trend ist steigend, die Registrierung ist kostenlos.

11.2 Kurzbiographien der Autoren

Frank Bornhöft

Frank Bornhöft ist bei IBM Global Business Services für die Lean (Six) Sigma-Beratung in Deutschland verantwortlich. Dabei berät er sowohl externe als auch IBM-interne Kunden bzgl. des Einsatzes der Lean Six Sigma-Methodik. Zuvor hatte er als Master Black Belt sowie „Head of Process Xcellence" Lean Six Sigma bei der european transaction bank (Xchanging) implementiert.

Während seiner Zeit bei Celerant Consulting unterstütze Frank Bornhöft als Projektleiter und Master Black Belt Industrieunternehmen bei der Einführung von Lean Six Sigma-Programmen. Seine ersten sechs Jahre als Black Belt/Master Black Belt war Frank Bornhöft für General Electric (Capital IT Solutions) tätig. Schwerpunkt waren dabei Projekte im Service Umfeld (HR, Finance, Backoffice Service, IT-Service, Supply Chain).

Vor seinem Wechsel in die Six Sigma-Beratung arbeitete er als System Ingenieur und Berater in der IT-Branche. Frank Bornhöft ist Dipl. Ingenieur der Elektrotechnik/Technische Informatik.

Norbert Faulhaber

Als „Vice President Business Excellence" und zertifizierter Master Black Belt ist Norbert Faulhaber derzeit unter anderem verantwortlich für die erfolgreiche Einführung von „Six Sigma & Lean" bei T-Mobile International.

Zuvor hat er als Head of Process Xcellence Germany mit großem Erfolg für Xchanging im ehemaligen Financial Securities Back Office der Deutschen Bank Six Sigma implementiert und war dort auch für den Aufbau und die Weiterentwicklung der Six Sigma Process Competency in Deutschland verantwortlich.

Vor seiner Zeit bei Xchanging war Norbert Faulhaber über sieben Jahre unter Jack Welch und Jeff Immelt in verschiedenen europäischen Businesses von General

Electric (GE Commercial Finance, GE Capital IT Solutions) tätig und hat sowohl bei GE als auch bei GE-Kunden Six Sigma implementiert. Darüber hinaus verantwortete er zahlreiche Projekte als Master Black Belt für System Integration Services, Operations, Sales sowie im Credit Risk Management.

Davor arbeitete er sieben Jahre als Consultant für Dienstleister und Industrieunternehmen in den Themenfeldern Process Improvement, Organisational Development und Change Management. Norbert Faulhaber hat Maschinenbau in Aachen sowie Wirtschaftsingenieurwesen studiert.